抗战时期的
重庆文化

郝明工 著

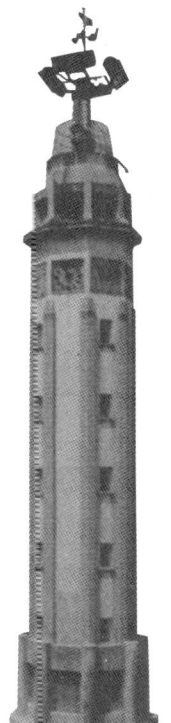

2016年·北京

图书在版编目(CIP)数据

抗战时期的重庆文化/郝明工著.—北京:商务印书馆,2016
ISBN 978-7-100-12045-6

Ⅰ.①抗… Ⅱ.①郝… Ⅲ.①文化史—研究—重庆市—1937~1945 Ⅳ.①K297.19

中国版本图书馆CIP数据核字(2016)第044617号

所有权利保留。
未经许可,不得以任何方式使用。

抗战时期的重庆文化

郝明工 著

商 务 印 书 馆 出 版
(北京王府井大街36号 邮政编码100710)
商 务 印 书 馆 发 行
北京市松源印刷有限公司印刷
ISBN 978-7-100-12045-6

2016年1月第1版　　　开本787×960 1/16
2016年1月北京第1次印刷　印张15

定价:38.00元

目 录

简论抗战时期的重庆文化（代序） ………………………………… 1

导言　重庆文化发展的新阶段

第一章　战前文化概况 ……………………………………………… 7
　一、区域性文化中心的生成 ……………………………………… 7
　二、报业为主的大众传播 ………………………………………… 15
　三、由旧趋新的文艺活动 ………………………………………… 24

第二章　战时文化概述 ……………………………………………… 32
　一、全国性文化中心的形成 ……………………………………… 32
　二、创造民族的新文化 …………………………………………… 41
　三、文化运动的两个时期 ………………………………………… 48

上编　抗战时期重庆文化运动的第一阶段
（1937年7月7日—1941年12月8日）

第三章　高扬爱国主义的旗帜 ……………………………………… 57
　一、为挽救国家危亡而奋斗 ……………………………………… 57
　二、国民精神总动员 ……………………………………………… 67

第四章　大众传播走进现代 ······ 75
　　一、报纸新闻趋于繁荣 ······ 75
　　二、书刊出版走向兴旺 ······ 85

第五章　文艺大潮逐渐兴起 ······ 94
　　一、一切为着抗战救国 ······ 94
　　二、与抗战有关的文艺 ······ 104
　　三、全民总动员 ······ 115
　　四、胜利进行曲 ······ 125

下编　抗战时期重庆文化运动的第二阶段
（1941年12月9日—1945年9月3日）

第六章　肩负民主主义的使命 ······ 139
　　一、向人类文明之公敌宣战 ······ 139
　　二、文化界总动员 ······ 149

第七章　大众传播形成体系 ······ 160
　　一、新闻事业总体性进步 ······ 160
　　二、出版事业多向度发展 ······ 171

第八章　文艺运动蓬勃开展 ······ 181
　　一、为自由生活而创造 ······ 181
　　二、并非是文艺的贫困 ······ 192
　　三、古树的花朵 ······ 203
　　四、祖国在呼唤 ······ 215

余论　中国文化转型与重庆战时大学 ······ 227
附录：主要参考资料 ······ 237

简论抗战时期的重庆文化
（代序）

抗战时期国民政府迁至重庆，不仅表明抗战时期重庆作为国民政府战时首都这一政治地位的确立，更促成了重庆从区域性文化中心向全国性文化中心过渡。

抗战时期的重庆文化作为中国抗战时期战时文化发展的一个重要文化现象，需要进行整体性的研究，即从"大文化"的器物、制度、心理的各个层面来进行阐释，将文化发展的不同时态与势态结合起来，以达到一种客观认识。同时，将抗战时期重庆文化置于20世纪的中国文化现代转型中来描述，就可以看到它在中国内陆城市的文化发展中所具有的代表性意义：从抗战爆发前的滞后于沿海沿江中心城市，到抗战中逐渐转向全国领先的地位，再到抗战胜利后又如何失去这一地位。由此而引发关于文化发展的思考：文化滞后走向文化领先的可能性和可行性。

抗战时期重庆文化这一文化现象是极其庞杂的，要把握其全貌是一个极为复杂的系统工程。为此，不得不在简化的基础上进行阐释的尝试。首先，将重庆文化发展与城市现代化联系起来，着重考察重庆在城市经济、政治、意识这三个层面上的交互作用与系统功能的整合水平。其次，选取大众传播和文艺活动两个视点进行过程描述，以完成关于文化交流与自由创造水准的综合分析，进而揭示重庆在走向现代城市的文化变迁风貌。

抗战时期重庆文化具有三重特殊性，那就是它与抗日战争的关系，与国民政府的关系，与爱国民主思潮的关系，由此而形成与第二次世界大战的整个战局相适应的两个时期：从争取民族独立解放到反对法西斯专制的文化运动。

因此，有必要通过动态的描述，来阐明抗战时期重庆文化发展两个阶段之间的有机联系及不同时期内的文化运动特征，文化运动中大众传媒与文艺创造的多重关系及其对战时重庆文化的直接影响和推动。

从19世纪末到20世纪初，重庆已经成为长江上游地区的文化中心，其文化发展的总体特征具有滞后性，整体上落后于沿海沿江中心城市；其文化发展的个体特征则表现为在经济、政治、意识诸层面上，功能转换强度以特定社会阶层的实际利益为限度，功能效率增长则以该利益集团的现实需要为准绳。因此，出现了以报业为主的大众传播，新闻事业的相对繁荣主要是满足商品贸易与地方自治的需要，而出版事业则因成本高收益低与人口中文盲众多而难以发展。与此同时，雅文艺、俗文艺、市民文艺分别在文艺观念、艺术形态、艺术传播模式等方面表现出由旧趋新的走向。

抗战爆发后，随着战略调整，文化中心的转移，为适应抗战时期作为国民政府的战时首都需要，重庆在文化建设上形成了特别的发展机制，通过战时体制进行指令性控制。这样，重庆文化发展趋于领先就体现出战时性这一总体特征。然而，战时体制虽然有助于功能转换的强化，但同时又导致功能的失范，使文化运动难以为继。战时性的实质就是暂时性，抗战胜利之后重庆的全国文化中心地位的丧失即可证实。抗战带来了创造民族新文化的历史契机，促使人们更多地关注文化与战争的关系，提出了民族文化，特别是民族精神复兴的要求。在重庆，群众性的文化运动轰轰烈烈地开展起来，公开性和宣传性逐渐与合法性、专业性趋于一致，也就形成了战时重庆文化发展的个体特征。随着抗战从民族主义朝着国际主义的方向发展，战时重庆的文化发展及其运动也就表现出如下的根本性特点：在第一时期以爱国主义来推进民主主义，打倒日本帝国主义；在第二个时期以民主主义促进爱国主义，粉碎法西斯主义，从而形成全民总动员，团结起来坚持抗战到底。

抗战爆发前，重庆的爱国民主运动具有广泛的社会性和一定的自发性。卢沟桥事变之后举国一致抗战到底，重庆的抗日救亡运动就公开、合法地迅速发展起来。国民政府迁都重庆，不但促进了重庆向全国文化中心过渡的完成，而且提高了知名度，从内陆城市向着国际大都市的方向迈进。在战略与政略相一致的前提下，坚持持久抗战，这就需要"国民精神总动员"，确保民族独立与自由这一奋斗目标的实现。

抗战初期，随着国民政府迁至重庆，新闻事业打破了封闭的格局，逐渐走向引导全国舆论的中心地位，同时加强与世界各国的联系，成为向全世界，特别是以各种形式支持中国抗战的各国进行新闻宣传的中心。重庆新闻界以团结抗日为其主要政治倾向，《重庆各报联合版》的书刊发行就充分显示了这一点。重庆新闻界通过报纸、电影、图片，直至广播，使大众传播达到了一个新的高度，从而缩短了与国外同行的差距。重庆的出版事业也从几乎是零的基点上起步，并且与抗战紧密相联系以服务于抗战，从而成为重要的出版中心。

在全民抗战的洪流中，重庆文艺界除参与民众动员的种种活动，以实际行动来响应有力出力、有钱出钱的号召，更是以辛勤的创作与艰苦的宣传，直接去推动民众动员向前发展，致使文艺活动不但成为民众动员的有机组成部分，而且在民众动员中发挥着引导作用，从而形成颇具影响力的文艺运动。重庆文艺界以文艺服务于抗战为神圣使命，认定文艺与抗战有关，注重文艺的表现范围与传播效果，以促进文艺在抗战中的自身发展，一切文艺争论都围绕着文艺如何更好地服务于抗战而展开，从而达成共识，指导抗战文艺运动的正常进行。随着全国性文艺团体迁往重庆，尤其是众多具有全国性影响的文艺工作者的到来，重庆日益成为抗战文艺运动的中心。重庆的话剧、电影、美术、音乐等诸多艺术活动所产生的社会反响，有的较之文学运动甚至更为深远。抗战文艺表现出的纪实性与正面性的审美特征，正是文艺服务于抗战所具有的基本特点，即所谓文艺创作的"报告文学化"。这种文艺"报告化"尽管存在着种种不足，但纪实性与正面性相交融的基点正是"这一个"，抗战文艺同时也是关于"人"的文艺。

太平洋战争促进了世界反法西斯阵线的形成，而废除不平等条约，签订建立平等国家关系的新约更促使国人对自由平等的进一步思考，促使各界人士广泛参与重庆的民主运动。这一运动有着坚实的群众基础。这对于重庆"文化界总动员"来说，就提出了更高的要求：从经济上予以保障，从政治上做出承诺，从意识上进行重建，从而争取自由创造的个人权利。此期间重提科学与民主的"五四"课题，具有强烈的时代意义和现实作用，以便更好满足广大农村、军队日益增长的文化需要，达到鼓舞斗志，坚持抗战到底的目标。与此同时，重庆也出现了文化虚无主义倾向，文化虚无主义造成了文化发展上的短视行为，不利于重庆文化发展的正常进行。

随着世界反法西斯阵线的形成，对于重庆新闻传播进行单向性舆论控制的状况有所改变。重庆的大众传播手段除国外刚刚投入试播阶段的电视之外，已经与国际大众传播水平完全接近，提高了新闻传播的效率。尤其是重庆报业发展状况更表明随着抗战前途的日趋明朗，来自战时环境的制约，已经从以战略需要为主转入以政略需要为主，这与重庆文化运动的大趋势是相吻合的。在香港、上海等地的出版工作者陆续来到重庆后，编辑工作社会化、印刷技术现代化、发行方式商业化得到了有力促进。随着出版事业的全新发展，逐步确立了重庆全国出版中心的地位。但出版事业的过度商品化，造成了文化意识的混乱与衰退。所幸的是随即遭到重庆文化界的反击，出版文化品位较高的各类丛书来促进文化创作水准的提高。

在民主运动兴起之中，重庆文艺界努力争取保障生存与创作自由的权利。抗战文艺不仅是战争现实的形象反映，也是生活体验的独特表现，抗战文艺运动将由此而走上民主之路。因此，也就更加强调文艺的自由发展，形成一种浓郁的文化氛围。这就要求人们必须正视抗战文艺与现实政治的关系，文艺工作者与战时文化的关系。建设具有民族高度的新文艺，就必然是文艺工作者提高自身人格力量，深入现实生活，进行立足于真实的自由创造。通过抗战文艺创作的心灵化，进行文化意识的剖析与再造，使抗战文艺成为中华民族新旧嬗变的心灵史，抗战文艺运动成为中华民族意识更新的心灵探索。由于纪实性与正面性的审美特征对抗战文艺的发展具有自我约束性，这就意味着必须有所突破，有所创新，以更深刻地揭示新形势下全民族的情绪与精神，而不是停留在某一层面上，进而从整体上显示出民族的灵魂。在描写民族文化心态的现实中来重建民族文化人格的理想，来促进古树开新花的艺术创造的普遍产生。"雾季公演"作为重庆文艺运动的中坚，正是在对祖国母亲呼唤的回应中，进行文化的启蒙，以其最为优化的社会传播效果，推动着人的自觉，人的创造，从而达到民族文化的全面复兴。

抗战时期重庆文化的发展表明工业化对民族文化转型的必要性，民主化对民族文化转型的决定性，个人自觉对民族文化转型的必然性。可以说抗战时期重庆文化发展已经体现出了这几点。

导言

重庆文化发展的新阶段

第一章 战前文化概况

一、区域性文化中心的生成

外来非正义战争作为经济侵略与政治侵略的前导,在以暴力手段克服主权国家的军事抵抗之后,就是通过缔结不平等条约从经济和政治上以殖民主义的方式,对被侵略国进行控制,在和平的伪装下静悄悄地改变被征服民族的社会结构和生存方式。

19世纪的中国,在帝国主义各国用武力强加的一系列不平等条约的推动下,开始滑向殖民地国家的深渊。但是,历史悠久的古老帝国,以其稳固的自然经济秩序,统一的政治行政体系,高涨的民族主义意识,顽强地抗拒着殖民地化的推进,促使了民主主义革命的发生。于是,帝国崩溃,自然经济秩序开始解体,政治行政体系走向重建,民族主义意识趋于自觉。这样,中国就进入了历史发展的现代阶段,与全人类文化发展的现代化进程接轨,开始了由旧而新的文化转型。

然而,现代化并不意味着仅仅是固有的民族文化某一层面上的变动,而是需要变迁中的民族文化的整体性转换。这是因为"文化的物质层,是最活跃的因素,它变动不居,交流方便;而理论、制度层,是最权威的因素,它规定着文化整体的性质;心理的层面,则最为保守,它是文化成为类型的灵魂。"[①] 因此,所谓新与旧,无非是对文化发展的时代性做出一种相对规定,并非是绝对的对立。

所以,由旧而新的文化转型,在中国展现为由洋务运动经变法运动到新

---

① 庞朴:《文化结构与近代中国》,《中国社会科学》1986年第4期。

文化运动这样的渐次深化的历史过程，从而体现出从19世纪后期到20世纪前期中国文化发展在物质、制度、心理三个层面上的民族性特征，直接影响着中国文化转型的活力、性质、类型的可能限度与现实走向，促使中国由旧而新的文化转型简化为以政治、经济、意识为主的三个文化层面上的现实运动。其中，政治运动成为文化运动中的主导性运动，无论是政治革命还是社会革命，无论是国内战争还是国际战争，都支配着与之同时的经济运动与意识运动，中国文化发展因此而呈现出政治化的倾向。

民族文化变迁的引发动因与转换范式各不相同："可以表现为文化发展的自主进化，可以是文化交流中的参照更新，也可以成为文化类型的直接转换。"[①] 因而在不同民族之间文化发展的道路是多元的，也就是每一民族文化的现代化都有其独特的运动轨迹。民族文化的发展最终指向"现代"，人类文化的现代化进程将民族文化发展的时代性与民族性统一起来，每一民族文化在走向世界的过程中都将成为全人类文化中富有活力的、独具魅力的、多样化的有机构成。

所以，如果不从包括物质、制度、心理三个层面的大文化观的角度来对民族文化发展进行整体考察，无论是全国性的还是区域性的，就往往会停留于繁复的文化表象之上，而无法把握民族文化的特质予以历史的描述，揭示民族文化的实际样态与运动流程。

中国文化由旧而新的转型过程，集中体现为城市的现代化。首先，作为全国文化发展的标志，城市因其在经济、政治、意识三个层面上的交互作用，形成民族国家文化运动的总体网络；其次，作为区域文化发展的核心，城市因其在经济、政治、意识三个层面上的系统功能，成为整个区域文化活动的中心；其三，作为区域文化中心的城市，能否占据民族国家文化网络中的核心城市位置，往往取决于该城市在经济、政治、意识三个层面上交互作用和系统功能的整合水平。可见，通过对中国城市现代化进程的考察，就有可能发现其运动形态及运动机制，达到关于中国文化转型的某种具有规律性的认识。

城市现代化在中国呈现为波浪冲击式的运动形态。在列强的武力威胁下，国门的开放从沿岸向内地波及，其途径是沿长江而上溯。这表现为从沿海到沿

---

① 郝明工：《试论瞿秋白的文化追求》，《甘肃社会科学》1992年第4期。

江越来越多的城市成为倾销洋货的通商口岸,并且出现了享有法外治权的租界。重庆正是在1876年中英签订的《烟台条约》中被确定为对外通商口岸的,1891年重庆海关的开关,标志着重庆正式开埠,1902年,日本依仗中日之间的不平等条约夺取了在重庆的王家沱建立租界的特权。这样,作为长江上游地区第一个渗入列强势力的城市,重庆成为仅次于上海、天津、武汉的洋货倾销中心。①

城市现代化在中国表现出发展不平衡的运动机制。由于社会组织结构和自然地理因素的制约,沿海地区与内陆地区之间出现了区域的超前或滞后,并且在同一区域内也会出现中心城市的转移。因此,城市是以经济发展水平为标准,按照经济交往形式来决定城市发展的方式和走向。重庆开埠以来经济实力的增长,一方面是国外商品进口的增加,随之沿海沿江城市商品进口的激增,最后国内进口以压倒优势超过了国外进口;另一方面,重庆的商品出口也从无到有地直线上升,在进出口总额中占据了主导性地位。②

重庆的经济地位是在国内与国外,特别是在区域内与区域外之间的商品贸易中迅速提高的。依靠国内市场甚于国外市场,不仅是重庆在全国城市网络中占有了相当重要的位置,更为紧要的是,这将直接影响到重庆在政治上坚持地方自治的独立性和意识上爱国反帝的全社会性。从1929年3月到1931年10月的两年多时间里,在重庆各界民众的不断要求和坚决支持下,重庆市政府最终派军警接管了王家沱日本租界。③

必须指出的是,重庆作为四川最大的商品进出口集散地,其日益增长的城市经济地位主要是区域间商品交流活动的产物。与此同时,重庆的政治地位也逐年提高,从"二次革命","护国战争",到"护法战争",重庆实际上已成为统领全川的战略要地。④1919年四川防区制的确立,更促使重庆变成地方军事势力必争之地。这一状态一直延续到1935年川政统一,四川省政府在重庆成立。⑤

这样,到20世纪20年代,重庆主要凭借其在四川经济、政治领域内无可

---

① 《重庆大事记》,科学技术文献出版社重庆分社1989年版,第22—23页。
② 《重庆大事记》第23—54页;隗瀛涛:《近代重庆城市史》,四川大学出版社1991年版,第118—119页。
③ 《重庆大事记》,第113—126页。
④ 同上书,第48—67页。
⑤ 同上书,第68、141页。

质疑的重要地位,成为长江上游地区唯一的中心大城市。①

尽管直到 1929 年 2 月 15 日,重庆才根据在 1928 年国民政府颁布的《市组织法》正式建市,组成了以重庆市政府为首的行政管理体系。但在建市以前,于 1926 年就出现了现代形态的市政管理机构:重庆商埠督办公署。这是因为"重庆踞长江上游,为四川交通实业之中心,华洋杂处,商务繁盛,诚吾国西隅一大大市场也。然而市政之窳败,街道之狭隘,沟渠之秽污,煤烟之蒸蔽,其不堪居住,亦为全世界通商各埠所无,加以地狭人稠,肩摩踵接,非推行市政,力谋改造,实不足以策交通实业之发展。"② 从城市建设来看,重庆的市容与其商业重镇的城市地位是不相称的。但是,重庆作为四川省的政治中心的地位则是无可取代的。自辛亥革命后,从确立蜀军政府为四川政治中枢的口号提出开始,③ 革命运动在重庆此伏彼起,国民党四川省党部、中国共产党四川省委和中国共青团四川省委都先后在重庆成立,各派政治力量在四川都以重庆为焦点进行较量。1935 年 2 月 10 日,四川省政府在重庆建立,从而确立了重庆的政治中心地位。同年 3 月 4 日,国民政府军事委员会委员长蒋介石在重庆表示,在统一川政的前提下,"四川应作民族复兴之根据地"。④ 这不仅表明了长江上游地区在抗日战争中即将成为战略大后方的现实可行性,而且也显示出重庆在战时体制下由区域文化中心向着全国文化中心发展的潜在可能性。

但是,以商品流通为主的重庆城市经济活动,固然可以在较短时间内扩大重庆的政治影响。最终却因经济发展的偏颇使政治活动局限于区域之内,以致成为地方军事势力长期争夺的一块肥肉,反而为向现代城市发展设置了重重障碍,与沿海沿江的其他中心城市拉开了差距。这正是内陆商业城市的重庆只能生成为长江上游地区文化中心的主要原因之一。

如果说重庆文化在经济与政治层面上与中国文化转型的总体水平的差距还不算太大的话,那么,在意识层面上,重庆文化的意识自觉运动的轨迹虽然同样是从反帝反封建到走向民主主义过渡,但却落伍于时代。新文化运动作为

---

① 〔美〕G. W. 施坚雅:《中国封建社会晚期城市研究——施坚雅模式》,第 160 页。
② 唐式遵:《重庆市政计划大纲》,《重庆商埠汇刊》1926 年度。
③ 张培爵:《蜀军政府始末》,《辛亥革命纪事》,重庆出版社 1986 年版。
④ 周开庆:《四川与对日抗战》,台湾商务印书馆 1971 年版,第 10 页。

中国历史上第一次真正的思想大解放,是借助"五四"爱国运动为中介才在重庆引起初始反响的,对于科学与民主的追求根植于高昂的爱国激情之中,在显示巨大的感召力的同时却失落了冷静的理性思考,反而延缓了对思想大解放本身的真正把握。

1919年5月20日,重庆各中等学校代表开会筹备成立"川东学生救国会"(6月28日改名为"川东学生联合会"),其行动纲领即为:"一、对内振兴学术言论,发展组织经济之接济,持永久不变之态度。二、对外演说,印刷小说和报章通讯,拍电联络京津各团体为一致进行。"[1] 显然,这一纲领将思想解放与爱国运动杂糅在一起,以至于表现出某种程度的认识含混,直到1921年6月,"川东学生联合会"才公布了五条行动措施——"实行乡村讲演"、"推广平民教育"、"提倡实业"、"改组风俗"、"传播文化"。[2] 至此,在重庆开始了有意识地触及现代文化构成内涵,有目的地着手与之有关的民众活动,虽然仍未能摆脱理论思考的幼稚与笼统,实际行动的盲目与空洞。

尽管如此,新文化运动和新文学运动的影响仍然使重庆人"如像服了兴奋剂一般,一变以前沉默态度,而为一种热烈兴奋的样子"。[3] 于是出现了不少宣传新思想的刊物,开始普遍使用白话文,也进行新文学的创作尝试。同时,由于商品流通的发达,形成的以商业资本家为主体的富商阶层居于国民之首。尽管较之沿海地区,他们的经济实力要弱小得多,但仍不乏"与欧美争一点雄心"的意愿,开始认识到"中外交通"的必然性,"创新世局"的可能性,"各得利权"的必要性,"唤醒同胞"的现实性,并将上述刻成楹联悬挂于重庆总商会内外。这样,1904年重阳节成立的重庆商会作为第一个具有社团性质的重庆商业资产阶级组织,不仅完成了行帮会馆向着同业公会的过渡,更为重要的是,它作为第一个具有现代色彩的社会团体的出现,标示着重庆社会组织结构开始由传统向现代转化。

重庆总商会一方面积极参与经济和政治活动以保护商权,争取民权,另一方面也以不同的形式来表达爱国主义精神和民主主义思想,从而影响着社会其他阶层。在"五四"爱国运动中,重庆商界和学界成立了重庆商学联合会,

---

[1] 《国民公报》1919年5月27日。
[2] 《国民公报》1921年6月29日。
[3] 《重庆商务日报十周年纪念特刊》1924年。

以"提倡国货,维持现状,联络商学界一致行动"为宗旨,①领导了声势浩大的抵制日货运动。重庆总工会也于 1920 年成立并投入这一运动。

重庆社会组织结构中的社团化意向是坚持反帝爱国,形成了全社会性的持续不断的运动态势,促使了重庆人爱国民主意识的普遍觉醒。1926 年 9 月 5 日"万县惨案"发生后,9 月 10 日重庆市民大会通电宣布"由川民自动废除英国对华之一切不平等条约,在川境完全失效。"②9 月 18 日,全市罢市、罢课、罢工,300 多个社会团体共 6 万余人举行反英大游行,围观助威群众几达 20 万人,"规模之宏大,万众之一心,"真是"迥异乎从前"。③

重庆文化在意识层面上的滞后,由于"五四"爱国运动的促进,开始慢慢地向全国看齐。但是,重庆商界与学界联合引导的意识觉醒,因受制于不同阶层的利益诉求、义与利的难以区分而导致了不同层面上文化运动的混淆,使重庆人的意识自觉水平,依然处于落后状态。这除了内陆城市的空间限制之外,主要在于重庆这一商业城市中人口构成的文化素质较为低下。抗战爆发前,全市 47 万人口中,加入袍哥的竟有 7 万左右。④ 同时,重庆的教育事业较为落后,尤其是学校体制远非完善,第一所大学重庆大学迟至 1929 年才创办,⑤ 这就造成城市社会组织结构的极大缺陷,未能形成城市中开时代风气之先的知识分子阶层,因而无法正常地发起思想运动来促进重庆人的意识现代化。于是,社会心态呈现出守旧的姿态,鲜见新旧思想之间的激烈交锋,难以促动个人独立意识的迅速萌发。在"五四"爱国运动中,虽然也出现过"川东女子救国运动会"这样的爱国学生社团,但在 1921 年市政当局却仍旧明令"禁止男女同行",且女子缠足的陋习盛行,以至于直到抗战爆发后的 1939 年,才由市政府发布《禁止妇女缠足条例》来进行脚的"解放"。

重庆的城市现代化由于受到自然地理条件的限制,主要以川江水道为运输线,尤其是:"吾蜀偏远,民气朴弱,日前所受专制之虐政,受祸远出各省之上。"⑥ 这就使重庆文化的总体发展一开始就处于极为不利的地位,导致在抗

---

① 周勇:《重庆·一个内陆城市的崛起》,重庆出版社 1989 年版,第 206—207 页。
② 《国民公报》1926 年 9 月 11 日。
③ 当时重庆市内人口大约 30 万,可谓倾城出动。参加游行的社团数目是以具体参加的各级社团数量来统计的。《重庆工人运动史 1919—1949》,西南师大出版社 1986 年版,第 75 页。
④ 隗瀛涛:《近代重庆城市史》,四川大学出版社 1991 年版,第 398、427 页。
⑤ 《重庆大事记》第 115—116 页。
⑥ 《国民报》1912 年 3 月 11 日。

战爆发前重庆文化状况大大落后于同期其他沿海沿江中心城市。这就使得文化发展的滞后性成为类似重庆这样的中国内陆城市现代化的共同特征。当然，对重庆市来说，这一滞后性的特殊表现则在于它是一个商业城市。

如果说滞后性是区域文化中心城市重庆发展的总体特征，那么其发展的个体特征又是什么呢？在这里，仅从主要决定着区域性文化中心地位的城市文化功能系统的角度来予以回答，那就是开放性与功利性的一致，竞争性与群体性的一致。

所谓开放性与功利性的一致，就是指经济、政治、意识诸方面的功能转换强度以实际利益的获取为限度，当举国一致为反对帝国主义对中国进行经济侵略而进行"商战"时，尽管也高喊"商战有何奇哉，只期补塞漏卮共谋利益；会心不在远也，要识挽回大局各保利权"。[①]但却不敢"浪投巨资，轻试险业"，[②]舍弃了作为民族国家经济发展根本的现代工业的建设，难以挽回商战失败的大局。蜀军政府高扬民主共和的旗帜，"绅商学界，备极欢迎，兵不血刃唾手而克复名城"。[③]重庆总商会筹组了商团以保护革命成果，维持地方秩序，却因未能提出明确的政治要求，无形中反而成为地方军事势力残害人民的帮凶。"五四"爱国运动在重庆即是以学生高呼"还我青岛"、"惩办国贼"、"劝我国货"的口号进入高潮的。"勿以抵制日货为无意识之举动，须知万众一心，众志可以成城，同为自立之国民，勿为他人之奴隶。"[④]这样，抵制日货在重庆就成为反帝爱国，甚至民族意识自觉的唯一形式，从而忽略了对封建主义和专制主义的认识与批判。

所谓竞争性与群体性的一致，就是指经济、政治、意识诸方面的功能效率的增长以群体需要的实现为准绳。商品流通需要作为流通手段的货币，统一的货币有利于城市经济的发展。建立民国以来，由于忽视这一市场法则，从中央到地方，从公有到民营，各行政、军队、商业、金融群体都争先发行货币，以致在1912年到1935年间，重庆市场上发行的货币就有20余种，总金额超过亿元以上，直接影响到重庆城市经济的发展。[⑤]修筑公路作为"新政"推行

---

① 《广益丛报》光绪三十三年第四期。
② 《近代重庆城市史》，第206页。
③ 《辛亥革命》第6册，上海人民出版社1957年版，第12页。
④ 中国共产党重庆市党史工作委员会：《五四运动在重庆》，1984年编印，第96页。
⑤ 《近代重庆城市史》，第281页。

的举措，本应造福桑梓。1913年即提出修筑成渝公路，但由于地方军事势力各自划地为界，1912年才制定出《成渝马路计划书》，到1933年成渝公路方始全线贯通。结果，"人民未蒙其利，而年须负担修补公路之义务，于是群视公路为附骨之疽，而深恶痛绝矣！"① 真是公路猛于虎。城市现代化最重要的使命就是人的意识的现代化。民国建立伊始就确立了新教育宗旨："注重道德教育，以国家为中心，而以实利教育和军国民教育辅之，更以美感教育完全其道德。"② 注重德、智、体、美一体化的教育本应以幼儿教育开始，"以补助家庭教育之不足"，③ 但是，重庆的幼儿教育却一直未能受到全社会的真正重视，以致长期处于停滞状态。

重庆文化发展的个体特征表现说明，注重实利而忽略对现代文化的领悟，就会造成文化发展中急功近利的短视行为，强调集团利益而无视个人权利的确立，就会出现文化发展中口惠而实不至的非人倾向，从而产生文化发展过程中活力减退、性质异化、类型凝固的负面效应，致使重庆人徘徊于新旧文化的夹缝之中，欲退不能，欲进无法，处于进退两难的困境之中。这同样也是战前重庆文化的形象写照。

通过对战前重庆文化发展的总体特征和个体特征的整体性考察，虽然有利于进一步的特征分析，但却缺乏一种总体观照，难以把握住战前重庆文化发展全貌。当然，把握全貌是一个极其艰巨的系统工程，为了简便地领略起见，将从两个视点来进行描述以期达到事半功倍的鸟瞰效果。一个是从以新闻出版为主的大众传媒这一角度来描述战前重庆文化的社会方式与水平，展示重庆在走向现代城市的过程中的文化交流状况；一个是从以文学艺术为主的审美活动这一角度来描述战前重庆文化的创造形态与活力，展示重庆在走向现代的城市过程中的文化变迁风貌。

同样，对文化发展的总体特征和个体特征进行整体性考察，与对文化发展风貌从大众传播和文艺活动两个视角进行过程描述将成为对抗战时期的重庆文化发展进行考察和描述的综合分析框架。

---

① 《近代重庆城市史》，第340—343页。
② 《文牍月刊》第四册，四川省行政公署教育司编。
③ 《重庆商埠幼稚园草案》，《重庆商埠会刊》1926年度。

二、报业为主的大众传播

社会传播在文化交流过程中因信息的传播方式的变化和传播水平的高低,最终形成了三大类型:人际传播、组织传播、大众传播。[①] 社会传播三大类型的逐渐形成,以及由人际传播为主,经组织传播为主向着大众传播为主的历史演进,实际上从一个侧面证实了人类文化发展进程已经进入现代化阶段。也就是说,城市现代化的一个显著标志在于是否出现了以大众传播为主的较为完善的社会传播体系。

大众传播一方面要受到信息交流者文化素质的制约,另一方面也要受到城市现代化程度的制约。这双重的制约具体化为对于传播媒介的历史性选择,即取决于个体的文化需要与媒介的发展水平。同时,也应该注意到大众传播媒介将涉及人类所有的文化活动领域,具有多种功能。其中,新闻传播功能与出版传播功能正是在印刷技术机械化过程中扩张了传播空间,成为进入现代社会所不可缺少的主要信息传播功能。因此,新闻与出版也就成为大众传播的主要行业。随着时代的进步与科学的发展,广播、电影、电视的陆续出现,形成了日益完备的行业性大众传播媒介体系。

从19世纪初起,在欧美各国报刊开始成为主要的大众传播媒介,并借传教士之手于1833年在中国沿海城市广州创办了国内第一家中文报刊《东西洋考每月统记传》。它提倡"中国人应该合四海为一家,联合百家为一体,中外无视异",而且"就是要使中国人认识我们的工艺科学和道义,从而清除他们那种高傲和排外的观念。"这表现出在欧洲中心主义支配下的居高临下的启蒙姿态:也就是要使古老帝国"在智力的炮弹前让步,给知识以胜利的棕榈枝。"[②] 与此同时,为了便于吸引中国读者,除了刊载经济、政治、社会诸方面的新闻外,也刊登以传统诗词为主的文学作品,而宗教性的内容则逐渐消失。

鸦片战争后,在来华外国人于上海等地纷纷创办外语报刊的促动下,国人方始认识到报刊作为传播媒介的重要性:"制一精器,登报以速流传,而工作兴矣;立一公司,入报以招贸易,而商途群矣。与国之政令,朝夕可通,

---
① 〔日〕竹内郁郎:《大众传播社会学》,复旦大学出版社1989年版,第3—5页。
② 复旦大学新闻系新闻史研究室:《简明中国新闻史》,福建人民出版社1986年版,第30页。

而敌情得矣,邢司之献辞,纤毫必具,而公道彰矣。"① 更何况,"尤在闻见多而议论正,得失著而褒贬严。"② 从1895年始,随着维新变法运动的兴起,国内才第一次发行由以康有为、梁启超为首的强学会先后在北京和上海两地主办的《中外纪闻》、《强学报》、《时务报》,从而开启了国人办报的热潮。于是,在1897年11月初,重庆出现了宋育仁主办的《渝报》。

《渝报》作为重庆出版的第一家具有现代色彩的报刊,抱定"广见闻,开风气"的办报宗旨,在内容上除了倡导"复古即维新"的中体西用式的政治改良主张外,也以较大篇幅刊载中外商情报道本埠工商业的发展。③《渝报》的出现表明,尽管重庆文化发展具有总体上的滞后性,但是重庆作为长江上游的商业中心城市,满足对于大众传播媒介的迫切需要正是其开放性的具体表现。新闻出版业在中国举步维艰,主要是封建专制的压迫所致。虽然从现代报刊在中国出现的日期来看,固然可以说重庆与广州、上海等地存在所谓"近半个世纪的时间差",④ 然而,从中国人办报的角度来重新加以认识,可以说重庆是继京、沪两地之后闻风而起的少数城市之一。《渝报》成为第一批具有全国影响的报刊之一:从1897年11月到1898年4月共发行16册,最高发行量为2600份;其发售范围,在省内从成都到川东、川西、川南、川北共达22个府县,在省外则遍及北京、天津、武汉、济南、广州、贵阳、昆明等全国26个城市,派报处计48家。《渝报》与1897年4月创办的长沙《湘学新报》、1897年10月底创办的天津《国闻报》等报刊,同时出现在维新变法运动的高潮中。⑤ 可见,从中国新闻出版发展史的层面来讲,重庆的新闻出版业的肇起是与之完全同步的,并不存在所谓的"时间差"。《渝报》作为维新变法运动的直接产物,一方面要提倡政治改良以保持与全国舆论的一致,要求"伸民权","民为主",实行"君民共治"的政治主张;另一方面也根据重庆的现实状况,指出"陈民隐、通下情"的方法则在于"选

---

① 陈炽:《庸书·报馆》,转引自《简明中国新闻史》,第64页。
② 王韬:《论日报渐行于中土》,转引自《简明中国新闻史》,第65页。
③ 重庆日报新闻研究所编:《〈渝报〉概况——重庆第一家近代报纸的观察》,《重庆报史资料》第1辑。
④ 《近代重庆城市史》,第761页。
⑤ 重庆日报新闻研究所编:《〈渝报〉概况——重庆第一家近代报纸的观察》,《重庆报史资料》第1辑。

士于商","举入议院"。①因此,宋育仁在其主持制定的《四川商务局招股公司章程》中明确提出:"经商者,富国之资","而国富乃因其自然之势",于是要求既"不准召集洋股",又不得"动以官法治",而应该"专用贾人,毋参用士夫;经以商规,毋治以官体"。②在这样的编辑思想指导下,《渝报》除了通过评介世界各国与国内各地的情况以开风气之外,又极力主张发展工商金融、交通邮政、新闻出版、新式教育各行业,特别是强调了报纸与商业的紧密关系:"凡地方之腴瘠,民气之嚣静,岁月之丰歉,市价之浮落,有关财务者,莫不博采舆情,快登快灵,捭乡塾里肆咸知。"③从第10册起《渝报》即设立"为开通商务起见"的物价表专栏。

《渝报》未能声名彰著全国,主要是由于其存在时间较短,而主办者的声望又远不及康、梁、谭、严等维新变法首脑人物。不过,有一点值得指出的是,《渝报》实际上还不是现代意义上的报纸,而是介乎于报纸与期刊之间的具有新闻性的刊物。1839年,林则徐令属下翻译馆创办专以翻译外文报刊为参考的《澳门新闻报》,又从《澳门新闻报》中选编出版《澳门月刊》。这两个不公开发行的官办刊物在突出新闻性的同时,又不得不采用信息刊载量大的期刊形式来扩大传播范围。直到1858年,伍廷芳在香港主办的《中外新报》才成为最先采用现代报纸编排技术的汉语日报。1896年创刊的《时务报》,就是采用书本式期刊形式,每旬一册,每册20多页,三、四万字。而《渝报》显然是仿此而行:略大于20开本的书本式装帧,每旬一册,每册双面20余页(俗称"筒子页"),字数1.8万至2.4万。④于此,出现了《渝报》的属性之争,是重庆第一家报纸?还是重庆第一家期刊?这表明了在新闻出版业作为大众传播媒介行业在中国这个刚刚进入文化转型的传统社会中,其雏形的功能兼容是难以避免的,国人尚未意识到新闻事业与出版事业在功能上的差异:前者注重信息交流的时效性,后者注重信息交流的专门性,而期刊在某种程度上恰好可以兼备。所以,国人的初次选择只能如此。

随着维新变法运动对大众传播媒介的日益借重,《湘学新报》由旬刊改出

---

① 宋育仁《渝报》第14册,1898年3月(光绪二十四年三月上旬)。
② 《渝报》第3册,1897年(光绪二十三年十月下旬)。
③ 梅际郁:《说渝报》,《渝报》第1册,1897年11月(光绪二十三年十月上旬)。
④ 苏朝纲:《重庆第一家近代期刊——〈渝报〉》,《重庆出版史志》1991年第2期。

日报形式的《湘报》,而《国闻报》在作为日报发行的同时,也出版旬刊《国闻汇编》(不过出至第六期后即停刊),开始显示出国人对报纸的新闻事业功能的自觉。在这一方面,重庆也不落后,1898年5月,《渝报》主笔潘清荫创办了日报形式的白话通俗报《渝州新闻》。到辛亥革命爆发前,重庆出版的报刊已达10余种,除《广益丛报》、《重庆商会公报》等旬刊外,已经出现了《重庆日报》等日报,《崇实报》等周报,以多种形式进行新闻传播,开始向现代报业发展。

不过,随着新闻业逐渐走向繁荣,出版业显得相对萧条。此时重庆最大的善成堂书局,已有相当规模,但出版的主要是四书五经等古代典籍。[①] 进入20世纪以来,现代书刊则主要来自上海等大城市的商务印书馆、中华书局、北新书局、广益书局、大东书局等出版单位。1934年,今日出版合作社创办于重庆之后,才开始专营新文艺书刊,名曰出版,实为销售。[②] 由此可略见重庆出版业不景气之一斑。

出版萧条的原因,其一在于重庆印刷业供过于求,加之成本费用偏高,出现了效率高而效益差的反常现象,有所谓"作揖买来磕头卖"之称。[③] 除了承印报纸外,多为印制钞票、股票、商标、包装、证券、票据、表册等,与商业金融、政治、军事等需要直接相联系,与薄利多销的书刊出版似乎无缘。其二在于重庆城市居民文化素质偏低,未能形成必不可少的读者群体,从而无从产生对于出版事业发展的直接需要。对这一事实,本可根据城市人口职业构成和教育水平的统计资料来进行定量分析予以确证。但是由于当时重庆市政管理的落后与混乱,导致缺乏这方面的统计资料,只好采用间接的资料来予以说明,也就是引用小学教育的普及水平来试加分析。

从清末推行"新政",废除科举办学堂始,重庆到1911年辛亥革命前才有小学24所。[④] 民国建立至重庆商埠督办公署成立后的1927年,小学才增至36所,在建市后的1936年共有小学99所。与此同时,重庆人口也从30万左

---

① 傅珍:《对善成堂书局的点滴回忆》,《重庆出版纪实·第一辑》重庆出版社1988年。
② 刘水:《别具一格的今日出版合作社》,《重庆出版纪实·第一辑》。
③ 《抗战前的重庆印刷业》,《重庆出版史志》1991年第2期;邓惜晕:《重庆印刷业的鳞爪回忆》,《重庆出版纪实·第一辑》。
④ 《重庆·一个内陆城市的崛起》,第464页。

右上升到 47 万，失学儿童比例虽有所下降，但仍然超过学龄前儿童的半数。① 这就不利于中等教育与高等教育的发展，以至于不可能尽快地形成知识分子阶层。在一个文盲占人口绝大多数的城市中，出版事业的迅速发展是难以想象的。由此可见，成本高收益低在经济上限制了出版事业正常运作，而文盲众多则致使出版事业前途渺茫。

重庆新闻事业的繁荣首先在于他的巨大市场效应和社会效应适合了重庆商业贸易的进行与行政管理的需要，其次在于它的广泛的传播作用和舆论影响促进了重庆政治格局的变化与意识自觉的发展。

重庆总商会在清末新政期间成立后，于 1905 年创办《重庆商会公报》，在辛亥革命胜利后的 1914 年 5 月 25 日创办机关刊物《商务报》，至 1950 年 1 月 16 日停刊，历时 36 年，是为重庆市出报最久的日报。《商务报》的《发刊词》宣称"迩来商界复鉴于世界迁变之大势，知商事与国事，两有密切之关系，不可不寄耳目于报纸，"强调"注重商业消息，此本报唯一之任命也。"因此，"命意立言，不涉党派，不尚偏激"，同时却又能"商事虽特注重，然不苟抑扬，时寓利导整齐之意，总期达福国善群之职志"。所以，《商务报》能坚持据事直书、不偏私不毁誉的新闻品格，至有"卫生报"之称，并在袁世凯 1915 年 12 月称帝时放假停刊以示抵制。1916 年 5 月始复刊改称《重庆商务日报》，"五四"爱国运动发生后，首先进行报导，刊载重庆总商会声援电，同时由 8 版增为 10 版至 12 版，加强对重庆爱国运动的报导。此后虽以经济消息和市场动态的报导为主，但仍不忘国事，无论是孙中山、鲁迅逝世，还是反帝反军阀都积极参与其中。1938 年 10 月 20 日又改名《商务日报》，于《今后本报》中称"本报是全国商界唯一的报纸，尤其与商界人士有密切关系，无特殊的背景。换言之，商人的意见、商人的疾苦、商界的情况、商业的知识这就是本报宣传的对象。"

重庆《商务报》的出现及其发展表明重庆的新闻事业建立在市场经济的基础上，需要发挥传播媒介的作用，因而有众多报纸或长或短地发行；同时也证实报纸的生命则在不断适应于包括经济、政治、意识诸方面的文化发展。

---

① 《近代重庆城市史》，第 691 页。称 1936 年重庆市儿童"失学者占 8/10 以上"，显然不确。城市小学失学率是明显低于农村的，从该书第 690 页所引 1927 年的统计数字来看，按该书的计算方法，以 30 万人口总数计，重庆市小学失学率在 1927 年即为 8/10 左右，而 1936 年小学数是增加 175%，而同期人口增加才不过约 56%，可见小学失学率应是有所下降的。

1911年11月25日,重庆蜀军政府出版《皇汉大事记》,以宣传军政府法令为主,到1912年1月14日,改称《国民报》,作为政府机关报发行。1914年重庆报业发起组织重庆报界促进会,标志着重庆新闻事业发展的新起点。1917年,四川盐运使公署在重庆发行《四川盐运公报》、《民鸣日报》,以使"川省盐务机关以及商民人等,了然于盐法之规定,而不致措施失当,误落法网"。1924年四川省长行署秘书处政报股编辑发行《四川政报》,1926年重庆商埠督办公署成立后又出版发行《重庆商埠汇刊》、《重庆商埠月刊》。

可见,运用报纸公布法令法规、市政管理章程、行业组织条例来进行有效的行政管理,已逐渐成为重庆报业的传播功能之一。

自民国建立以来,各派政治力量集聚重庆,报纸即成为斗争的武器。从党派报纸看,1912年有1月创刊的统一党在渝机关报《益报》、共和党创办的《正论日报》、国民党创办的《重庆新中华报》,3月创刊的中国社会党四川支部的《国是报》。1926年有1月创刊的国民党四川临时执行委员会的机关报《四川国民》,3月又改由广东国民党中央党部每月资助津贴一千元、国民党四川临时党部接办的《四川日报》,11月创刊的由国民党西山会议派支持的国民党四川省党部机关报《中山日报》。①

值得一提的是,《四川日报》自1923年8月由一批归国留日、留美学生创办,从1924年1月起,即以国民党第一次代表大会宣言为办报宗旨,宣传三民主义,1924年11月,萧楚女曾任该报主笔。由于《四川日报》信息量大,符合社会现实发展的要求,加之文笔流畅通俗,发行量由400份激增至3000份,在重庆颇有号召力。1925年底,创办人吴自伟聘请牟炼先任总编辑,杨闇公、熊子俊任主笔,致使该报与国民党四川省临时党部发生密切联系,最终成为其机关报,在重庆树立起大造国民革命舆论的旗帜。

从军队报纸看,1929年1月创办的二十一军刘湘部的《平民晚报》,3月创办的二十四军刘文辉部的《川康日报》,4月创办的二十一军师长蓝文彬的《建设日报》。1931年1月11日,二十一军"武德学友会"机关报《济川公报》创刊,称谓"大局所系,风雨同舟,故以吾中华民族之固有道德为济为倡",以"从事救济川难与国难之工作",至"对川事有利,对川民有福",表现出

---

① 王斌:《四川现代史》,西南师范大学出版社1988年版,第83—89页。

既反对帝国主义侵略又坚持地方自治的政治倾向。郭沫若之兄郭橙坞为首任总编辑,设置栏目达十余个,采用电讯、评论等方式,从社论时评到国际国内要闻,从本省政情到社会现状,从武学到文艺,均有涉及,后又设文学副刊。《济川公报》作为地方军队报纸,既有反帝反封建的一面,又有其遗毒人民、反对进步的一面,但从总的趋向来讲,其爱国热情是可嘉的。这表明,《济川公报》的生存时间较长正是其在某种程度上跟上了时代。①

创办于重庆"五四"爱国运动热潮中的《新蜀报》,从1921年2月1日首刊以来,以"输入新文化、交流新知识"为宗旨,积极支持抵制日货的爱国行动,并通过发表社论和专刊,以套红和采用木刻大号字的形式,纪念"五一"国际劳动节和"五四"爱国运动;同时,号召反对帝国主义侵略和军阀专制,抨击封建守旧顽固势力和宗教迷信社会陋习,推动了科学与民主意识在重庆的传播。由于《新蜀报》迅速在重庆扩大了影响,增加了声誉,很快就成为出版两大张、不时附以四开版增刊一张的大型日报,发行量也由最初的数百份增加到1924年的3000份,占重庆当时全部报纸发行量的三分之一,最高发行量曾近两万份。成为继《商务报》之后,重庆唯一两家出报时间最长的大报之一。

《新蜀报》的成功不是偶然的,它是一代中国优秀青年努力传播现代意识的结果,也可以看作是国共两党在新闻事业上合作的成果。

在1923年到1925年间,中国社会主义青年团中央特派员萧楚女担任《新蜀报》主笔,共发表了100多万字的各类文章。在1923年到1926年间,留法归来的陈毅在《新蜀报》上发报的作品达10万余言,其中包括短篇小说、白话新诗与杂文。在1925年至1927年间,留日学者漆南熏担任主笔,每日一篇社论,对帝国主义的侵略本质进行揭露,对封建军阀的专制独裁进行抨击。从1922年到1927年,留法归来的周钦岳先后担任主笔、总编辑,坚持每日出报,节假日不停刊,同时革新版面,增多栏目,充实中外新闻来源,主编副刊"文学世界",主要刊登新诗、散文、随笔、小说、短剧,在重庆开新文学创作风气之先。

《新蜀报》从1922年6月至1927年3月先后担任主笔的即有中国共产党员萧楚女、陈毅、周钦岳,国民党党员漆南熏。《新蜀报》正是借助他们手中

---

① 邓宣:《〈济川公报〉源委》,《重庆报史资料》第11辑。周开庆:《民国四川史事》,台湾商务印书馆1969年版,第297页。

的笔传达了时代的呼声。随后《新蜀报》在艰难的环境中仍坚持出版并不断发展。1935年周钦岳担任报社社长之后，进行全面整顿，使《新蜀报》成为具有国内一流水准的独具特色的大型日报。①

重庆新闻事业的繁荣具有两大特点：一个是社会各界参与办报，另一个是报纸体系的初步完善。

从社会传播的途径来看，在不同的社会结构中分别表现出不同的形态：官僚等级型社会结构是以垂直型路线为主，强调信息传播的层次性，表现出控制的态势；民主参与型结构是以水平型路线为主，重视信息传播的互补性，显示出合作的趋势。大众传播正是在官僚等级型社会结构向着民主参与型社会结构开始转型过程中逐渐形成的。中华民国建立后，重庆在地方势力之间的军事冲突和地方势力与中央政权的政治对峙之中，表现出一定的地方自治的倾向，政治控制相对宽松，这对于新闻事业的发展在客观上无疑会起到促进作用。除前述商界、市政当局、党派、军队、文化人办报之外，工界也于1922年11月创办了《工务日报》，工会则于1924年3月创办《团悟日报》。在1929年重庆建市后，重庆各界办报的热情更高，各类报纸的数量迅速增加：

战前重庆报纸创刊状况对照表②

年代（建市前）	1897—1910	1911—1918	1919—1921	1922—1925	1926	1927	1928	共计
（家数）	10	24	14	22	15	5	3	93
年代（建市后）	1929	1930	1931	1932	1933	1934	1935	1936	1937	共计
（家数）	15	16	16	11	14	6	9	18	3	108

应该指出的是，社会各界所办报纸由于经济、政治等原因，能够长期坚持者为数不多。1929年4月1日由中国共产党重庆地委军事委员会筹办的《新社会日报》创刊，不久就在蒋介石、何应钦等人对刘湘的再三密电催促下被重庆市警察局查封了。③另外，1914年日本商人企图在重庆创办《瀛华报》，因

---

① 肖鸣锵：《周钦岳与〈新蜀报〉》，《重庆报史资料》第1辑。
② 重庆市区划以1943年颁布的《重庆市全图》为准，报纸以公开发行者为准，时间以1897—1937年6月为准。根据《重庆报纸一览表（1897—1937）》，《重庆报史资料》第11辑；《重庆报业大事记（1897—1937.7）》，《重庆报史资料》第13辑，加工整理。
③ 停刊日期有两说：一为1929年5月26日，一为1929年6月13日，见《重庆报业大事记（1897—1937.7）》，《重庆报史资料》第13辑，《四川现代史》，第150—151页。

重庆警察厅不予立案而告吹；1935年冬，日方通过中国代理人在重庆公开发行《朝报》，1936年8月即被查封。①1936年10月12日，重庆市政府社会科发表登记的合格报纸，计有日报15家，晚报2家。②这对一个47万人口的城市来讲，也算是叹为观止的了。从报纸作为大众传播媒介来看，它的体系性主要表现为传播范围广泛和传播形式多样。

仅从新闻来源的角度看，重庆出现了众多的通信社。这些通信社以私人创办的为主，其成员与各报专职记者于1928年8月成立了重庆市新闻记者协会。到1930年6月，经"重庆青年通信社"调查统计，重庆通信社经市政当局立案批准的定期及不定期者共45家。③1931年又出现了由自由投稿人组成的"重夫访员联合会"。④

战前重庆通信社发展状况对比表⑤

年代（建市前）	1920	1922	1924	1925	1926	1927	1928	共计
（家数）	2	2	16	20	21	18	12	91
年代（建市后）	1929	1930	1931	1932	1933	1934	1935	1936	共计
（家数）	21	22	15	4	15	2	2	1	82

之所以称通信社而不称通讯社，就在于通信社采用剪贴、采访的方式收集新闻。直到1933年《巴蜀日报》购置五管收音机一部，方可直接收听中外新闻，此为重庆报业首次采用无线电通讯工具。1934年以后通信社骤减，则与各报陆续采用无线电通讯设备直接相关。

从报纸类型的角度看，重庆报纸虽然以日报为主，但在1914年4月即有晚报《普通白话报》创刊，在1930年又有午报《市声午报》创刊，构成了一个完整的系列。同时，重庆报纸又有大张、中张、小张之分：对开、四开、八开；四版、八版、十版，甚至十二版，报纸印张与版面灵活多变。

---

① 丁孟牧：《重庆有家汉奸报纸》，《重庆报史资料》第12辑。
② 《重庆大事记》，第148页。
③ 《重庆报业大事记（1897—1937.7）》，《重庆报史资料》第13辑。
④ 丁孟牧：《"联访会"和"江东团"》，《重庆报史资料》第10辑。
⑤ 根据《重庆通讯社一览表》，《重庆报史资料》第11辑，统计整理。

可见，正是重庆新闻事业的相对繁荣，促使报纸成为重庆的主要大众传播媒介，而报业开始成为主要的大众传播行业。

三、由旧趋新的文艺活动

文学艺术以其独具的意识综合功能，在对社会生活的形象性描述中既能最大限度地显示出人类的生活方式，又尽可能体现出个人的生存状态。[①]文学艺术由此而成为不同民族在特定历史阶段之中文化发展状况的意识表达方式。这一表达方式从群体性到个体性的转变，也就从一个文化活动领域揭示了人类文化发展的现代趋向，那就是文学艺术作为人类生命力的象征，标志着人的主体地位的确立和个人创造自由的确认。城市现代化提供了文学艺术更新的历史契机与现实需要，从而促进文学艺术的变革。文学艺术以其日渐增强的意识综合功能复现城市文化变迁的整体风貌，借以揭示人的意识现代化正是20世纪的中国文化的被动转型所必需的。战前重庆文学艺术的落后与重庆文化发展的滞后是相一致的，无疑就间接地却又充分地证明：没有意识层面上的功能彻底转换，那么，无论是在经济层面上，还是在政治层面上，都不可能真正完成功能的转换，而只能是一种迫于人类历史大趋势的应激调适，以致城市文化发展畸形。战前重庆与被曾称为"文化沙漠"的香港颇有类似之处：它们作为商业中心城市对城市意识功能，特别是对文学艺术功能的极端忽视。当然，香港之所以被称为"文化沙漠"，是在于它的意识功能虚弱与经济功能发达的巨大反差所导致的，这与战前重庆文学艺术的沙漠化动因是完全不同的。

大众传播体系与文学艺术活动之间的关系如何？如果将前者视为现代城市功能的手段性体现的文化装置，与社会的现实演变保持着紧密的直接联系，重在信息的交流，那么，后者则当视为现代人个体的创造性表达的文化活动，与社会的现状保持着审美的心理距离，要在经验的重构。在此前提下，可以说大众传播体系与文学艺术活动之间的关系相类似于形式与内容，或手段与目的，也就是大众传播体系有利于文学艺术的传播范围的拓展，并促进文学艺术的变革和发展，而文学艺术因其接受过程中要求通过传播环节的多样化来实现

---

① 〔匈〕阿诺德·豪译尔：《艺术社会学》，学林出版社1987年版，第3—6页。

其意识功能，促使了大众传播体系的完善与改进。可见，大众传播与文学艺术是相得益彰的。

战前重庆开始形成以报业为主的大众传播体系，各种报纸纷纷设立文艺副刊或文艺栏目，登载了一定数量的文艺作品。但是，文学艺术活动在重庆的社会反响微弱，一个是读者面的狭窄，一个是未能产生具有影响力的作者。究其原因，主要是旧文艺仍占新文艺的上风，文学青年的创作水平始终处于业余创作阶段；加之出于商业竞争和群体利益的考虑，文艺期刊与文艺著作的出版更是勉为其难。直到1936年前后，才出现了少数几种文学期刊：《沙龙》、《山城》、《春云》，以及文学周刊《溅花周报》、《榴琏周报》等。其中以《春云》最为出名，它作为纯文学月刊，发表了不少诗歌、小说、散文、书评以及文艺消息。这些作品的作者均为重庆当地的文学青年，因此能通过自己的创作来初步反映重庆生活的各个方面，颇具重庆文化特色，或多或少地显示出新文学在战前重庆生成与发展的实绩。

1932年，重庆第一座民营广播电台建立开播，节目以商业广告、文艺娱乐为主。①1934年，第一座公营广播电台——重庆广播电台开播，其节目有新闻、川戏、歌曲等。到1936年中央广播事业指导委员会成立后，除规定限制广告与文娱节目的播出时间以进行宣传教育之外，还要求各地广播电台一律转播中央广播电台的简明新闻、时事评述、名人讲演、学术演讲、话剧、音乐节目，其余节目自办。如无转播设备，到时则停播。②重庆的广播事业虽然起步较全国晚，但它毕竟开始了以电台广播为媒介进行大众传播，也为话剧、现代音乐的传入进行了较大范围内的介绍。重庆广播事业一开始就以其新闻性、商业性、娱乐性的特点适应了重庆文化发展的需要。

1926年，在重庆第一次进行了新闻电影的拍摄，随后又筹组西南影片公司，但主要以发行外来影片供放映用。从1912年首次放映以国外默片为主的无声电影始，二十年后的1932年才得以放映有声电影。电影放映场所开始在川戏剧院放映，到1918年，重庆修建了第一家简易电影院涵虚电影场。1925年，第一家正规的、拥有现代放映设备的环球电影院建成，以满足社会上层人

---

① 《重庆大事记》，第131页。
② 梁家禄：《中国新闻业史（古代至一九四九年）》，广西人民出版社1984年版，第285页。

士对电影艺术的欣赏需求。[①]进入 30 年代，重庆电影院增多，[②]社会下层群众也逐渐成为电影观众。1937 年 2 月，国泰大戏院建成，它是达到全国一流水准的、建筑宏伟而又设施完备的新兴电影院，[③]标志着重庆电影放映业正式进入了大众传播的行列。至此，电影艺术方成为全社会各阶层的欣赏对象而家喻户晓，显示了新一代大众传播媒介对文学艺术活动的有力促进。当然，重庆的电影事业还处于光放映而无拍摄的起步阶段，商业追逐盛于拍摄创作，娱乐消遣盛于艺术接受，不过仍然昭示了电影作为新型艺术的巨大魅力。

以上主要以文学艺术与大众传播的关系来说明重庆的文学艺术正处于由旧趋新的变动中。尽管这一变动是缓慢而又弱小的，但可喜的是，它表明战前重庆能够尾随于中国文学艺术的发展之后，从而为新的发展时期的到来奠定了一定的创作与接受的社会基础和心理基础，以及必要的传播手段。

然而，借助重庆文学艺术活动来具体折射重庆文化现状，不能仅仅局限于大众传播，文学艺术的传播是社会传播，必然涉及个人传播与组织传播；更为重要的是文学艺术活动是创作和接受两个过程的统一，具有自由创造的根本特征。这就意味着要将文学艺术活动置于文化发展的意识层面构成上来进行过程考察，以发现文学艺术发展的运动特征，从上层文化与下层文化，精英文化与民间文化着眼。[④]简言之，就是以雅与俗的文化意识构成层次来对重庆文学艺术活动进行分离，由此而见出重庆文学艺术发展的独特性是否体现出重庆文化发展的整体趋向。

在由等级制的传统社会向科层化的现代社会的过渡中，社会角色的宗法等级逐渐为阶层分化所代替，君子与小人不再成为劳心者与劳力者之间的唯上智与下愚不移的人格符号。在重庆，商由士、农、工、商的四民之末而跃居四民之首。这样，劳心者与劳力者开始成为职业的区分，即所谓脑力劳动者与体力劳动者。

但是，应该认识到雅与俗的文学艺术分流的主要原因——首先在于，在劳心者与劳力者之间，由于阶层职业的关系，劳心者较之劳力者有更多的收入和时间来供其做自由的选择，产生了意识发展的差距，转化为上层与下层相

---

① 《近代重庆城市史》，第 773—774 页。
② 《重庆市中区文化艺术志》，文化艺术出版社 1990 年版，第 281 页。
③ 张德华、张宏：《夏云瑚与国泰大剧院》，《重庆文化史料》1991 年第 2 期。
④ 这里的上层文化与下层文化，精英文化与民间文化，属于狭义上的文化范畴，即通常所说的"精神文明"，显示出由社会意识到文化心理的结构性对峙。

峙，以群体社会地位为其分流标志。在重庆，雅文学艺术开始借助报业来稳固其地位，俗文学艺术通过茶馆来获得其发展的机遇。其次在于，劳心者与劳力者之间，直接决定着两者不同的创造取向，转化为精英与民间并存，以个体文化素质为其分流标志。在重庆，雅文学艺术坚持个人创作为主，而俗文学艺术则以群体创作为主。自杨庶堪等人于1903年4月创办《广益丛报》，在该报下编文章门中即辟有"国风"、"短品"、"小说"等栏目。不过，当时的文学创作均为传统诗、词、曲与文言的散文和小说。1905年创刊的《重庆商会公报》也设有"小说"、"拾遗"、"杂俎"等栏目来发表文学性作品。

如果说以上这些报刊还带有期刊的某些特色的话，那么，随着新文化运动的兴起，《重庆商务日报》、《新蜀报》先后创办副刊，于其上发表文学作品，特别是新文学的各类创作。这就促进其后出现的大大小小的报纸以各种方式发表文艺作品。1930年由重庆总工会创办的《市声午报》，其第四版为副刊，专登趣味性的小品文。1929年创办的《重庆晚报》有文艺性副刊《夜之花》，1930年创办的《西蜀晚报》有文艺性副刊《桃花源》。自然，这些报纸为了吸引订户，其发表的作品既要兼顾不同阶层的读者，古典文言与现代白话并驾齐驱，又要注重娱乐性和趣味性，抨击讽刺与游戏消遣相安无事。从总体上看，具有反帝反封建性质的反映社会现实人生的新文学的影响多限于文学青年之中。如《济川公报》的文学副刊是以军中文学青年为对象，这固然与该报由军方分派部队发行有关，但也从一个侧面证明新文学生存园地的来之不易。

尽管战前重庆的新文学创作水准较低，但毕竟还是在重重困难中缓缓发展，1936年《春云》文学月刊的出现表明重庆新文学创作已完成了从业余向专业的过渡。与此同时，重庆的其他艺术门类却逗留于古代与现代之间。美术仍以传统的国画、书法、篆刻为主，到1936年7月4日，《新蜀报》首次刊登现代木刻《高尔基像》，并于1937年初成立重庆木刻研究会，开始在重庆各报上发表作品。音乐在雅乐衰落俗乐兴旺的局面下，西洋音乐主要以开设音乐课程的形式在学校中推行，形成独特的"学堂乐歌"。同样，西洋舞蹈也以黎锦晖所创作的《葡萄仙子》等12部儿童歌舞剧为教材在学校中流行。[①]

---

① 《重庆市市中区文化艺术志》，第242、255页。

相对于文艺创作的变动，文艺观念的变化，对于文学艺术创作的指导是一个十分重要的前提。曾任重庆大学中文教授的"白屋诗人"吴芳吉，一方面高度强调诗歌必须随时代前进而变革："非变不通，非通无以救诗亡也"；另一方面极力主张新诗应该注重民族性与时代性的一致："余所理想之新诗，依然中国之人，中国之语，中国之习惯，而处处合乎新时代者。"① 因此，他不但创作了以真人真事为素材的叙事诗《婉容词》，反对封建礼教对女性的戕害；同时也能在现实的感召下，大声疾呼反对日本帝国主义的侵略。1932年4月底，他以十九路军在上海英勇抗日为题材，创作《巴人歌》，在重庆基督教青年会的讲演中当众朗读，以致在返回江津中学再次朗读时，诗情汹涌而昏倒在地，终于以生命谱写了发自中国人内心的时代新诗。

无论是从文艺创作上，还是从文艺观念上，雅文学艺术在重庆都表现出由旧趋新的变革特征。尽管可以说由于经济、政治、意识各方面因素，这一变革若隐若现，并未成为重庆文学艺术活动的主流，但是它作为对20世纪的中国文学艺术发展的回应，势将占据主导性地位，这是必须予以承认的。

进入20世纪30年代，重庆包括滑竿、凉轿、藤轿在内的轿子近万乘，以抬轿为生者当在2万人左右，② 占此时重庆30余万人的1/15。在抬轿中为齐一步伐，减轻疲劳，便出现了"轿夫令"这种口头咏唱形式，即事而发，随心所欲，前后应答，顺口转韵，表现出简洁活泼、俗白诙谐的情趣：

（前）"对面来个胖大嫂，
（后）啷个起的这样早，
（前）手里提这小箩筐，
（后）十个鸡蛋半斤糖。"

口头流传开后，而被称为"滑竿民歌"。③ 抬轿之余，轿夫闲坐于遍布大街小巷的茶馆中，大摆其"龙门阵"。这种聚散来自偶然，交谈出于兴会，自由抒发情思的个人交流形式向着口头表演逼近。

---

① 《自序》，《白屋吴生诗稿》1929年版。
② 陈宗树：《重庆之轿行》，《四川省文史资料选辑》第34辑。
③ 《今日重庆》，上海三联书店1990年版，第87—89页。

由此推之，挑夫、纤夫、船工、棚民与轿夫一样，构成了重庆俗文学艺术的广泛群众基础，从而发展出以茶馆为活动中心、以口头说唱为主的曲艺。重庆曲艺具有大众传播的某些特点：从参加者的规模来看，表演由民间艺人与众多茶客共同参与；从传播机会看，以茶馆为表演场所，以工余为演出时间；从参与者的角色分化来看，演员与观众有明确的区分；从所交流的信息来看，无论是内容还是形式，都是茶客喜闻乐见的，多为师承或改编的"段子"，也有据时事、掌故敷衍而成者。

　　不过，从信息传播媒介来看，表演主要是由艺人运用姿态、表情、声音来进行；从交流反馈来看，观众能以叫好或喝倒彩来直接影响表演的进行。因此，从文学艺术的创作过程与接受过程相一致的角度来考察，就可以看到茶馆型的曲艺表演，其通俗性超过了独创性，群体性压倒了个体性。然而，茶馆型的曲艺表演却能适应20世纪初文化发展滞后的重庆现状，产生了较大的社会影响。在出版业不景气的情况下，清末民初在重庆出版上市的唱本却达数百种之多。

　　进入民国以来，随着重庆文化的发展，俗文学艺术也逐渐走向艺术表演的专门化，开始形成艺术流派；同时座唱场地也由茶馆扩展到茶楼、游艺场，从20年代到30年代即达10余处。[①] 特别是在艺术形态上呈现出由旧趋新来追随重夫文化的发展。

　　"清音"作为主要曲种之一，系由"月琴"演变而成：演出方式由在烟馆、饭馆、旅馆中卖唱转向以茶馆座堂清唱为主；演出曲目也由短小多变的小调转向铺陈渲染的大调，有时还辅之以川剧清唱。这样，不但提高了艺术创作与接受的水准，同时也促进了曲种自身的发展。六朝民歌有云："何必丝与竹，山水出清音。"1930年，200余名"月琴"艺人成立了"清音歌唱改进会"，"月琴"正式更名为"清音"，成为以月琴伴奏为主的地方性曲种。因此，"清音"不仅能进入较一般茶馆档次高的茶楼，而且也能登堂入室，成为具有一定雅俗共赏性的艺术。

　　其他曲种，说唱兼备的如由"鱼鼓筒"在清末民初改称"竹琴"之后，逐渐形成了以重庆为代表的正宗老腔，粗犷豪放，极富地方语言特色的川东派；"洋琴"在民国初年更名为"扬琴"，也出现了"文彩派"与"本色派"。

[①] 《重庆市中市区文化艺术志》，第276页。

以说为主的"评书",在重庆亦有"清棚"与"擂棚"之分,前者的代表艺人为王秉诚,后者的代表艺人为胡雨琴。此外,如"花鼓"、"连箫"等集说唱于一身的曲种,因不适于茶馆演出,结果在街头演出中自生自灭。

战前重庆的文学艺术虽然发生了俗与雅分流的现象,但同时也出现了介于雅俗之间的市民文学艺术。

重庆的社会科学层分化显然不够充分,尽管缺乏必要的职业构成、社团分布、教育水平诸多有关统计资料,但仍然可以通过城市人口的文盲比例来略加分析。以1927年重庆在校小学生6000余人为基数测算,重庆30余万人口中,非文盲人口至少在4万人以上,而重庆的中等教育又偏重与商业有关的职业训练,[1]从而形成了市民阶层。可见,作为内陆商业城市的重庆,其市民阶层构成主要是男性从业人员,[2]因而市民阶层自然会立足于娱乐消闲和交际应酬来提出他们对文学艺术的需要,一开始就要求文学艺术的商业化和社会化,具体表现为以川剧为主的传统戏剧在战前重庆的兴旺发达。

首先,在清末民初,由流动演出的川内外戏班通过各具特色的表演,一方面打下了以重庆为中心的下川东川剧流派的根基,另一方面又培养和吸引了一大批川戏爱好者。在此基础上,1917年重庆"裕民社"创办,造就了一批青年演员,1927年成立"进德社"率先在全川带头招收女性科生进行学习,显然是时代风气之使然。这表明重庆开始了川剧专业化与职业化。

其次,川剧演出在固定的剧场进行。重庆剧场林立而名目繁多,分别有茶园、舞台、戏院之称谓。从民国初年到1937年6月,较有名的剧场总数共计30余处。[3]这就为川剧及川剧的艺术传播提供了充分的舞台,同时也使戏剧演出业成为与电影放映业相媲美的大众传播行业,促使重庆市电影戏剧同业公会的成立。这表明川剧演出已成为商业性的传播行业。

其三,在通过众多江湖班的表演而形成融多种声腔为一体的下川东川剧艺术流派的同时,也能够既演传统戏又演时装戏,来直接反映中国社会的变动,涌现了专业剧作家,创作了诸如《柴市节》、《林则徐》、《祭邹容》、《打倒袁世凯》等一批反帝反封建、民主爱国的剧目。这表明川剧注重对大众的

---

[1] 《近代重庆城市史》,第690—693页。
[2] 1936年重庆市人口统计达33万,男性几近20万,女性13万余。《重庆大事记》,第147页。
[3] 《重庆市市中区文化艺术节》,第275—276页。

"高台教化"。

　　川剧在重庆的勃兴，对于川剧走向全国无疑是有益的起点。1936年，"成渝川剧促进社"沿长江而下赴上海演出成功，并由百代公司灌制唱片，标志着川剧发展的高峰。声名大振的川剧不仅以"唱堂会"的方式进入上流社会，也以其唱腔曲牌直接影响着"清音"、"竹琴"、"扬琴"、"金钱板"、"荷叶"等曲种。同时，社会各阶层的川剧爱好者以"打围鼓"形式进行清唱自娱。因川剧而爱屋及乌，汉剧、京剧在重庆此时的口碑亦甚好。

　　与商业化和社会化所造成的川剧轰动效应相对照，话剧在重庆的命运颇不佳。1913年4月，"开明剧社"来重庆演出，以《都督梦》、《新茶花女》等文明新剧推动了话剧在重庆的肇起，随之又出现了"群益新剧社"。1919年元旦，重庆求精中学学生剧团演出《浪子回头》，引起一定的反响。从20年代到30年代，重庆先后出现了"革新话剧社"、"一九话剧社"、"西南话剧社"等团体。但由于这些团体均为追求现代话剧艺术的业余剧团，在演出活动中，不仅常遭到世俗偏见的误解与歧视，并且也常因经费不足而入不敷出败下阵来，以至于烟消云散。[①]尽管如此，仅从演出的内容和形式上来看，一方面是从文明新剧向现代话剧的转换，另一方面是从反帝反封建走向抗日救亡，初步地显示出话剧艺术在重庆的顽强生命力，与中国话剧运动接上了轨。[②]

　　川戏的繁荣表明它作为市民的戏剧是当之无愧的，但它的程式化所造成的戏曲接受定式，又影响着话剧这一外来艺术的发展，客观上形成一枝独放的格局，使话剧成为少数人的戏剧，不能为全社会的人们所共享。川剧的艺术世界带着几分狭隘与偏执，这恰好是市民性格，甚至在某种程度上是重庆文化负面的一个写照。

　　雅文学艺术主要表现为文艺创作和观念的由旧趋新，俗文学艺术主要表现为在艺术形态上的由旧趋新，市民文学艺术主要表现为艺术传播模式的由旧趋新。这样，由旧趋新也就成为重庆文学艺术活动的运动特征，与重庆走向现代化的文化发展整体趋势是相吻合的。

---

① 席明真：《苦难的历程——忆"西南话剧社"点点滴滴》，《重庆文史资料》1991年2期。
② 《近代重庆城市史》，第768—769页。

第二章 战时文化概述

一、全国性文化中心的形成

帝国主义侵略战争，固然造成民族国家的文化浩劫，但反侵略的正义战争，却能够激发民族主义意识的觉醒，表现为爱国主义精神的高涨，形成空前的民族团结，促进国内各派政治势力消除意识形态、集团利益的冲突与分歧，由对峙走向合作，重建一致对外的较为稳定的政治局面，从而有效地保证了国民经济的转轨，为战争胜利奠定物质的基础。反侵略战争在为民族国家的文化发展提供全面向前的动力的同时，在反侵略战争中固有的文化形态由于遭到了外科手术式的军事的打击，破坏了既存的经济结构、政治格局、意识导向，使之得以重新进入整合状态，在客观上为民族国家的文化发展扫清了形形色色的障碍。这样，反侵略战争就成为民族国家复兴的历史机遇，而作为民族个体的人也因此实现意识更新。

正如郭沫若所指出的那样，"旧中国非经过一次大扫荡，新中国是不容易建设的。这大扫荡的工作，却由日本军部这大批蛆虫在替我们执行着了。"[①] 所以，"目前我们的对日抗战，也可以说是民主政治与专制政治的抗战，"因为"由专制而民主，是人类进化的基本动向，"从而"提醒我们的建立民主政治的革命精神！促进我们的对于专制惰力的扫荡！"[②] 简言之也就是"复兴我们中华民族的精神"——"富于创造力"，"富于同化力"，"富于反侵略性"。尽管由于历史的原因，我们的"民族在世界文化的竞赛中便因而落伍了，更因而招

---

① 《关于华北战局应有的认识》，《羽书集》孟夏出版社1941年版。
② 《惰力与革命》，《羽书集》。

致了目前的空前的危难"，但在全民抗战的正义洪流中，"我们的民族精神渐渐苏醒过来了"。①抗日战争提供了将重庆推上了领先全国的文化地位的这样的历史机遇，使重庆由区域文化中心逐渐转变为全国文化中心。然而，这并非是一蹴而就的，相反，这就是一个从战略与政略分离到战略与政略统一的调整过程，也是一个文化中心由沿海沿江向长江上游转移的扩散过程，更是一个文化地位由落后到领先的上升过程。正是抗日战争促进了以战时重庆文化为标志的重庆城市现代化进程。

1931年9月18日，日军进攻沈阳，日本公开发动了侵略中国的局部战争。1932年1月1日，"团结一致"的国民政府在南京成立。1月28日，日军进攻上海，日本进一步扩大侵略中国的态势。1月30日，国民政府宣布迁都洛阳办公，随即政略与战略的调整。②由于在"安内攘外"战略上出现分歧，③1932年主要就战略问题达成一致，要求"全国军队应抱同一抗战之决心"，议定以"长安为陪都"，"洛阳为行都"；同时决定成立国民政府军事委员会，"其目的在捍御外辱，整理军事，俟抗日军事终了，即撤销之"，以蒋介石任军事委员会会长。④1933年4月12日，蒋介石在南昌举行的"军事整理会议"上，指出："现在对于日本，只有一个法子——就是作长期不断的抵抗"，在军事上进行从第一线到第三线"这样长期的抗战，越能持久，越是有利。若是能抵抗得三、五年，我预料国际上总有新的发展，敌人自己国内也一定将有新的变化，这样我们的国家和民族才有死中求生的一线希望。"⑤

随着日本对中国侵略事态的扩大，国民政府军事委员会制定的1935年度《防卫计划纲要》，"将全国形成若干防卫区及核心，俾达长期抗战之要求。"⑥为实施这一纲要，1935年1月，国民政府军事委员会南昌行营参谋团，由主任贺国光率队到达重庆，开始进行行政、财政、金融、军事、交通诸方面的整理。10月，参谋团奉国民政府令改组为国民政府军事委员会委员长重庆行营。

---

① 《复兴民族的真谛》，《羽书集》。
② 李松林等编：《中国国民党大事记》，解放军出版社1988年版，第216—218页；刘建清等主编：《中国国民党史》，江苏古籍出版社1992年版，第371—372页。
③ 《中国国民党史》，第382—386页。
④ 同上书，第374—375页。
⑤ 〔日〕古屋奎二《蒋介石秘录（下）》，湖南人民出版社1988年版，第398页。
⑥ 国民政府军事委员会档案，中国第二历史档案馆藏。

在 1936 年度的国防防卫计划中，最后确立以四川为对日作战的总根据地，重庆行营成立江防要塞建筑委员会。1937 年 3 月，成渝铁路正式开工。4 月，川军退出重庆，中央军进驻重庆，[①] 这样，在抗日战争全面爆发前，以重庆为核心城市的战略大后方已经在逐渐形成之中。

卢沟桥事变，表明日本对中国的侵略已从局部发展到全面，从此进入了中国人民"运用全力抗战"的抗日战争期间。[②]1937 年 11 月 20 日，国民政府发表《迁都宣言》："国民政府兹为适应战况，统筹全局，长期抗战起见，本日迁驻重庆。以后将以最广大之规模从事更持久之战斗"，"继续抗战，必须达到维护国家民族生存独立之目的。"[③] 显然，此次迁都重庆决非当年迁都洛阳，不是出于一时的权宜之计，恰恰相反，正是从政略与战略相一致的长期抗战的现实需要出发，重新确立战时文化发展领导中枢。

因此，长期抗战不再仅是从战略角度去考虑进行消耗性防御战，而是更多地结合战略的实际需要从政略的角度来予以强调："中国持久抗战，其最后决胜之中心，不但不在南京，抑且不在各大城市，而实寄于全国之乡村与广大强固之民心。"[④] 所以，迁都重庆，不只意味着确立大后方的战略地位，且进而确立了大后方作为复兴民族文化战时中心的地位。这样，重庆作为大后方的第一大城市，从全面抗战一开始就成为事实上的战时首都。随着国民政府、国民党中央党部、中国共产党代表团、国民参政会、国民政府军事委员会先后迁都重庆，国民革命军陆军第八路军在重庆设立办事处，中共中央南方局在重庆正式成立。[⑤] 这样，重庆不仅成为最高当局所在之地，也成为国共两党保持联系之地，无疑成为全国的政治中心。1939 年 5 月 5 日，国民政府令重庆由四川省政府直辖乙种市改为行政院院辖市。1940 年 9 月 6 日，国民政府定重庆为中华民国战时首都。10 月 1 日，重庆各界 3 万余人举行战时首都建立大会，并于当晚进行火炬游行。至此，重庆正式成为抗日战争时期中国的首都。[⑥]

战时体制通过对文化各个层面进行指令性控制，致使文化为适应战争需

---

① 《重庆大事记》，第 151—152 页。
② 《中国国民党大事记》，第 270—271 页。
③ 《国民政府公报》渝字第 1 号，1937 年 12 月 1 日。
④ 《蒋中正：中国国民党临时全国代表大会讲演词》，《新华日报》1938 年 4 月 3 日。
⑤ 《重庆大事记》，第 167、172 页。
⑥ 同上书，第 176、190 页。

要而形成特别的发展机制：在经济上，转向战时生产，保障经济建设的专门性和针对性，国民政府组建经济部主管战时工业生产，并将重庆定为大后方工业发展的重点城市，从而确立了重庆作为大后方工业中心的地位；在政治上，稳定社会秩序，保证行政管理的有效性和连续性，重庆由省辖市定为战时首都，直接促进了中央机关对地方政权的干预和督导，有利于市区扩大和市政建设；在意识上，唤起民众觉醒，保持思想导向的主流性和及时性，国民精神动员总会在重庆成立，"动员全国国民之精神充实抗战国力"，使"国家至上，民族至上"的思想深入人心。①

正是战时体制的实施，促使战时首都文化的影响与功能达到较高的整合水平，从而加快了重庆向现代大都市过渡的进程。

随着全面抗战的到来，国民政府确定"政府第一期的工业政策，其中心工作就是协助厂矿内迁。"②到1940年，内迁大后方工厂共425家，③其中迁往重庆约243家。④这就直接推动了重庆工业的飞跃发展。在"开发矿厂，建立重工业的基础，鼓励轻工业的经营，并发展各地手工业"的纲领指导下，⑤重庆工业在汲为薄弱的基点上，形成了兵工、机械、冶金、采矿、化工、电器、建材、能源等重工业，纺织、烟草、食品、造纸、制革、印刷等轻工业，并以军用生产为核心的较为完备的工业体系。这一形成中的工业体系具有如下特点：由以工场手工业为主转向以机械大工业为主，由以轻工业为主转向以重工业为主，⑥由以民营资本为主转向以公营资本为主。⑦这样就加强了公营企业在兵工、冶金、化工等行业中的决定性地位，在重庆工业的战时生产中占据了主导地位，有力地支援了抗日战争的进行。

抗战期间形成规模生产的重庆工业，不但使重庆城市经济结构由战前的残缺不全逐渐转向合理布局，呈现出体系性，而且使重庆城市经济的交互作用与生产功能由战前的偏废失常逐步转向完善适度，达到了较高的整合水平，因

---

① 《国民精神总动员纲领》，《中央日报》1939年3月12日。
② 《抗战时期工厂内迁资料选辑（一）》，《国民档案》1987年第2期。
③ 《经济部的战时工业建设》，《资源委员会公报》第4卷4期。
④ 《近代重庆城市史》，第215页。
⑤ 《中国国民党抗战建国纲领》，《新华日报》1938年4月3日。
⑥ 《重庆市情》，重庆出版社1985年版，第23页。
⑦ 李紫祥：《抗战以来的四川工业》，《四川经济季刊》第1卷1期。

此而具有了一定的现代性，这一转向的意义就不仅仅是大后方工业中心的诞生，更重要的是显示出国民政府迁都后重庆文化中心地位的经济实力，从而表明重庆城市文化开始发生根本性转变。这一转变也由商业、金融业与工业同步的几何级数般增长而更为显著。① 显然，重庆商业与金融业的高度扩张，不但满足了人口激增的城市发展的自身需要，更对整个大后方甚至全国都产生了直接影响，较为充分地发挥着作为全国性商业中心和金融中心的大都市效能。这不但促进了战时重庆的全国性文化中心地位的形成，也对稳固这一地位产生着正反两方面的作用。此外，交通运输也由战前单一的川江航运发展成为水陆空一体化的现代交通运输体系雏形，重庆成为战时中国的交通运输枢纽。这对于重庆的全国性文化中心地位的形成，也是不应忽视的。

重庆作为战时首都，其行政效能的转变尤为令人瞩目。除了发挥全国行政中心的领导作用外，由于重庆具有战时首都与直辖市的双重政治地位，产生了政治领导的两重性。一方面是国民政府等中央级党政军机关对重庆采取监督指导的方式，以保证重大政策法令的落实，另一方面是市政府各主管部门对重庆进行具体的行政管理，执行有关政策法令。这一流程就是：由国民政府任免市政府主要官员，国防最高委员会过问市政府日常行政工作，行政院批准市政府制定的法令法规；内政部督导重庆地方自治，重庆卫戍区总司令部参与重庆社会治安，经济部掌管重庆各公营企业及协调民营企业，交通部专管重庆对外交通运输机构。这样，双管齐下，不仅使重庆成为大后方城市的表率，而且也使重庆加快向现代大都市过渡，奠定了重庆作为全国政治中心的行政基础。

1939年2月，在日机大轰炸的威胁下，重庆市政府奉国民政府令动员全市机关、学校、商店疏散到市郊。重庆市政府成立紧急疏散委员会负责疏散市民。国民党中央党部与国民政府各机关组成迁建委员会决定各单位迁散。② 这样，不但扩展了重庆市区，同时也为新兴城市社区和卫星城市的出现创造了必要的条件。被称为重庆市文化区的沙坪坝地区，就是由疏散区划归重庆市政府，设立了13、14、17区三个行政区，形成了由数十家大中型企业，国民政府下属机构以及各政、党机构，近20所大专院校和几十家医疗单位为主要成员的功能齐备的现代城市小区。北碚也由战前的乡村建设实验区在划为迁建区之后，随着

---

① 《陪都工商年鉴》第2编，文信书局1945年版，第7页；中央银行编：《全国金融机构一览表》。
② 《重庆大事记》，第173—175页。

一些重要的国家机关、大专院校、文化团体的陆续迁入，改造成为具有一定现代市政基础、公共设施较为齐全、城市环境较为优美的卫星城市典范。①

为了促进重庆向现代大都市过渡，1939年12月，重庆市建设期成会成立。1940年4月，重庆市政府拟定《重庆实施地方自治三年计划大纲》以适应战时城市发展。②9月6日，国民政府"兹特名定重庆为陪都，着由行政院督饬主管机关，参酌西京之体制，妥筹久远之规模"。③9月17日，行政院议决组织直隶行政院的"陪都建设计划委员会"，详细规划重庆城市建设方案。10月1日，行政院通过《重庆陪都建设计划委员会组织规程》，以孔祥熙为主任委员。1941年5月2日，"陪都建设计划委员会"举行第一次会议，通过了《陪都计划工作纲要及初步工作纲要》、《陪都分区法》等10余条法规。10月14日，"陪都建设计划委员会"举行中外记者招待会，报告整体建设计划，宣布重庆在抗时期为全国政治、军事、经济中心，战后亦为西南政治、经济中心，因而城市建设以贯彻战时和平时两重性为原则。④可见重庆的城市建设是在国民政府的直接指导下，由地区主管机关来执行，在兼顾战时和平时的前提下，确保其战时政治中心地位，同时也奠定其现代大都市的城市建设基础。这首先就促进了邮电通讯现代体制的完成，⑤不但满足了重庆城市发展的迫切需要，更为重要的是提供了战时首都文化在内外信息交流中进行社会传播的充分手段。

随着重庆向现代大都市的过渡，重庆人的文化素质有所提高，促进了爱国精神与民主意识的不断高涨，不仅是重庆人的文化心态趋向现代化，而且是重庆也成为开风气之先的中心，从而在抗日战争发挥更大的作用。

抗战时期的大移民，使重庆人口八年间突破了百万大关，奠定了现代大都市的人口基础。更为突出的是，外来移民的教育程度一般来说较高，相应地促进了重庆受教育程度平均水准的上升。同时，重庆教育事业在内迁高校的推动下，形成了结构合理的现代教育体系，加之国民政府大力推行国民教育制度，使学校教育向社会教育的方向发展，这就促使重庆人口中文盲比例逐年大幅度下降。据1945年1月的统计显示，全市104.8万人口中不识字者占总

---

① 《近代重庆城市史》，第467—470页。
② 《重庆大事记》，第181、185页。
③ 《国民政府公报》渝字第290号，1940年9月7日。
④ 《重庆大事记》，第198、203、204页。
⑤ 重庆市邮电志编辑室编印：《重庆百年邮电大事纵览》，第16、22、25页。

人口的 32.02%（其中包括 4.12% 的教育程度未详者），初等教育毕业以上者达总人口的 38.33%，初等教育肄业，与识字者，分别占总人口的 17.47% 与 12.18%，① 表明了重庆人口素质低下的落后状态已经开始得到改善。

这一改善与重庆社会的科层化趋向直接相关，突破了战前重庆上层社会与下层社会相对峙的封闭格局。一些需要较高文化程度的行业，如商业、工业、交通、公务、自由职业等，其从业人员已占重庆总人口的 48.97%，② 充分证明重庆此时已经形成了一个接近总人口半数的市民阶层，向着现代大都市的阶层人口构成不断过渡。

正是由于在抗战期间重庆形成了较为广泛的市民阶层，于此基础上出现了发挥不同文化作用和功能的有组织的多样化群体。这既是社会科层化所产生的后果，也是执政者进行指导的结果："发动全国民众，组织农工商学各职业团体，改善而充实之，使有钱者出钱，有力者出力，为争取民族生存之抗战而动员。"③

1942 年 3 月，公布了全国人民团体总登记办法，由改隶行政院的社会部实施总登记。全国人民团体由 1940 年 10 月的 16 363 个，增加到登记后的 1943 年 12 月的 19 871 个，1944 年上升到了 26 126 个，其中职业团体 22 630 个，以工商业团体为最，达 9892 个，妇女团体、文化团体次之，显示了"使有钱者出钱，有力者出力"的组织动员水平。④

重庆的人民团体共 257 个，职业团体为 167 个，社会团体为 90 个；会员人数 154 898 个，其中职业团体会员 113 901 人，社会团体会员 40 997 人，分别占全国同类会员的 3.8% 和 3%，从每一团体会员平均人数上看，重庆居全国各省市首位，⑤ 会员人数约占重庆总人口的 15%。⑥ 同时，各人民团体的总部大都设在重庆，这样就更加有助于重庆人民团体进行抗日救亡活动，并通过重庆的示范影响到大后方及全国各地。1939 年 5 月 1 日，重庆 1 万余工人为庆祝"五一"国际劳动节举行集会和游行。当天晚上 7 时，国民政府召开国民精

---

① 未列入外侨人口，《本市教育程度》，《重庆要览》，1945 年版，第 18 页。
② 未列入外侨人口，《本市人口职业分配》，《重庆要览》，第 17 页。
③ 《中国国民党抗战建国纲领》。
④ 社会部统计处编制：《全国人民团体统计》，第 1、2、5 页。
⑤ 《全国人口团体统计》，第 7 页。
⑥ 《本市历年户口及人口增加率》，《重庆要览》，第 19 页。

神总动员宣誓大会，会后 10 余万人参加了火炬游行，[①] 显示了重庆人民团体不但在一系列献金、反轰炸、劳军、献机等活动中表现出群体的力量，更能在争取自由权利、实行民主政治的运动中显出群体的意志，从而使重庆的抗日救亡运动在大后方乃至全国产生了巨大的感召力。

毋庸讳言，战时体制大大有利于重庆文化迅速处于领先的地位。不过，战时体制对重庆的文化功能系统施加影响促其变化，通常是采用强制性手段来进行的，难免产生双刃剑效应：虽然在一定时期内强化了功能转化的趋向，但是同时也造成功能失范，影响重庆文化的正常发展，从而导致城市现代化的难以为继。

在通货膨胀日益严重的状况下，在经济上通过税收、限价、专卖、专控等政策来进行全面管制，固然能保障军需民用的基本需要，维护社会秩序的稳定，但无论对工业、还是对商业来说，都遏制了它们的正常发展。在工业方面，这就造成生产厂家的严重亏损。重庆煤矿工业因此被迫停产或减产，使能源与原料不足的状况更趋恶化，促成工业衰退的恶性循环。在商业方面，这就促使巧取豪夺的黑市贸易呈现一派畸形繁荣，通过囤积居奇、投机倒把来侵占社会财富和损害消费者利益。金融业由于四联总处的高度控制所造成的管理不善，对工业的投资常被转为商业投资，结果出现了投资向商业倾斜的不正常现象，一方面加剧了工业的衰退与商业的畸形繁荣，另一方面也使交通建设始终处于体系初创的低水平。

推行地方自治，意在巩固社会政治基础以利抗战，并为宪政实施作准备。[②]1939 年 9 月 19 日，国民政府公布《县各级组织纲要》，强化保甲制度，以进行基层行政民主管理。可是，作为实施地方自治示范区的重庆，本应民选的区镇一级行政首脑，却由同级警官充当，地方自治实际上成为一纸空文。因此，尽管规定了保甲人员的任职资格，但就任者大多文化素质低下，甚至有文盲混于其中。所以，"本市虽为战时首都，亦为文化荟萃之区，但一般知识分子常自居高等社会地位，藐视保甲职务，尤以军界人员轻蔑保甲人员，致使优秀青年，公正绅耆不愿充当。"更有甚者，对于保甲人员，"一般行政军事机关

---

① 《重庆大事记》，第 179 页。
② 《中国国民党抗战建国纲领》。

常为一己之方便，视如差役，任意驱使，一有不遂，即加侮辱"。[①]由此可见保甲制度不得人心之一斑，从一个方面证实了民主空气的严重缺乏。

实行战时新闻出版检查制度，在参战各国之中是很普遍的。但是，检查的目的是为了有利于人民的团结、军队的稳定、盟国的协作、战局的进展。由于当时的新闻出版检查制度也蕴含禁锢思想自由的专制思想，采用"原稿送审"、"宣传名词正误"等手段，导致了报纸开天窗、刊物被腰斩的怪现状。1943年11月，老舍、茅盾等53名文艺界知名人士，在重庆向国民政府行政院提出改进检查制度的14条建议，要求以"三民主义之最高原则及抗战建国纲领"作为统一的检查标准，不得再加其他限制，不能扣留原稿，准许作者自行修改。[②]1945年7月20日，国民参政会第四届第一次大会在决议中重申保障人民身体言论出版及集会结社之自由。[③]8月17日，由16家杂志在重庆发起波及全国的拒检运动。[④]9月22日，国民党第六届中央常务委员会第十次会议决定于10月10日起撤销新闻出版检查。[⑤]由此可见重庆各界人士对思想自由要求的强烈与迫切。

抗日战争爆发，重庆开始向现代大都市过渡，而且整个大后方也取得了程度不等的社会进步。战时体制对重庆文化发展的确是至关重要的。随着抗日战争的胜利，国民政府还都南京，内迁工厂复员搬迁，掀起了胜利之后回老家的浪潮，仅1946年的12个月中，就有数十万人离开重庆，差点儿失去了作为大都市所必需的人口构成。[⑥]这样，重庆文化出现了全面的衰退。可见，促成重庆文化取得领先地位的战时性实际上是暂时性，因而它的领先地位也只能是暂时性的。

在抗战期间居于领先地位可以说是重庆文化发展的总体特征。这一点对

---

① 重庆警察局：《本市保甲工作现状与改进意见》，《重庆市政府公报》第8—9期合刊，1940年6月。
② 《国民党行政院档案》，中国第二历史档案馆藏。
③ 《重庆大事记》，第240—241页。
④ 尚丁：《难忘的战斗——重庆杂志界联谊会纪实》。
⑤ 《重庆大事记》，第244页。
⑥ 《陪都十年建设计划草案》第10页统计重庆城市人口1946年为124.5万，实际上应是1945年而非1946年。因为作为年度公布的人口数字其实只是前一年的实有人口，该草案于1946年5月完成编制。据1947年1月统计，重庆人口为999 967人，重庆市教育局统计室：《重庆市人口教育程度统计图》，《重庆市教育概况统计要览》，1947年版，第19页。

于整个大后方文化来说也是具有普遍意义的。这一切不过表明了中国文化的现代转型必须立足于现存文化形态的自我更新，而任何层面上的强化因素只能起到促动的作用，除非这一因素已经转化为文化自我更新的有机构成。所以，文化发展中的政治化倾向只有通过政治层面上一系列民主制度的建立，才能够有机地融入文化的整体转型中，从而真正实现民族文化的复兴。

二、创造民族的新文化

重庆在向现代大都市过渡之中，不只是由于国民政府迁都后对战时体制的强化，而主要是"抗战建国"的纲领性方针发挥了极其重要的指导作用。"抗战建国"，不仅体现出国共两党合作抗日的一致努力，而且也反映出炎黄子孙团结抗日的一片赤诚。同时，中国人对中国政治前途达成的共识，不仅使战时经济力量得到了增强，更为重要的是推动了创造民族新文化的实际运动，中国人的普遍觉醒将有助于中国文化的整体转型。

在国民政府迁都重庆期间，工业发展虽然得到较快的增长，但工业产值在国民经济中的比例远在10%以下：1940年，以重庆为中心的大后方工业总产值仅为2.55亿元。[1]到1942年，重庆商业资本即为4.95亿元，高达工业资本1.78亿元的2.5倍以上。[2]因此，重庆仍然是一个商业性的战时大都市，它的文化地位的转变，完全有赖于它是战时首都的政治地位。

战时重庆对中国财政金融的支配是以其政治中心的调节作用来实现的。除了转入战时经济体制外，国民政府在太平洋战争爆发前，主要是吸取华侨汇款，[3]发行爱国公债，来保障军费开支，稳定法币币值，以满足国民生产与生活的基本需要。

据国民政府军事委员会军政部长何应钦在国民政府侨务委员会提供的数字表明，当年华侨汇款既达13.3亿元。按照现代各国银行发行纸币通例，有本金一元即可发行纸币四元，故是华侨汇13.3亿元的外汇现金，可据以发行"其信用且极为稳固"的法币53.2亿元，除去侨眷赡养费12.7亿元，军费18

---

[1] 陈禾章等编：《中国战时经济志》，台北正中书局1973年版，第2页。
[2] 国民政府经济部统计处：《重庆市资金分配情形》，第1—2页。
[3] 华侨汇款包括赡养侨眷生活费、爱国捐款、对内投资诸项。

亿元，以及全国贸易入超 2 亿元外，尚余 19.5 亿元作其他费用开支。①

在 1942 年法币的外汇兑换大幅度下降之前，从 1937 年到 1941 年，国民政府总收入约 226 亿元，华侨汇款达 53 亿元，相当于国民政府总收入的四分之一，接近国民政府军费开支的二分之一。②如考虑进纸币发行通例，可以说华侨汇款支持着整个战时中国的货币流通。尤其值得一提的是，抗战八年来，华侨捐款数额达 13.2 亿元，③同时认购了 11 亿元国民政府发行的救国公债，占 30 亿元公债总额的三分之一强。④国民政府官员也指出："我国抗战已三年有半，财政金融基础仍异常巩固"，"海外华侨大宗汇款回国"当功不可没。⑤这正是广大华侨拥护代表中国的国民政府，支持"抗战建国"的确证。⑥

早在 1937 年 7 月 15 日，《中国共产党为公布国共合作宣言》中就宣布同意"取消红军名义及番号，改编为国民革命军"，从而"求得与国民党的精诚团结，巩固全国的和平统一，实行抗日的民族革命战争"。⑦蒋介石在《对中国共产党宣言的谈话》中表示："总之，中国立国原则为总理创制之三民主义"，"集中整个民族力量，自卫自助，以抵暴敌，挽救危亡。中国不但为保障国家民族之生存而抗战，亦为保持世界和平与国际信义而奋斗。"⑧宋庆龄目睹"两个兄弟党居然言归于好，重新携着手，为中国民族的独立解放而斗争"，"感动得几乎要下泪"，同时呼吁要牢记国共破裂的前车之鉴，做到"真诚坦白合作"，实行"孙中山先生手定的三民主义纲领"，"完成反帝反封建使命"。⑨

1937 年 9 月 6 日，《解放周刊》第 1 卷第 15 期发表了《中国共产党抗日救国十大纲领——为动员一切力量争取抗战胜利而斗争》，将民族解放与民主革命紧密联系起来，提出了民族、民权、民生各方面的具体要求，号召建立抗日民族统一战线，进行军事、政治、经济、教育诸方面的战时政策调整，"在

---

① 《华侨革命史（下）》，台北正中书局 1981 年版，第 691、705 页；何适：《论侨汇补助》，《侨声报》第 2 期，1945 年 1 月。
② 任贵祥：《华侨对祖国抗战经济的贡献》，《近代史研究》1987 年第 5 期。
③ 《华侨革命史（下）》，第 705—706 页。
④ 曾瑞炎：《华侨与抗日战争》，四川大学出版社 1988 年版，第 141 页。
⑤ 孔祥熙：《三十年来之我国财政》，《新华日报》1941 年 1 月 2 日。
⑥ 陈嘉庚：《南侨回忆录》，新加坡怡和轩 1946 年版，第 58 页。
⑦ 《中央日报》1937 年 9 月 22 日；《解放周刊》第一卷第 18 期，1939 年 10 月 2 日。
⑧ 《中央日报》1937 年 9 月 23 日。
⑨ 《国共统一运动宣言》，《中央日报》1937 年 9 月 24 日。

国共两党彻底合作的基础上，建立全国各党各派各界各军的抗日民族统一战线，领导抗日战争，精诚团结，共赴国难。"

1938年3月29日，国民党临时全国代表大会在重庆开幕，提出："振衰起敝，挽回党誉，挽回国运，求得抗战胜利，排除暴敌侵略使救国建国的工作由我们手里来完成。"① 至4月1日在武昌闭幕，通过了《中国国民党抗战建国纲领》，作为国民政府的政略。1938年4月3日，《新华日报》率先发表了《中国国民党抗战建国纲领》，国民政府于7月2日正式公布。《中国国民党抗战建国纲领》由"总则"及"外交、军事、政治、经济、民众、教育各纲领"构成。总则即"（一）确定三民主义暨总理遗教，为一般抗战行动及建国之最高准绳。（二）全国抗战力量，应在本党及蒋委员长领导之下，集中全力，奋砺迈进。"其各纲领即为总则之内容在不同领域内的具体实施方案，强调了"全国人民捐弃成见，破除畛域，集中意志，统一行动之必要"，"欲求抗战必胜，建国必成。"

1938年10月，毛泽东在《论新阶段——抗日民族战争与抗日民族统一战线发展的新阶段》的报告中指出：国民党有三民主义的历史传统，有广大忠忱爱国的党员，"抗日民族统一战线是以国共两党为基础的"，"抗日战争之进行与抗日民族统一战线的组成中"。② 在11月16日通过的《中共扩大的六中全会政治决议案》中，重申"对执行三民主义及抗战建国纲领应该采取最诚恳最积极的立场"，以达到"国共长期合作，保证抗战建国大业的胜利"。③

这样，"抗战建国"的方针，既包含了三民主义政治纲领和政治思想，又包括了民族解放和国家民主化的具体措施，得到了国共两党的一致认同。当然，中国共产党反对一党专政，一方面确认"两党中以国民党为第一大党，抗战的发动与坚持，离开国民党是不能设想的"；另一方面强调"各党派各阶层抗日战争中力量的不平衡，同时在地域分布上也表现这种不平衡。国民党是第一个具有实力的大党，共产党是第二党"，并且"由于有两党的军队，使得抗日战争中两党克尽分工合作的最善责任"。同时指出"战争中的合作决定着战争后的合作"。④ 1945年9月3日，国民政府宣告从1937年7月7日开始的抗

---

① 《中国国民党党史》，第456页。
② 《论新阶段》，华北新华书店1938年版。
③ 《中共中央抗日民族统一战线文件选编（下）》，档案出版社1986年版。
④ 《论新阶段》。

日战争至此胜利结束。就在这同一天，以中共提出的"会谈要点"十一项为起点，开始了由"抗战建国"转向"和平建国"的建设方针的谈判，开创了"和平发展"的新阶段。①

如果说重庆这个商业性战时大都市作为战时城市经济功能发展现状的特例，明确地揭示了抗日战争对大后方经济在发展一定程度上的开放性促进。那么，重庆这个战时中国首都，以其政治中心的强大功能推行"抗战建国"方针，则清楚地显示出以国民政府为合法代表的中国从国内到国际的普遍性政治影响：八路军、新四军隶属于国民革命军；陕甘宁边区政府，晋察冀边区行政委员会隶属于国民政府；②海外侨胞志愿祖国抗战，中国成为反法西斯"四强"之一。

克劳塞维茨在阐发"战争无非是政治通过另一种手段的继续"的卓识之外，还论及作为战略要素的精神三要素——统帅的才能、军队的武德和军人的民族精神。尽管他是着眼于战略，讨论了统帅与"军事天才"的关系，军队与"军人荣誉"的关系，但仍指出"军事天才的高低还取决于一个民族智力发展的总的水平"，这对于"称职的军人"来讲也是同样的。③至于军队的民族精神主要是指民众武装所特具的精神力量，故未加详论。不过，克劳塞维茨认为："这三种精神力量的显示作用"，"最好的办法是对它们中间的任何一种都不要轻视。"④克劳塞维茨实际上已经触及到战争与民族文化的意识发展水平的密切相关性这一问题。

这样，抗日战争为中华民族的意识自觉提供了一个什么样的历史契机，也就成为中国人必须进行思考的问题。

1938年12月25日，胡秋原在《中国文化复兴论》中提出："所谓现代文明者，在形式上是民族的，在内容上是科学的"，一旦"民族独立和科学发达之后，我们的文化一定能发挥及继续过去的光荣，建立我们自己的文明。这是由中国所创造，为中国之进步，表现中国之特点的现代文明。"这种新文明，既不是"中国过去旧文明之复活"，也不是"所谓全盘西化或苏维埃式的文

---

① 肖一平等编：《中国共产党抗日战争大事记》，人民出版社1988年版，第519、523页。
② 《中国共产党抗日战争时期大事记》，第10、13、19、38—40页。
③ 〔德〕克劳塞维茨：《战争论》第一卷，商务印书馆1982年版，第43、66、193页。
④ 《战争论》第一卷，第190页。

明",而是通过"民族工业化"(即"现代化")成为现代国家的中国文明。因此,"我们抗战,是要打破现代化的障碍;我们建国,就是建设现代化的中国之基础",首先要以民族主义为现实文化运动的中心精神,促进"纯真的民族主义文化的发展",其次提高全民族的科学文化水平,促进科学知识与现代精神的社会传播。①

在这里,关于中国文化在抗日战争中如何发展,胡秋原注重从文化与现代化的关系来进行讨论,而郭沫若则针对文化与战争的关系展开了探讨。

郭沫若在《战争与文化》一文中指出人类共有的占有欲望与创造欲望的关系在于:"没有占有欲望则个体或群组的生存便不能维持,没有创造欲望则整个人类便无由进步",所谓文化即"表示着对于占有欲望的克制与对于创造欲望的培养廓充的那种精神活动的总动向",因之"文化本身是有战斗性的,具有进步性的"。所以,"反侵略的义战"与文化发展的方向保持一致,"既存文化即使因战争关系而遭受损失,但由于代谢机构的促进,新兴文化便应运而生。"这样,抗日战争将是促进中华民族复兴、中国文化复兴、中国文艺复兴的历史机遇,而文艺家则应该"踏上新现实主义之路"以有助于中国的复兴。②

显然,较之胡秋原的广义上的中国文化复兴论,郭沫若则主张是在文化的意识层面上提出中国文化复兴的可行性,因而更具有现实意义。在以郭沫若为厅长的国民政府军事委员会政治部第三厅,其所属艺术工作者的信条就是:"吾辈艺术工作者,以抗战建国之目的结成此铁的文化队伍","必须充分忠实于大众之理解、趣味、特别是其苦痛和要求,艺术才能真正成为唤起大众、组织大众的武器",并且"要求每一工作者皆为刻苦耐劳沉毅果敢之民族斗士"。③可见,民族意识的自觉不但是要唤起民众的普遍觉醒,同时也要造就一代文化新人,从文化发展的需要来看,文化新人的出现更具有巨大的现实作用与深远的历史意义。

抗日战争时期的民众动员,是通过公开的宣传运动来进行的。1938年4月1日成立的国民政府军事委员会政治部第三厅主管宣传工作,容纳了思想

---

① 《中国文化与文化复兴》1943年版。
② 《大公报》,1939年3月16日。
③ 田汉:《抗战演剧队的组成及其工作》,《戏剧春秋》第2卷第2期。

界、文艺界、学术界的诸多人士及社会贤达，分工进行一般宣传、艺术宣传、国际宣传，有力地促进了全国性的抗日热潮：1938 年 7 月 7 日，国民政府明令每年 7 月 7 日为抗战建国纪念日，重庆举行纪念"七七"火炬游行及献金运动，三天共献金 10 余万元；9 月 18 日，重庆戏剧界演出《血祭"九·一八"》、《流亡三部曲》、《为和平自由而战》等抗战戏剧，纪念"九·一八"。[①] 此后，类似的捐献活动、文艺活动在重庆不断地有组织地进行，对大后方，对全国都产生了巨大的影响。同时，中苏文化协会、中美文化协会、中英文化协会、中法瑞比文化协会、中印文化协会、中韩文化协会以及在华日本人民反战大同盟等在重庆陆续出现，[②] 有力地促进了中外文化交流及对日反战宣传。

1949 年 10 月 1 日，随着国民政府军事委员会政治部第三厅的撤消，在重庆设立"离厅不离部"的学术研究性质的文化工作委员会，拥有更具广泛代表性的专任委员与兼任委员共 20 人，以及众多专业工作人员，进行国际问题、文艺、对敌工作这三方面的研究工作。[③] 12 月 7 日晚 6 时，在文化工作委员会举行的重庆文化界、新闻界招待宴会上，政治部部长张治中首先在讲话中称："四年的抗战，全靠全国的文化工作者来领导，虽然前线战士在英勇地和敌人拼命，而文化战士的鼓舞士气，发动民众却是更著成绩的。"接着，文化工作委员会主任委员郭沫若在讲话中表示："抗战以来，文化战士已尽了最大的努力。今后，希望将所有的笔杆一致对外，将来更一致建国，抗战就是伟大的文化运动，盼大家担负起这个伟大的担子。"[④]

果然，文化工作委员会不负众望，一方面举办各种讲座、演讲会、报告会，主讲历史、文艺、国际形势、战争前途的有关内容，扩大了文化运动的影响；另一方面，潜心研究与创作，以哲学、史学、经济学、文艺学的研究成果和文学艺术的创作成果，显示了文化运动的实绩。

1941 年 2 月 7 日，国民党中央宣传部文化运动委员会在重庆成立，[⑤] 其"工作目标"为"以文化力量增加民族力量"，"以文化建设促进国家建设"，其"进行事项"为"规划文化运动之方案"，"扶植文化团体之组织"，"充实文化

---

① 《重庆大事记》，第 164、166 页。
② 《重庆要览》，1943 年版，第 76 页；《重庆大事记》，第 188 页。
③ 阳翰笙：《战斗在雾重庆》，《新文学史料》1984 年第 1 期。
④ 《军事委员会政治部改组文化工作委员会成立》，《新民报》1940 年 12 月 8 日。
⑤ 《新民报》1941 年 2 月 7 日。

工作之内容"，"把握文化工作之对象"，"检察文化运动之得失"。①一言以蔽之，就是以三民主义文化为最高方针，在抗战建国的过程中，对新闻出版、文学艺术、社会科学、自然科学及宗教等各项文化事业进行统一规划与指导。从战时文化发展的角度看，所谓的统一规划与指导，一方面固然有利于协调重庆与全国文化运动的一致性，促进民众动员的广度和深度；另一方面，也导致转变成全面控制，从而压制个人自由创造的权力，不利于各项文化事业的正常发展，最终将有损于民众的动员，直接影响着民族文化意识水平的提高。这是因为，没有个体意识的超前发展，那么，群体意识的正常发展是不可能的。这可以从战前重庆与战时重庆两个阶段中意识功能的滞后与领先得到印证。

《中国国民党抗战建国纲领》在"民众运动"纲领中规定："在抗战期间，于不违反三民主义最高原则及法令范围内，对于言论、出版、集会、结社，当与之以合法之充分保障"。这样，合法的救亡运动迅速在重庆开展起来。1936年5月秘密成立的抗日救亡组织重庆救国会，②就逐渐转变为合法的公开的人民团体重庆市各界抗敌后援会。其中，早在1937年5月16日就公开成立的重庆市文化界救国联合会，在11月23日改名为重庆市文化界救亡协会，后于1938年1月27日改为重庆市各界抗敌后援会文化界支会，成立了文艺研究会、移动演剧队、儿童演剧队、课余农村宣传队、怒吼剧社街头演剧队，积极进行抗日宣传，为重庆抗日救亡的群众性运动的兴起奠定了基础。③

随着国民政府的迁渝，以中华全国文艺界抗敌协会为代表的众多全国性文化团体也迁往重庆，并发表郑重声明："武汉紧急，一切文化设备开始向后方转移，本会会刊《抗战文艺》，也随着这一移动潮流，准备在重庆拓荒。集全国优秀作家的力量，我们相信是能够将闭关锁国的西蜀——以至整个西南的文艺状态，推动到蓬勃发展的道路上去的。'敌人将我们过去的文化中心变为文化落后的区域，而我们则要将过去的文化落后区域变成文化中心'"。怀着这样的历史使命感，进而提出"在完整区域的总后方，文艺活动应该有努力加紧的必要，出于出版条件的具备，优秀作家的集中，那儿应该是指导中枢的所

---

① 《文化运动委员会工作纲领》，《中国抗日战争时期大后方文学书系·文学运动》第1卷，重庆出版社1989年版，第109—113页。
② 《重庆大事记》，第147页。
③ 蔡佑芬：《重庆救国会与重庆抗日救亡运动》，《大西南的抗日救亡运动》，重庆文史书店1987年发行。

在。会刊《抗战文艺》应该负起指导全国文艺作家在抗战中一切活动的任务，拿我们创作的笔，扫荡历史积累下来的腐败现象，加强抗战的力量，培养革命的新时代"。在充分肯定重庆作为文艺活动的中枢地位的同时，提出了对于作家的企盼，对于民众动员的希冀，对于新一代中国人诞生的期待，要求作家应"以战士，以国民……的资格，活用他们创作的笔，每个人都有一切为抗战这种严肃的态度"，"使整个的文艺活动参加到民族解放这一伟大的事业里面，使民众理解抗战这一神圣事业固有的革命性质，动员他们起来，贯彻抗战的目的。要使偏远的地方也能听到炮声，也能看见浴血抗战的现实！也要使全世界关心我国抗战的人士，能够看得见中华民族新的典型！"①

这样，全国性人民团体的到来，不仅有助于重庆抗日救亡运动的蓬勃展开，并且有利于重庆抗日救亡运动规模的扩大与深入的发展，使之成为民族觉醒与个人自觉的典范。重庆作为文化活动指导中枢的迅速崛起，直接影响着整个大后方和全国的抗日救亡运动向前发展。重庆的城市意识功能获得了空前发展，一方面是由于国民政府的规划指导而得到促进，另一方面是由于全国性和地方性的人民团体的紧密合作而不断推动。其中全国性人民团体主要为文化团体，如中华全国文艺界抗敌协会、中华全国戏剧界抗敌协会、中国新闻学会等，而地方性的人民团体除文化团体之外，还包括职业团体，如重庆报业、书业、电影戏剧业、印刷业等同业公会。

正是重庆所处的战时首都地位，促使城市文化由滞后一跃而为领先。这种具备战略与政略双重构成的首都效应，同时也使重庆的城市文化发展表现出其个体特征：公开性和宣传性逐渐与合法性和专业性趋于一致的"伟大的文化运动"。

三、文化运动的两个时期

抗战时期的重庆文化运动可以说是随着抗日战争的全面爆发而走向勃兴，又伴着抗日战争的最后胜利而趋于平静。这既与举国一致的全民抗战相协调，又与重庆的文化发展相平衡。

---

① 冯乃超：《论本刊的使命》，《抗战文艺》武汉特刊第1号，1938年9月17日。

从抗战时期重庆文化发展及其文化运动与抗日战争和第二次世界大战的多重联系来看，研究抗战时期的重庆文化当以 1937 年 7 月 7 日为中国全面抗战的起点。1937 年 8 月 14 日发表的《国民政府自卫抗战声明书》中指出：自卢沟桥事变发生后，"中国之领土主权，已横受日本之侵略"，"中国政府决不放弃领土之任何部分，遇有侵略，惟有实行天赋之自卫权以应之"，"吾人此次非仅为中国，实为世界而奋斗，非仅为领土与主权，实为公法与正义而奋斗。"[①] 这就庄严宣告了中国人民决心将反对日本帝国主义侵略的正义之战进行到底，故国民政府以 7 月 7 日为抗战建国纪念日。

其次，当以 1945 年 9 月 3 日为中国抗日战争的终点。在 9 月 2 日日本宣布"对同盟国无条件投降"之后，[②] 国民政府定 9 月 3 日为抗日战争结束日。同时，《中央日报》上发表了《中国国民党为抗战胜利告全国同胞书》，称"抗战既应舍小异袪私见而解决战时问题。建国更应尊重统一，避免分裂，以开阔建设的坦途"；《新华日报》上发表了中国共产党中央委员会主席毛泽东的题词："庆祝抗日胜利，中华民族解放万岁！"九三学社更以 9 月 3 日命名："本社发起于日寇败降，国际的民主胜利，与世界的和平奠基之日。"[③]

抗战时期重庆的文化发展及文化运动受到了抗日战争的直接推动和巨大影响，与之共进退，始终保持着高度的一致。

从 1939 年 9 月 1 日德国入侵波兰，到 1940 年 9 月 27 日《德意日三国同盟条约》在柏林签订，"日本承认并尊重德意志和意大利在欧洲建立新秩序的领导权"，"德意志和意大利承认并尊重日本在大东亚建立新秩序的领导权"。[④] 三国狼狈为奸结成侵略军事同盟，从反面证明中国的抗日战争已成为第二次世界大战不可分离的一部分。

1940 年 3 月 30 日，汪伪国民政府在南京成立。早在 3 月 29 日，国民政府主席林森就发表广播演说，斥责汪精卫无耻卖国的罪恶行径，代表国民政府向各国声明南京伪组织无效。[⑤]

---

① 《抗战以来中国外交重要文献》，祖国社 1943 年版。
② 《日本投降书——一九四五年九月二日签于东京湾》，《国际条约（1945—1947）》，世界知识出版社 1961 年版。
③ 《九三学社成立宣言书》，《新华日报》1946 年 5 月 6 日。
④ 《第二次世界大战大事纪要——起点、进程和结局》，第 368 页。
⑤ 《中央日报》1940 年 3 月 30 日。

1940年7月7日,国防最高委员会在《中央日报》上发表《告全国军民书》、《告全党同志书》和《告友邦书》,重申中国抗战的决心;非至日寇放下侵略武器、尊重国际条约,抗战决不停止。8月15日,国防最高委员会通过明定重庆永为"陪都"的决议。9月6日,国民政府明令发表,显示了以重庆为"军事政治经济之枢纽"进行抗战建国的决心。[①]这样,重庆不仅成为中国抗日战争中具有中心地位的城市,同时也将成为第二次世界大战中发挥战略性影响的城市之一。

随着日本帝国主义侵略野心的日益膨胀,日伪就加紧进行各种阴谋活动。

1940年11月30日,日寇操纵汪伪政府、伪满洲国在南京签订了《日本与中华民国间关于基本关系的条约》、《日满华共同宣言》,企图永霸中国,进一步扩大侵略战争。

1941年4月13日,《苏日中立条约》在莫斯科签订。所谓的"中立"实际有利于日本对中国的侵略,苏联以易货贷款方式对中国进行的军火支援由此而中断。从1937年10月到1941年4月,易货贷款在协议上应为2.5亿美元,但实际上只提供了1.7亿美元,[②]客观上助长了侵略者的嚣张气焰。一方面,所谓的苏日相互尊重"蒙古人民共和国"与"满洲国"的领土完整和不可侵犯,置外蒙古与东北为中国合法领土而不顾,完全无视中国领土主权。国民政府外交部部长王宠惠代表中国政府发表声明,重申东北四省及外蒙主权不容第三国侵犯。[③]结果形成日寇"依赖外交上日苏中立条约表面上的成就,欲以闪击战的姿态求得军事上少许之胜利,以来威吓中国"的侵略战争态势,在中国各战场上纷纷发起攻势。[④]另一方面,《苏日中立条约》不仅加快了日本与英美各国直接发生战争冲突的进程,导致了美英等国对中国抗战开始转向积极支持,涉及金融、政治、外交、军事诸多方面,[⑤]同时也促进了大后方国共两党之外的党派公开结成政治联盟。中国民主政团同盟作为"许多党派的联合","只能以言论的理性去活动,争取大众的同情拥护。这样就启发出来,培养起来

---

① 《新华日报》1940年9月7日。
② 黄修荣:《共产国际与中国革命关系史(下)》,中共中央党校出版社,1989年版,第299—300页。
③ 《中央日报》1941年4月14日。
④ 《中央日报》1941年5月17日。
⑤ 李松林等编《中国国民党大事记》,解放军出版社1988年版,第325—327页。

中国政治上的民主势力。"①1941 年 10 月 10 日,中国民主政团同盟"业经在渝成立",提出了"贯彻抗日主张","实践民主精神"的《中国民主政团同盟对时局主张纲领》,宣言"中国之兴必兴于统一",欲达统一"必须军队国家化,政治民主化。"②

随着太平洋战争的爆发,在日本于 1941 年 12 月 8 日公然向中、美、英宣战之后,国民政府于 12 月 9 日,分别对日本、德国、意大利正式宣战。至此,中国抗日战争从民族主义朝着国际主义的方向发展,具体表现为由反对日本帝国主义侵略扩展成为反对法西斯主义战争,其性质由以爱国主义为中心转向以民主主义为重心。

在 1941 年 12 月 9 日重庆的文化发展及文化运动两个时期的转折点,一方面可以突出中国抗日战争的民族性,它是中国人民以全民族的力量团结起来反对帝国主义侵略,并取得了史无前例的民族独立的伟大胜利;另一方面也可以揭示中国抗日战争的时代性,它是中国人民与世界民主力量一道共同抗击法西斯主义战争,推进了人类和平与正义的历史进程。

因此,抗战时期重庆的文化发展及文化运动便表现出这样的根本性的特点:在第一个时期以爱国主义推进民主主义的发展,打倒日本帝国主义,在第二个时期以民主主义促进爱国主义的发展,粉碎法西斯主义。这样,民族主义与帝国主义便在争取民族解放与人类自由的正义之战中有机地统一起来。重庆的文化运动既是体现城市文化发展的现实形态之一,又是促进中华民族自觉的现代方式之一。

战时重庆的文化发展及文化运动的关系由于受到了抗日战争的直接影响,主要表现为政治层面上的政策性的调适与控制,意识层面上的启蒙性的唤起与思考。两者交融在一起,就出现了"动员"这一具有时代色彩的概念,通过文化运动以形成全民总动员。这样,抗日战争既成为中国人民走向民族独立的战争,也成为中国人民取得思想自由的战争。特别是,随着战争对中国经济的损害日益严重,这就更需要发挥重庆的政治功能和意识功能,以加强全民族抗日意志的坚定不移,团结起来坚持抗战到底。此时重庆的文化运动高度地体现了

---

① 《中国民主政团同盟成立》,《光明报》1941 年 10 月 16 日。
② 《中国民主政团同盟成立宣言》,《光明报》1941 年 10 月 10 日。

战时重庆文化发展趋于领先的总体特征，不但通过驻渝的全国性文化团体直接指导着大后方乃至全国的文化活动，同时也率先进行多种多样的文化活动，以之引导着文化运动向前所未有的广度和深度发展。

值得注意的是，战时重庆文化发展的个体特征实际上正是来自文化运动本身。这一文化运动在公开与合法的活动状态中，逐渐实现了为唤起民众而宣传与为自由思考而创造的融合：无论是民众的觉醒还是个人的自觉，一切都是为着民族的独立和自由。应该承认个人的独立和自由寓于民族的独立和自由之中，也不应该忽视个人的独立和自由的程度预示着民族的独立和自由的程度。这就要求一切形式的文化运动在传达现实文化需要以适应文化发展的同时，还要塑造理想的文化人格，使之成为向现代文化转型的意向性典范。可以说，战时重庆的文化运动正是凭借其首都效应，较好地完成了这一文化的，也是历史与现实的时代使命。

作为战时首都的重庆，一方面是以大众传播为主的社会传播的方式与水平较之抗日战争爆发之前有了质的变化。首先是形成了完整的新闻出版系统，并一跃而居全国领先地位；其次是大众传播具有前所未有的多方面的载体，运用了无线电广播、电影放映、戏剧演出等更具普泛性和通俗性的传播手段；第三是社会传播，特别是大众传播以其显著的传播效果促进了全民总动员的尽快实现。

另一方面是以文艺创造为核心的文化活动较之抗日战争爆发之前取得了显著进步。第一是大力推动了文学艺术迅速从以传统形态为主转向以现代形态为主；第二是文学艺术创作的质与量居于全国之首，在戏剧方面尤为突出；第三是广泛的文化活动，特别是文艺活动的展开，极大地促进了个人意识的自由发展。

同时，大众传播与文艺创造的根本性改变，激发了巨大的意识能量，产生了广泛的心理影响。这并不是大众传播与文艺创造的简单相加，而是两者融为一体的功能综合，大众传播有利于文艺创造的社会化，而文艺创造有助于大众传播的多样化。当然，还应该看到，无论是大众传播也好，还是文艺创造也好，在抗日战争时期，均较倾向于服从中国社会现实的实际要求，而比较忽略对于自身发展的理论思考，表现出一定的政治化趋向。不过，这正是战时文化所固有的特点，具有历史的合理性和现实的必然性。但不能由此而演化成历史的必然性，因为文化的意识层面与政治层面既有相互制约之处，也有迥然相异之处。这无论是从它们的性质上，还是从它们的功能上，都应该看到：不同时代中，他们彼此之间的关系也是随之发生变化的，并不存在一成不变的永恒的关系模式。这也就是战时重庆的文化运动之所以可视为具有一定政治性的宣传运动，但它毕竟仍然是保持着以启蒙为主的意识活动。

战时重庆的文化运动的发生与发展同样也表现出过程性与阶段性，形成了两个既有联系又有区别的时期。战时重庆文化运动第一时期的核心问题是抗日救亡。在这里，救亡之所以占据主要地位，就在于它是中华民族自帝国主义大炮轰开国门之日起民族觉醒的意识发展标志，表现了整个民族面临生死存亡之际必然会出现的大震惊与大奋起。所以，救亡不仅仅局限于社会心理水平上，更形成实际的形形色色的文化运动：洋务运动着眼富国强兵的改良，维新运动注重君主立宪的改革，新文化运动倡导现代意识的转换。尽管这些运动在不同程度和范围内进行救亡，但并没有形成全民性的救亡运动。正是抗日战争促成了这样的全民族觉醒的文化运动的发生，并以抗日为其特定的显示形式。尽管战争造成了民族文化的浩劫，但也提供了民族文化更新的历史契机。从这个意义上去把握本时期的重庆文化运动，就可以发现民族主义与国际主义非但不再构成意识的对立冲突，也不再重演盲目排外的历史悲剧；相反，团结了包括反对侵华战争的日本人民在内的爱好自由与和平的世界各国人民，组成了最广泛的抗日统一战线。同时，爱国热情的高涨将促进民主意识在中国的迅速传播。

不容否认的是，以抗日救亡为核心的战时重庆文化运动，高度强调民族的独立与自由，文化运动与实际政治需要牢牢地联系在一起，注重政治的宣传往往甚于意识的启蒙，通常是在国民政府的直接指导下进行的。国民精神总动员成为本时期重庆文化运动进行政治动员的基本方式，表现出民众参与和规模宏大的特点。

战时重庆文化运动的第二时期的核心问题是民主自由。法西斯主义是专制集权主义的现代翻版，肆无忌惮地践踏个人自由与政治民主，是民主主义的死敌。反对法西斯主义，维护民主主义，对于长期以来遭受封建专制独裁思想毒害的中国人来说，更具有极为深刻的现实意义。民主主义的精髓是自由和民主。在这里，自由不只是政治上的自由，同时更是思想上的自由，简言之，就是个人的自由权利。民主作为政治体制是个人自由权利实现的必不可少的手段，因为真正意义的民主将从政治上保障个人的自由权利，而当民主一旦蜕变为少数人的权力招牌或多数人的专制，就会压制个人自由权利，走向自己的反面。因此，对个人自由权利的尊重与否成为真假民主的试金石。

　　抗日战争爆发以来，中国严峻的政治环境中出现了有一定限度的民主自由的空气。这虽然有助于文化意识的发展，但同时严峻的政治环境也极大地限制了文化意识的正常更新。随着太平洋战争的爆发，重庆作为中国与大后方的民主窗口，对于民主自由的呼声与日俱增。这样，以民主自由作为核心的重庆文化运动，要求保障个人自由权利，文化运动与思想自由紧密相连，追求个人意识的自觉成为主导性倾向。因此，强调文化界总动员虽然带有强烈的政治色彩，但鼓动进行反侵略文化建设依然是朝着文化意识转型方向迈步。这也就或多或少地反映出本时期文化运动的基本动向。

上 编

抗战时期重庆文化运动的第一阶段

（1937年7月7日—1941年12月8日）

第三章 高扬爱国主义的旗帜

一、为挽救国家危亡而奋斗

20世纪的重庆人民具有反帝反封建的爱国民主传统。从"五四"爱国运动爆发以来，直至抗战前夕，重庆人民反对帝国主义侵略中国的热潮此起彼伏，争取政治民主的斗争也不时发生。

由于重庆文化在经济上主要依靠国内市场，在政治上坚持地方自治，在意识上要求社会进步，虽然在战前总体发展具有滞后的特点，但却能后发制人，紧随时代前进，因而参与重庆爱国民主运动的城市各阶层，包括从政府、军队、政党直到商界、学界、工界，表现出广泛的社会性。同时，重庆作为四川的政治中心城市，爱国民主运动又具有代表全川的性质，对四川以至全国都发生了程度不等的影响，并且这一运动持续发展，一直到抗日救亡运动在全国兴起，成为全国性运动中不可分离的重要一环。

从1919年5月起，川东学生救国团、川东女子救国联合会、重庆国民外交后援会、重庆商学联合会等团体相继成立，开展了轰轰烈烈的抵制日货运动。重庆码头工人也以实际行动给予了大力的支持。1920年，重庆总工会成立，川内各县也纷纷成立县工会，接受其领导。这样就直接促进了抵制日货运动的继续进行。

与此同时，中国留法勤工俭学重庆分会成立，决定举办重庆留法预备学校。1919年10月，聂荣臻等35名第一批留法学生在重庆出发前往法国留学。1920年8月，重庆留法预备学校毕业生邓小平等83人离渝赴法。在爱国民主运动的第一次高潮中，爱国学生积极主张"四川自治"，熊克武在重庆通电全川呼吁改进社会，人人发挥创造力，"得以直接或间接行使或参预前此少数人所专擅之政权"。1921 年 4 月，全川自治联合会在重庆成立，宣称要"自己解决自己的事"，显示了整个重庆社会各阶层对政治民主的企盼。①

外国轮船屡次在川江浪沉中国民船，促发了重庆反帝爱国运动的再次走向高潮。1922 年 3 月，重庆各界集会愤怒声讨日本轮船浪沉中国木船；12 月，重庆工商联合会组织工人学生游行示威，反对英国侵占云南片马。1923 年 4 月底到 5 月初，重庆各界进行了"反对日本帝国主义"的连续示威游行。1924 年 11 月，针对日轮德阳丸私运劣币来渝抗拒检查并殴伤中国军警，重庆各界展开了持续一个多月之久的爱国斗争，迫使当局撤换重庆海关监督，日本撤回驻渝领事。1925 年 6 月，重庆各界为声援"五卅惨案"，进行游行并罢工、罢课、罢市；7 月 2 日，英国制造的"龙门浩血案"，更加激发了重庆各界的爱国热情，重庆交涉署、重庆海关连续向英驻渝领事提出抗议；11 月，美国轮船浪沉中国民船，酿成"美仁轮事件"，重庆各界派出代表团赴北京外交部交涉，重庆海关将"美仁"轮扣留，同时全市举行游行示威，抗议活动达月余。

与此同时，重庆学生不断发动起来，争取教育经费独立、教育改进、择师权利。1922 年 10 月，重庆各界人士发起组织裁兵促进会，随后由重庆工会、商会、学生会、民权运动大同盟等团体召开重庆裁兵促进会代表会议，要求实现和平与民主。1923 年 9 月，重庆妇女联合会成立，要求实行"女工保护法"、"八小时劳动制"。1924 年 10 月，四川平民学社在重庆成立，其分社遍及川东川西，还组织了学行励进会、劳动互助社等群众团体。1925 年 7 月，国民党在重庆建立四川省临时党部和重庆市党部；10 月，中国共产党重庆地方执行委员会建立，随后建立的省内各地党组织均受其领导；10 月 12 日，四川省民众会议在重庆召开，全川 100 多个县的代表出席，会议的宗旨是："以永久和平为目的，消灭一切战争，以主权在民为根据，实行主人翁监督政府的职务。"②

爱国热情与民主要求在反帝反封建的斗争中臻于一致，这就为 1926 年重庆各界人民在革命政党的领导下，掀起反帝反封建的爱国民主运动的第二次高潮奠定了坚实的根基。1926 年 1 月，重庆各界妇女联合会成立，重庆各界声

---

① 《重庆大事记》，第 68—79 页。
② 同上书，第 78—96 页。

援"三·一八"惨案；4月，重庆各界组织游行示威，抗议军阀奸商制造残害人民的"綦江米案"；5月，重庆各界集会庆祝国际劳动节；6月，重庆各界举行"五卅惨案"周年纪念大会，8月，重庆30多个公会团体联名通电，支持川中各军"迅速出师北伐"，随即各界100多个团体成立国民革命军北伐四川国民后援会；9月，重庆成立万县惨案四川国民雪耻会，发起了倾城出动的水路城乡示威大游行。重庆第二次爱国民主运动高潮到来，重庆工人、农民、教师纷纷以团体的形式组织起来。11月25日至12月4日，国民党四川省第一次代表大会在重庆召开，号召坚持孙中山所倡导的三民主义。①

1927年以后，虽然争取政治民主的斗争正在重庆受到压制，但反帝爱国的运动仍然坚持进行。1927年2月，重庆工农商学兵反英大同盟成立，随即不断举行集会、游行、罢工。1928年10月，重庆100多个团体联合成立重庆市民反对帝国主义大同盟，要求废除不平等条约，解决外交悬案。1929年3月，重庆举行"四川各界民众反日大会"，提出取缔日本在华特权，收回租界；9月，由重庆记者协会、重庆市总工会、四川民军联合办事处、四川民团联合会等团体发起成立重庆市国民废约促进会，接替重庆市民反对帝国主义大同盟，于11月组成提倡国货、条约研究和收回王家沱租界三个委员会，又一次促动反对日本帝国主义的高潮兴起。进入1931年，随着中国川江领江举行同盟罢工以抗议外国轮船对中国船员的歧视，重庆各界进行三罢，并游行示威，愤怒谴责王家沱日本租界当局对华人施暴的罪行，经过重庆市政府的交涉，迫使日驻渝领事表示暂时取消王家沱租界。②

1931年7月，重庆各界示威游行，抗议日本帝国主义在我国东北制造"万宝山事件"，宣布对日实行经济绝交。8月，重庆各界举行反日救国大会，明确提出开展统一的全国反日护侨救国运动。9月，重庆各界为收回租期已满的王家沱租界，为抗议"九·一八"事变，成立四川各界民众反日大会，促使反对日本帝国主义侵略的群众运动再次达到高潮。10月22日，重庆市政府派军警接管了王家沱。尽管重庆的反帝爱国运动遭到又一次的压制，但深信爱国无罪的重庆各界人民仍坚持斗争，从11月起就开展援助东北军民抗日的各项活动，除致电慰问，踊跃献金外，有近5000人报名参加抗日义勇军。③

---

① 《重庆大事记》，第96—101页。
② 同上书，第104—121页。
③ 同上书，第124—126页。

从 1932 年 1 月 28 日日军侵犯上海开始，重庆各界成立了四川各界民众督促川军出兵大会，要求国民政府允许川军出川抗日。1935 年 12 月，重庆学生救国联合会成立，要求国民政府保障一切爱国运动。1936 年 5 月，重庆救国会秘密成立，进行抗日救亡运动；12 月，重庆各界为西安事变和平解决举行庆祝大会，刘湘为首的军政当局表现出合作抗日的意愿，释放了一批被关押的中国共产党党员。这样，通过统一战线的建成来达到全民抗战的局势，就促进了重庆的抗日救亡活动由秘密转向公开，预示着重庆爱国民主运动即将进入新的历史发展阶段。

1937 年 7 月 7 日，卢沟桥事变引发了抗日战争的全面展开。7 月 10 日，刘湘在重庆电呈国民政府军事委员会请缨杀敌，同时通电各省军政首脑，主张举国一致，同心同德，共赴国难。7 月 12 日，重庆市各业公会抗敌后援会成立。7 月 14 日，尽管国民党重庆市党部强调援助华北将士，只在文字上宣传，暂不采取任何行动，但是在 7 月 19 日，重庆各界援助平津守土抗战将士大会成立，通电全国，誓以 40 万重庆民众为抗战将士后盾。[1] 在该大会的基础上，7 月 27 日，重庆市各界抗敌后援会正式建立，一致通过《电请蒋委员长转请中央速颁抗战明令》，其电称："民族存亡，国家生死，最后关头于今已到"，"伏乞钧座转请中央，速颁抗战大命，惩彼凶顽，灭此朝食，以期还我河山，复兴民族"，"本会誓率全市人民，以血以肉，拥护中央，拥护钧座，抗战到底"。[2]

于是，在重庆，一方面是各界抗日救亡团体的纷纷出现，另一方面是全市人民积极支持川军出川抗日，开始逐渐形成以重庆市各界抗敌后援会为中心的，以"团结努力，一心一德，各尽所能，各负其责"为宗旨的，[3]全市规模的抗日救亡运动。

1937 年 10 月 29 日，蒋介石在国防最高会议上进行《国府迁渝与抗战前途》的演说，指出无论胜利还是退却，都应保持主动地位，方能把握抗战的最后胜利，因而宣布以四川为抗日战争的大后方，重庆为国民政府驻地，坚持持久抗战，实现以退为进的战略目标。[4]

---

[1]《重庆大事记》，第 153—154 页。
[2]《重庆市各界抗敌后援会工作概述》，1938 年 10 月版。
[3]《电请蒋委员长转请中央速颁抗战明令》。
[4]《重庆大事记》，第 157 页。

由于持久抗战的战略是建立在抗日民族统一战线的牢固基础之上的，这对于国民政府移驻之地的重庆来说，就具有非比寻常的政治意义。首先，重庆成为全国行政中心，对全民抗战发挥着积极的指导作用；其次，重庆成为对外交流中心，与友好国家保持着紧密的多种联系。这样，通过提高重庆的政治地位，无疑促进了重庆的文化地位迅速上升。

1937年11月26日，国民政府主席林森到达重庆。早在1920年9月，林森作为广州非常国会参议院院长，就曾率领国会议员来重庆举行国会会议以挽救国民革命，然未成。[1]此次再度至渝，力主抗日图强，对于重庆与全国抗日救亡运动的高涨起到了不可忽视的作用。林森在重庆对新闻界的谈话中指出：国民政府移驻重庆，下车伊始就进行政府机构的调整，使之"要切合现实之需要，而增强抗战的力量。"[2]随着国民政府行政效率的提高，向大后方的战略大转移得以尽快实施，特别是以军工企业为主的工厂内迁与以高等院校为主的文化机构内迁遂以重庆为中心展开。[3]

11月28日，重庆市各界抗敌后援会发表了《欢迎国府主席暨各委员莅渝告民众书》，指出国民政府移驻重庆，"这种非常处置和奋斗精神，值得我全体民众的竭诚拥护和热烈欢迎"，强调"国府移渝，不是消极的示弱，正是积极的表示了与敌偕亡的决心，"要求重庆民众"在长期抗战的决策下，有钱的出钱，有力的出力，去和倭鬼拼个死活，以争取国家民族最后生存的胜利。"[4]由于与当局达成共识，重庆的各种抗日救亡组织遂以重庆市各界抗敌后援会的名义统一起来，加快了重庆抗日救亡运动的全面发展，不但保持了战前重庆爱国民主运动的全社会性的特点，而且随着战时首都的确立，向着全国性运动过渡。

1938年12月，除民营工厂迁渝已达124家，迁渝的科研单位、学术团体已近100个之外，30余国驻华外交使团及其代表已迁驻重庆。[5]这表明重庆的战时首都地位已经得到国际承认。

各国友好人士前来重庆的不绝于途，包括从政界人物、反战斗士、各界

---

[1] 《重庆大事记》，第73—74页。
[2] 《新华日报》1938年1月18日。
[3] 张弓、牟之先主编：《国民政府重庆陪都史》，西南师大出版社1993年版，第39—40、64—67页。
[4] 《重庆市各界后援会工作概述》。
[5] 《重庆大事记》，第170页。

代表以及新闻记者。1939年8月，印度国大党主席尼赫鲁作为抗战以来国外第一个政党首脑来华，拟访问重庆、延安等地，分别受到了蒋介石与毛泽东的欢迎。①同时，仅1939年一年中，到重庆的外国记者包括来自美、英、苏、法、德等国多家报刊和通讯社，人数多达数十人，其新闻电讯的发出量达五十二万六千一百零二字，此外送审删扣者计五万二千一百零四字。②这就使世界各国对中国抗战得到进一步的了解，促成了世界舆论倒向坚持正义之战的中国人民一边。

驻渝各中央机构也积极开展对外宣传。其中，国民党中央宣传部所属国际宣传处迁渝后，增设了海外通讯社，在同情中国人民抗战的，包括从外交人员、知名作家到新闻记者等各国友好人士的大力帮助下进行抗日宣传，争取各国政府和人民对中国抗战的支持。

这样，以重庆为中心展开的双向交流活动，开始了重庆从内陆城市走向国际大都市的进程。在客观上形成了有利于中国抗战建国的国际环境，促进了民众抗日救亡运动的大发展。

1938年6月起，日本采用"扶汪倒蒋"、"中日和平"的政治口号，诱降汪精卫为首的主和派。③12月18日，汪精卫等人由重庆经昆明潜逃至河内，从事所谓"和平运动"。12月22日，日本发表第三次近卫声明，提出建设"东亚新秩序"的侵略主张，汪精卫竟声称"日方所提尚非亡国条件，应据以交涉"。④这样，汪氏"和平运动"也就成为一出公开卖国求荣的历史丑剧。

1939年1月1日，国民党中央执行委员会常务委员会举行临时会议，决议永远开除汪精卫党籍，撤除其一切职务。各党派纷起响应。1月2日，救国会以沈钧儒为首的20余人发表声讨汪精卫叛国投敌罪行的"快邮代电"，谴责其"背党叛国，通敌求和，违反国策，惑乱人心，固革命政党所不容，亦全国人民所共弃"，要求提高警惕，"以击破日寇之诡计，巩固革命之阵营"。⑤1月4日，张澜、黄炎培、梁漱溟、江恒清等人联合发表讨汪宣言。⑥1月5日，

---

① 《国民政府重庆陪都史》，第143—144页。
② 武燕军等编：《抗战时期在渝外国记者活动纪事》，《重庆文史资料》第30辑，西南师范大学出版社1989年版。
③ 蔡德金编：《汪精卫伪国民政府纪事》，中国社会科学出版社1982年版，第10—11页。
④ 《南华早报》1938年12月31日。
⑤ 《新华日报》1939年1月3日。
⑥ 《重庆大事记》，第171页。

中国共产党在《中央关于汪精卫出走后时局的指示》中提出："蒋介石驳斥近卫宣言及汪精卫的逃跑与被开除党籍,表示了中国主战派和主和派的开始分裂","这是中国抗战与抗日民族统一战线的一大进步","将必然推动国共合作的继续进步",所以应该坚决"拥护抗日民族统一战线,打倒日、德、意侵略中国的反蒋反共的统一战线"。① 1月21日至30日,国民党五届五中全会在重庆召开,制定了"继续抗战和联共抗战"的主要政略,②坚持抗战到底。

与此同时,重庆各界采取集会、游行等方式,坚决反对汪精卫认贼作父的无耻卖国行径。重庆各大报,《中央日报》、《新华日报》、《大公报》、《新蜀报》、《商务日报》等,则纷纷刊载大量文章,对汪精卫倒行逆施、破坏抗战的汉奸行为进行猛烈抨击。1939年8月13日,香港发行的汪精卫主办的《南华日报》、《天演》、《自由》等报纸的爱国职工举行总罢工。这一反汪抗日的义举得到了大后方各界从道义到物质的一致支持,使这一斗争坚持了近五个月,仅重庆工人捐款即达78 000元。同年12月,三报爱国职工推选22人为代表组成回国服务团,从香港出发,于1940年3月26日到达重庆,受到了重庆各界的热烈欢迎。③

随着汪精卫沦为日本天皇的儿皇帝,国民政府重申它是中国唯一合法代表,并对汪精卫等人悬赏缉拿。国民参政会也通过提案要求肃清卖国活动与汉奸言论。

这样,从政党到政府,从一般民众到有识之士,无论是借助报刊,还是走上街头,都坚持抗战到底反对卖国投降,从而成为重庆抗日救亡运动不断高涨的直接推动力,其影响遍及全国,显示出全民拥护长期抗战的又一爱国高潮的到来。

在政治上诱降的同时,日寇在战略上采取"航空进攻作战"方式,以达到"压制、消灭残存的抗日势力"、"摧毁中国抗战意志"、"迅速结束中国事变"的侵略目的,其主要进攻目标是"攻击敌战略及政略中枢"、"消灭敌最高统帅和最高政治机关"及纪念"重要的政治、经济、产业等中枢机关",并通过"直接空袭市民","给敌国民造成极大的恐怖"。④这样,中国战时首都

---

① 《中共中央抗日民族统一战线文件选编(下)》。
② 《重庆大事记》,第171页。
③ 王斌:《四川现代史》,第258—260页。
④ 〔日〕前田哲男:《重庆大轰炸》,成都科技大学出版社1989年版,第38、59页。

重庆作为抗日战争的中坚城市，自然成为其进行大规模轰炸的第一对象。

1938年12月26日，日机开始空袭重庆，揭开了航空进攻作战的序幕，①并于1939年1月7日、10日、15日、16日连续对重庆施行轰炸，造成了一定的损失。②

但这并没有动摇中国人民长期抗战的决心。1939年1月下旬召开的国民党五届五中全会在确立了长期抗战的基地之后，确认今后的任务就是"达到抗战胜利和建国成功的目的"，③并决定设置国防最高委员进行统一指挥。

中国共产党在《中共中央致国民党蒋总裁暨五中全会电》中也认为"中国之胜利奠定始基，效果已彰，循此奋进，定能达抗战必胜建国必成之目的。武汉放弃广州不守之后，抗战正向新阶段发展，日寇乃于军事进攻外，加重其分化中国内部之阴谋。吾人对策，唯有全国更进一步的精诚团结，巩固与扩大抗日民族统一战线，拥护蒋委员长，坚持抗战到底。"④

1939年2月10日，日寇为建立航空作战与封锁作战的基地，在海南岛登陆，蒋介石意识到"此后，战局必将急转直下。倭寇狂妄，盖已决心向民主世界开战矣。"⑤他在第二天对外国记者的谈话中指出日军登陆海南岛，在战略上构成对英美法的最大威胁，"无异造成太平洋上之九一八，地区有海陆之分，影响却完全相同"，"故日本决然是前进，并非欲借此以求中日战事之结束，而实证明其不惜最后之冒险，以造成太平洋战局之开始也。"⑥

《中央日报》于2月11日、12日、14日连续发表社论，揭露了日本独霸太平洋的侵略野心，提醒以美国为首的有关各国进行反对日本侵略的战争是不可避免的。国民政府外交部部长王宠惠在3月7日的对外广播中指出："敌人的'东亚新秩序'实际上是破坏中国的独立完整，打破太平洋区域的安宁秩序和扫除欧美在远东的合法利益。"⑦从3月起，国民政府开始倡导由中英法美苏"在远东联合作战"，从而确立了中国在世界反侵略的"集体安全总计划"中

---

① 《第二次世界大战大事纪要——起源、进程和结局》，第220页。
② 《重庆大事记》，第171页。
③ 《大公报》1939年1月26日。
④ 1939年1月24日，《中共中央抗日民族统一战线文件选编（下）》。
⑤ 1939年2月10日记，《蒋介石秘录（下）》第528页。
⑥ 《大公报》1939年2月12日。
⑦ 《大公报》1939年3月8日。

的应有地位。① 这就为第二次世界大战爆发后，中国作为世界反法西斯同盟的重要成员国奠定了初步的基础。

中国政府和人民坚持抗战到底，加之在南昌会战中国军队顽强战斗，② 疯狂的日寇从 1939 年 5 月 3 日到 4 日，便对重庆进行了大轰炸，造成无辜市民的惨重伤亡。③

然而，重庆并没有被摧毁，"虽惨不忍睹，可民众毫无怨言"。重庆的抗日意志更加坚强，从 5 月 3 日到 4 日，在轰炸的间隙里，国民政府军事委员会政治部第三厅的工作人员在硝烟弥漫的街头画壁画，写标语，显示了"打倒日本侵略者"的大无畏气概。5 月 5 日，国民政府令重庆市改为行政院直辖市。5 月 6 日，重庆十大报社以各报联合版的形式继续出版……

"严肃的工作随着晨光的照临更加悲壮的展开"。

"不错，我们——中华民族，无论政府、军队、人民，在新'五四'血债底血海中亲爱的团结起来，凝成了顽强的一体，答复敌人这次残暴的无耻的狂炸！"

"三天以后，重庆市的所有罪恶火焰完全扑灭了，秩序恢复，而且比以前更刚强更勇武的屹立在扬子江嘉陵江中间，它已成为可以击碎敌机再度滥炸的抗战大保垒！"④

1939 年 12 月至 1940 年 4 月，在国民政府军事委员会的指挥下，中国军队全面展开冬季进攻。⑤ 于是，在 1940 年 2 月，日寇组建中国派遣军华南方面军，加快了军事反攻的步伐；3 月，日寇卵翼之下的汪伪国民政府成立，充当以华治华的殖民工具。因此，日寇又一次对重庆进行更大规模的战略性轰炸。这次轰炸从 5 月持续到 9 月，从市区扩展到北碚等郊区，生命财产损失惨重。⑥

重庆市临时参议会一致通电全国同胞及国际友人，再次显示了不屈不挠的抗日意志："市民对于敌机之残酷暴行，无不切齿。吾七十万重庆市民、已早准备以最悲壮、最沉痛之精神，接受敌机轰炸，深信敌阀迟早须偿还所付之

---

① 《国民政府重庆陪都史》，第 118—120 页。
② 《第二次世界大战大事纪要——起源、进程和结局》，第 224—225 页。
③ 《重庆大事记》，第 176 页。
④ 梅林：《以亲爱团结答复敌人的轰炸》，《抗战文艺》第 4 卷第 3、4 期合刊。
⑤ 《第二次世界大战大事纪要——起源、进程和结局》，第 274—275 页。
⑥ 《重庆·一个内陆城市的崛起》，第 287 页。

血债。吾人自当坚守岗位，屹然不动，尽心竭力，以支持政府持久抗战之国策，直至最后胜利而后已。"①

正是由于重庆再次经受住了血与火的考验，更为了展示中国长期抗战的钢铁意志，国民政府于9月6日明定重庆为中华民国的战时首都："筹久远之规模，借慰舆情，而彰懋典。"②

从1940年11月到1941年2月，日寇制定《处理中国事变大纲》并逐步付诸实施，以便于1941年夏秋之前以武力解决中国事变以利南进太平洋，一方面发动军事攻击，另一方面展开外交攻势，企图使国民政府彻底屈服。③

1941年4月13日，《苏日中立条约》的签订，割断了中国的军事外援。5月6日，美国总统罗斯福宣布"中国的防务，对于美国国防是很重要的，"表示军火租借法案适用于中国，开始了向中国进行军事援助。④

克劳塞维茨认为，由于国家之间存在着与本国切身利益相关的政治关系，"防御者一般地比进攻者更能得到外国的援助"，同样，对于进攻者来说，"那种削弱战争威力，也就是减弱进攻的牵制力量，大都部分存在于国家的政治关系和政治企图中"。⑤简言之，战略受政略支配，而政略的变化也要适应战略的需要。此时，无论美国，还是苏联，他们处理其与中国或日本之间的关系，都是立足于本国政略与战略相一致的基础之上的。因此，苏联签订《苏日中立条约》也好，还是美国放弃所谓"远东慕尼黑"的妥协立场也好，⑥对于坚持抗战到底的中国来说其作用都不是具有决定性意义的，关键在于是否坚持长期抗战以实现民族的解放与独立。

这样，日寇从1941年5月2日到9月1日轰炸重庆的"战略航空大战"，尽管采取了"疲劳轰炸"的新战术，显得气势汹汹的样子，⑦但实际上不过是强弩之末。连多次乘机参与轰炸重庆的日本军人也不由服输：对坚持抗战的中国，"单凭轰炸，使其屈服是决不可能"，哀叹"重庆轰炸无用"。⑧

---

① 《国民政府重庆陪都史》，第160—161页。
② 《国民政府公报》1940年9月7日，渝字第270号。
③ 《第二次世界大战大事纪要——起源、进程和结局》，第380、381、397—398、406页。
④ 《蒋介石秘录（下）》，第538—540、544页。
⑤ 《战争论》第2卷，第505、523页。
⑥ "远东慕尼黑"是中国共产党在1939年到1941年间就英美两国对日政策可能影响到中国抗日战争前途的一种预见。
⑦ 《重庆大事记》，第198—203页。
⑧ 《重庆大轰炸》，第236页。

相反地,大地上展现了这样的"陪都轰炸小景"——
"废墟上热腾的从草棚喷出面香,
时髦男女的笑声落满污黑座头,
生活原没有固定大小固定尺寸,
战争教大家懂得幸福的伸缩性。"

《夜景》(1941年8月28日作)

"倒是对敌人来一个最妙的讽刺,
再来吧,你的炸弹一向价钱公道,
现在雾幕尚未张开挡住你的路,
无妨趁机会多做几趟赔钱买卖。"

《奇迹》(1941年9月1日作)[①]

重庆一次又一次地经受住了血与火的考验,重庆人以其斗志昂扬和坚韧不拔,赢得了全国人民的信赖,世界各国的推崇。

二、国民精神总动员

随着重庆的抗日救亡运动的进一步开展,"天下兴亡,匹夫有责"的爱国激情,便逐渐演变为民族独立和政治民主的意识自觉,形成了重庆民众大觉醒的现实过程。这就促使重庆的各种抗日救亡活动更多地依靠民众的积极参与,减少了自发的随意性,而增大了自愿的主导性,立足于以人民团体为依托的社会群体组织的基点之上,故而在活动的规模上较宏大,在组织的时间上较持久,成为常年性的群众性的合法活动。

在重庆市各界抗敌后援会于1937年7月下旬成立之后,8月上旬,组成重庆市抗敌经济绝交委员会,电告上海等地有关方面抵制日货。8月9日,在重庆市各界抗敌后援会的支持下,重庆市商会不再囿于从文字上援助华北抗战,采取了实际行动,发出抵制日货紧急通告,并于19日设立5个稽查组检查日货,从8月到10月,多次在全市范围内查禁日货。10月25日,重庆各

---

① 篷子《十年及其它(诗三章)》,《抗战文艺》第7卷第4、5期合刊。

行业约 90 余个工会组织请愿代表团，要求有关当局严肃从重处理被重庆市各界抗敌后援会所查禁的日货。第二天，重庆 35 所中学的 100 多名代表也向当局请愿，要求从严尽快处理被查禁日货。①

这就初步显示了将坚决抗日的民众意志与要求民主的政治权利结合起来的历史发展趋势。无论是 10 月 18 日的欢送出川抗日将士，还是 11 月 26 日欢迎国民政府主席抵达重庆，各界民众都成为这些活动的主体部分。②

在这里，各界民众绝非是一个可以用"万"为单位进行统计的抽象数字所表示的人群的集合，而正是一个由各种人民团体为连接点的、具体体现为社会行动的巨大的民众集体，它充分证明各界民众已经不再是一盘散沙似的乌合之众，而是一个紧密团结起来的意志统一的群众整体，因此，当各界民众与抗日战争的现实关系由被动转换为主动之时，这就意味着全民抗战是中国进行持久抗日以争取最后胜利的一个至关重要的前提，它将决定中国抗日战争的命运和前途。

在重庆，民众动员以"运动"的方式进行，以实现有钱者出钱和有力者出力，从而增强抗战的力量，并进一步促进民众的自觉。在这里，"运动"主要是指这类民众活动的参与规模之大、持续时间之长而言的，并可以大致分为两大类型的运动：捐献性质与征役性质的。这些运动都建立在民众觉悟之后的自愿基础之上，并由各级党政机构与各级人民团体联合组成领导机关进行指导，以保证运动的正常进行。

1938 年 12 月 13 日，重庆市各界义卖献金运动委员会成立，公布义卖献金办法指导运动开展。③随后出现了从官方到民间，从全国性到地方性的众多机构，领导各种捐献运动：出钱劳军运动，为前线将士捐献寒衣代金运动，秋季劳军献粮运动，一元钱献机运动，战时公债劝募运动，节约建国储蓄运动，凡此种种，不一而足，成为常年性的民众动员方式。④

其中，出钱劳军运动更是重庆市每年春节，抗战建国纪念日都必定要进行的常规运动。到 1941 年春节期间举行的劳军竞赛，更是形成了空前绝后的高潮。1 月 29 日，在出钱劳军运动扩大宣传会上，全国慰劳总会副会长郭沫

---

① 《重庆大事记》，第 154—156 页。
② 同上书，第 156—157 页。
③ 同上书，第 169 页。
④ 《国民政府重庆陪都史》，第 287—300 页。

若即指出:"抗战开始,政府即以有力出力,有钱出钱勉励国人,今前线战士不但已出尽一切力量,而且贡献其整个生命;我后方有钱同胞是应献出所有钱力,慰劳为国争光之前方战士,"并作《劳军歌》一首在会后游行中传唱,激励"大家有钱快出钱,出钱劳军要争先!不放松,要把敌人都打完,都打完,大家同吃太平饭!"①

为了动员广大青年积极应征入伍抗日,国民参政会参政员陶行知在1938年11月就于国民参政会第一届第二次大会上提出《建立志愿兵区以补充兵役法之不足案》,其中指出:"我们要想取得最后胜利的保证,必须铲除兵役法之根源,应采取志愿兵制,使人人都愿为中国死,知为中国死,能为中国死,则中国自然活起来,而且还到万万年。"②随即于1939年动员了600人在北碚自愿参军,开启了志愿兵运动的序幕。同年秋,重庆妇女乡村服务队倡导"好汉须去打日本"以改变好男不当兵的落后心理,发动更多青年走向抗日前线。同时,重庆民众还响应征召去修筑军用机场、军用公路等军事工程,到1941年又有大批工科大学生自愿加入建造新时代的万里长城的群众运动中去,用自己的血与肉展示了现代中国青年的高度自觉,一代青年的奋起,表明中国抗日战争的光明前景。

在此要特别提到1941年7月,由国民政府军事委员会发起的士绅公务人员子弟当兵运动。这不但有利于进一步破除传统的门第观念,改变抗日军队的文化素质构成,从根本上树立抗日军人的高大形象,而且还产生出特殊的影响和作用。开风气之先的国民政府司法院院长居正的儿子居浩然,此时已从军转战两年,他在对记者的谈话中指出:"一般富贵家庭子弟,多数是畏苦怕死。实则先苦而后知甘之乐;必死而后有生之望,余从戎两年,不仍依然健在耶。"③这就展示了模范青年抗日军人的风采。重庆所有这些运动证实了在抗日战争中动员民众可能达到的广度与深度:无论是男女老幼,还是官员平民,都必须作出自己的抉择;无论是贫家儿女,还是富室子弟,都应该通过生死的考验。重庆民众动员的成功,既得力于人民团体和国民参政会的积极参与,也得助于行政机构的及时指导,在全国乃至国际上都产生了不容忽视的影响。

---

① 《大公报》1941年2月15日。
② 国民参政会员秘书处编:《国民参政会第二次大会记录》,1938年。
③ 《大公报》1941年7月3日。

《中国国民党抗战建国纲领》中提出"组织国民参政机关，团结全国力量，集中全国之思虑与识见，以利国策之决定和推行。"[1] 稍后，《中国国民党临时全国代表大会宣言》中作了更进一步的阐释，指出国民参政机关的性质相当于战时民意机关，"要而言之，民众方面则注意于能力之养成，政府方面则注意于机能之适应。此固所以充实抗战之力量，而民权之基础，亦于此建立，则抗战胜利之日，结束军事、推行宪政，以完成民权主义之建设，为势固至顺也。"这就表明国民参政会将在民众动员过程中发挥承上启下的中介功能，一方面进行上传下达的信息交流，提供民众与政府之间来往的民主渠道，另一方面充当政治交锋的缓冲器，调节各派政治力量之间可能发生的意识冲突，从而促进民主意识的传播和发展，开辟通向民主政治的道路。

毛泽东等七人是以"努力国事，信望久著之人员"的资格，遴选为国民参政会参政员的。[2] 他们在1938年7月5日，即国民参政会召开的前夕，在《新华日报》上发表《我们对于国民参政会的意见》，认为"在目前抗战惨烈的环境中，国民参政会之召开，显然标示着我国各党派、各民族、各阶层、各地域的团结统一的一个进展。虽然在其产生的方法上，在其职权的规定上，国民参政会还不是尽如人意的全权的人民代表机关，但是，并不因此而失掉国民参政会在今天的作用和意义——进一步团结全国各地力量为抗战救国而努力的作用，企图使全国政治生活走向真正民主化的初步开端意义。"由此而以期能友好和睦地商讨和决定一切有利于抗战必胜、建国必成的具体办法与实施方案，以便能够有效地打击与战胜日寇，并奠定使中华民国走向独立自由幸福的新国家的基础。同时表示"我们希望我们及全体参政员在全国人民的援助、督促、鼓励及批评下，能完成国民参政会及每个参政员所负担的神圣的民意机关和人民的代表的职责。"

1938年7月6日，国民参政会第一届第一次大会在武汉召开。国民政府军事委员长蒋介石在开幕式上的致辞中，声言国民参政会"最重大的意义和唯一目的，就是要集中全民族的力量，对侵略的实力作殊死的斗争，以求得抗战的胜利和建国的成功。"[3] 大会在团结抗日的热烈气氛中，通过了《拥护国

---

[1] 1938年4月1日通过，《新华日报》1938年4月3日，国民政府7月2日公布。
[2] 《国民参政会组织条例》，《国民政府公报》渝字第39号，1938年4月12日。
[3] 《国民参政会第一次大会记录》，国民参政会秘书处1938年9月编印，第88页。

民政府实施抗战建国纲领案》、《请中央通令全国军政机关切实保障人民权利案》，有力地促进了民众动员在规模与程度两个方向上的扩展，推进了抗战与民主的同步发展。

1938年10月，武汉大会战失利，抗日战争的战略重心向重庆转移。国民政府行政院第384次会议决定，准予重庆市沿照特别市之组织，市政府可直接通函行政院，国民党中央党部也决定将重庆市党部改归中央直辖。[1]这就稳固了重庆作为国民政府的政治中心与军事中心的地位。与此同时，民众动员也将以重庆为中心在全国继续展开，1938年10月10日到11月1日，中华民国第一届戏剧节在重庆举行，显示了以中国戏剧工作者为代表的广大民众"超派系超职业超地域的大团结，这个团结有着共同的信念，这个团结有着一致的决心，"并"将因执行同一的政治纲领的缘故而更行巩固和夸大"。[2]

10月9日，重庆市召开了鲁迅先生逝世二周年纪念会，大会主席邵力子在对参会各界人士的致辞中说："我们今天纪念鲁迅先生，一方面悲伤，一方面兴奋，悲伤的是他逝世太快，兴奋的是他战斗了一生，热切盼望的对外的民族革命战争终于到来，感情的悲伤固然不能免，但更重要的是继续他的遗志战斗。"老舍代表中华全国文艺界抗敌协会讲话，指出："这种无论是治学，做事，对敌人，甚至对自己都用顽强战斗的精神，是鲁迅先生的伟大处，不同于其他老年人，中年人，青年人处。也就是他所遗下给我们的整个战斗精神，我们必须学习并继续这种精神。"[3]可见，团结抗日与顽强战斗已成为中国民众迫切的呼声和坚韧的决心。

1938年10月28日，国民政府军事委员会在《重申抗战到底告国民书》中指出："我国抗战根据，本不在沿江沿海浅狭交通地带，乃在广大深长之内地，而西部诸省，尤为我抗战之策源地，此为长期抗战根本之方略，亦即我政府始终一贯之策略也。""民族的国民革命之长期战争，未有不得到最后之胜利者"，号召全国同胞"宁为玉碎，不为瓦全。必须吾人人抱定最大之决心，而后整个民族乃能得彻底解放。国家存亡，抗战成败之关键，全系于此。"[4]

---

[1] 《重庆大事记》，第168页。
[2] 葛一虹：《第一届中国戏剧节》，《新蜀报》"中华民国第一届戏剧节特刊"1938年10月10日。
[3] 《严肃的几年》，《抗战文艺》第2卷第8期。
[4] 《中央日报》1938年10月30日。

此时在重庆召开的国民参政会第一届第二次会议上，代表各派政治力量的参政员共同提出"国民政府为领导抗战建国的最高行政机关，我全国军民一致信任和拥护"，并在同仇敌忾中于11月1日通过决议："全面抗战持久抗战争取主动之政府既定方针。今后全国国民应在蒋委员长领导之下，坚决抗战，决不屈服，共守不渝，以完成抗战建国之任务。"[①] 显示了空前的团结，形成坚实的政治基础，发挥了国民参政会作为民意机关的号召力和凝聚力。海外华侨也来电表示拥护抗战，反对妥协。[②]

在此次会议上，仅就所提交的重要建议来看，就涉及到战时文化发展的诸方面：关于军事及国防事项建议案，就有改善兵役实施办法、武装民众抗战等共17项；关于外交及国际事项建议案，就有加强国民外交等4项；关于内政事项建议案，就有持久抗战、严惩汉奸、刷新政本、改善保甲制度、确立战时新闻政策、撤销战时图书杂志原稿审查办法等计33项；关于财政经济事项议案，就有发展工商业、建设铁路、农村开发、华侨投资等共27项；关于教育文化事项议案，就有加强民族团结、推行普及教育、加强战时文化食粮输送工作等16项。[③]

这些建议案表明，国民参政会是在抗战建国纲领的指导下，遵循坚持抗战的基本国策，[④] 进行民主议政，发扬独立自主精神。[⑤] 这就有力地促成和有效地保证了重庆作为战时首都的地位，不仅是经济、政治、军事的中心，也是民意的中心。这就直接影响着以重庆为中心的全国抗日救亡运动的持续高涨，并向着新的阶段发展。

1939年1月21日到30日，国民党在重庆召开五届五中全会。会议提出"吾人应强化精神力量，坚持抗战，全力决战，而绝不能中途妥协投降"的政略设想。[⑥] 全会通过了具有"继往开来"的历史意义的重要宣言，宣告"我神圣抗战之目的，在求国家独立，民族生存，失地虽多，死伤虽众，而全国军民，同仇敌忾，精神益振；人人以必死之决心，为国家建永生之大业。"[⑦] 中

---

① 《新华日报》1938年11月2日，《国民参政会资料》，四川人民出版社1984年版，第98—103页。
② 《国民参政会纪实（续编）》，重庆出版社1987年版，第70—71页。
③ 《重要提案目录》，《国民参政会纪实（上卷）》，重庆出版社1985年版。
④ 社论《对基本国策不容许含糊》，《新华日报》1938年11月5日。
⑤ 社论《向国民参政会第二次大会致敬》，《中央日报》1938年11月7日。
⑥ 《大公报》1939年1月26日。
⑦ 《大公报》1939年1月31日。

国共产党中央军事委员会主席毛泽东认为,国民党五届五中全会制定的政略"还是以联共抗日为主要方向"。①

这样,根据战略与政略相一致的原则,首先是作为抗日民族统一阵线力量基础的国共两党达成了团结抗日的共识,国民参政会作为战时全国民意机关,就是要将这一共识及时地传达到全体民众中去,鼓舞坚持抗战到底的爱国精神与民族意志。

从战时文化发展作为 20 世纪的中国文化现代转型不可分离的过程来看,动员民众的精神不仅是抗战建国的现实需要,而且更是推进民主走向现代社会的历史需要。此次大会最重要的建议案,就与动员民众精神直接相关:推动经济建设,改善民众个人权利,以发起动员;加强兵役制度和整顿各地保甲,保障民众个人权利,以促进动员;实行精神动员,实现民众意识自觉,以完成动员。显然,动员民众精神虽然需要生存条件的改善作为发起的前提,与个人权利的保障作为促进的条件,但只有意识自觉的实现,才能最终完成这一伟大的动员。

1939 年 3 月 11 日,国民政府设立国民精神动员总会,隶属于国防最高委员会,并于 12 日颁布《国民精神总动员纲领》及《国民精神总动员实施办法》。3 月 25 日,国民政府主席林森主持了《国民公约》宣誓典礼。4 月 17 日,国民政府宣布自 5 月 1 日起,全国实施国民精神总动员。②5 月 1 日从重庆到延安,各地纷纷举行国民精神总动员大会,至此,以重庆为中心的国民精神总动员运动迅速在全国兴起。

《国民精神总动员纲领》提出:"国民精神总动员,有国民人人所易知易行之简单明显之三个共同目标,为国民精神所当集结者,当首先标扬之,即(一)国家至上民族至上,(二)军事第一胜利第一,(三)意志集中力量集中是也。"具体地说,就是"在民族生存受尽威胁之情形下","国家民族的利益高于一切","国家民族之最大利益为军事利益","专心一致为国家民族军事利益而奋斗"。同时,实践救国之道德,确立建国之信仰,进行精神之改造。也就是:"对国家尽其至忠,对民族行其大孝";"尽三民主义之目的,在促成中国之国际地位平等,政治地位平等,经济地位平等";"醉生梦死之生活必须

---

① 《反投降提纲》,《六大以来(上)》,人民出版社 1981 年版。
② 《国民政府重庆陪都史》,第 102—104 页。

改正"、"奋发蓬勃之朝气必须养成"、"苟且偷生之习性必须割除"、"自私自利之企图必须打破"、"分歧错杂之思想必须纠正"。①

1939年4月26日，中国共产党中央委员会在《中央为开展国民精神总动员运动告全党同志书》中认为上述"这些都是根本正确的"，并一一予以重申，进而指出"国民精神总动员，应成为全国人民的广大政治运动，精神动员即是政治动员"、"只有经过民主方式，着重宣传鼓动才能推动全国人民，造成压倒敌人刷新自己的巨潮。"②5月1日，毛泽东在延安各界"国民精神总动员"及"五一"劳动节大会上发表演说，带头高呼"拥护国民政府，拥护国民党与共产党的合作"，"拥护国民政府，拥护国民精神总动员"，又一次对国民精神总动员纲领所提出的三个共同目标进行了重申，要求发扬"艰苦奋斗的工作作风"和提倡"坚定正确的政治方向"。③

显然，《国民精神总动员纲领》已经成为举国一致的国民精神总动员的指导纲领。"至于文化界、言论界、著作家之人士，更望审查国家安危民族盛衰之责任"，"接受精神总动员之要旨，而为共同之奋斗。"④在重庆，这些"人士"在积极行动，他们用自己的笔写出了国民精神的亟待改造，也写出了国民精神的崭新面貌。

"我难道还该沉默吗？我们的祖国是那样不幸：有些同胞无知的固执的信赖着'天'，明白'天'不可信赖的有知的同胞又固执地把自己交给颓废的生活，……这样，×人的飞机才敢呼啸在我们头顶，×人呼啸的炮弹才敢不绝的发射如同流星……"⑤

"火光中，避难男女静静的走，救火车飞也似的奔驰，救护队摇着白旗疾走；没有抢劫，没有怨骂，这是散漫惯了的，没有秩序的中国吗？象日本人所认识的中国吗？这是纪律，这是勇敢——这是五千年的文化教养，在火与血中表现出它的无所侮的力量与气度！"⑥

---

① 该纲领曾在国民参政会第一届第三次会议上宣读，《新华日报》1939年3月12日。
② 《群众》周刊第3卷1期。
③ 《国民精神总动员的政治方向》，《群众》周刊第3卷3期。
④ 《国民精神总动员纲领》。
⑤ 沈德：《天才》，《大公报》1939年3月19日
⑥ 老舍：《五四之夜》，《七月》第4集1期。

第四章 大众传播走进现代

一、报纸新闻趋于繁荣

随着抗日救亡运动开始在重庆逐渐兴起，在《新蜀报》、《商务日报》等报纸副刊上发表过作品的青年们便组织起来，于1936年6月在重庆成立了人力社："一是人定胜天，人力可以改造社会。二是有钱出钱有力出力，在抗日救亡中，我们虽然无钱，但是有人。三是人多力量大，团结更多的人便有更多的力"。不久，1937年1月，《人力周刊》出版，由于"采取的是新式样，是以报纸型的排法，可是专排文章。内容有杂文、论著、短评、小说、通讯、问答等专栏，《人力周刊》是想努力在这几千种中国出版物中，另外寻找一条新的道路，使这刊物能真正成为青年的读物。他想尽量登载满足青年要求的文章，尽量安慰青年的苦闷，解答青年的疑难，发表青年的作品，接受青年的提供的一切意见。"① 显然，这种报纸副刊类型的周刊确实是一个创举：能够迅速地反映出广大青年对现实的种种感受与要求，兼有报纸与杂志之长，而无其短。

因此，《人力周刊》产生了较大的社会影响，同时，重庆报刊的编采人员中多为人力社社员。于是自然就产生了这样的要求："重庆文化界团结起来"，决定成立重庆文化界救国联合会。随即由人力社、《商务日报·山副》、《新蜀报·新副》、《春云》月刊、《大江日报副刊》公开在报纸上征求会员，于5月16日在重庆市总商会召开成立大会。② 在抗战爆发后，该会一方面采取各种形式积极支持前方抗战，仅仅《新蜀报》就于7月12日至16日，共募捐1600

---

① 陈戡兮：《金满城在新蜀报》，《重庆报史资料》第12辑。
② 同上。

余元；另一方面又为抗日救亡培养宣传人才，于 7 月 22 日发起开办暑期文艺讲习班，共收男女学员达 50 余人。① 由此可见重庆新闻工作者在促进重庆文化界团结抗日的过程中，确实发挥了不容忽视的主导作用，从而为重庆抗日救亡运动的开展创造了有利条件。值此国难当头之际，重庆各报纷纷以实际行动支持抗战。

《新蜀报》"为帮助读者加深对抗战形势的认识，从而鼓舞人民同仇敌忾的斗志，除前线有特约记者经常拍发专电外，还随战事的发展，利用自身印刷制版的方便和人才汇集等优越条件，经常绘制战争形势图提供给读者；在 1937 年 8 月 14 日，就依据上海抗战的发展，制出《沪战形势略图》；11 月 17 日，制出《常熟嵩山形势图》；11 月 13 日，八路军在山西对敌反攻，又刊出《最近晋战势略图》；12 月 9 日就头条新闻'首都保卫战壮烈展开'，刊出《南京近郊略图》等。同时，为帮助读者了解当天全国抗战的主要情况，开辟《今日战局述要》专栏，一般是每日凌晨 5—6 时发稿"。"在 1937 年 12 月 15 日，还创办了《新蜀夜报》，以便尽快地把当天的国内外大事抗战形势及时报告给读者"。同时，为赢得在读者中的信誉，加强与读者联系，"报社在 1937 年 9 月份改用轮转机印报，对报头、重要新闻、大型广告方面实行套红，并全面改版，大大提早出版时间"。"在 12 月 23 日，抗战将达半年，战区单位和人员大量涌入重庆时，又印制《重庆市街道图》随报附送，以便读者对陪都地势、交通等有所了解。"②

《商务日报》在"抗战开始时，除电讯版、省市消息版以及地方行情专栏依旧外，对于评论和副刊也有所充实。副刊适应抗战形势，即更名为《战鼓》，并决定保持每天需要有一篇评论（社论和短论间天一次）。""除此之外，有一段时间还把《战鼓》副刊版面用为专业文学的园地"，"主编了一个文学评论性质的专刊，约每周在副刊上发刊一次，所以在当时副刊和评论也能一新耳目。""正当前方吃紧，武汉准备撤退迫在眉睫之时，集中在武汉进行宣传鼓动的报纸仍然坚持工作，但一方面也在未雨绸缪，作着向后撤退的准备。在重庆基地一时还未建成、青黄不接的时候，他们想出一个较好的办法，是找印刷单位复印纸型出报和印出刊物——即每日报刊制好的纸型由航空飞运重庆，然

---

① 周双环、黄贤发：《重庆新闻界大事记（抗日战争时期）》，《重庆报史资料》第 3 辑。
② 陈志坚：《我在新蜀报工作的一段时间》，《重庆报史资料》第 7 辑。

后浇成铅版印报,保证报刊如期出版,不使发行中断"。这样,"每日交来纸型代印的《新华日报》、《大公报》、《时事新报》等几份报纸外,还有生活书店出版的几份期刊,如《全民周刊》、《抗战》、《妇女生活》等。"①

此外,《济川公报》改属为四川省政府机关报,号召"准备牺牲,保卫领土"。②《星星报》为适应抗战宣传需要,更名为《星渝日报》,由四开小报改版为对开大报。③

由此可略见重庆报业为适应抗战的战略政略需要,既努力争取在现有条件下积极支持抗战,又全力进行不同形式的调整,开始使报纸自主地发挥其大众传播媒介的社会作用,从而显示出重庆新闻工作者办报意识发展新趋向。

与此同时,整个重庆新闻界呈现出团结抗日的新气象,1937年8月15日,重庆新闻社联合会成立。9月1日,重庆新闻界召开"九一"记者庆祝大会,决议致电中央转慰前方将士,筹备组织日报公会和记者公会。④

随着国民政府迁渝,南京《新民报》于1938年1月15日迁来重庆。这是抗战以来,第一家由外地迁重庆的较有影响的报纸,开始直接促进重庆与沿海沿江大城市的直接信息交流,扩大新闻工作者的视野,不再囿于抗战战况的风云多变,而是注目于整个战时文化的各方面发展,显示出前所未有的、更为广阔且更为深入的新闻眼光。《新民报》上发表的关于《歌颂与批判》、《文学的"新内容"》这样一篇文章,⑤可以说是开风气之先,及时地讨论了文艺与抗战的关系问题。这表明,重庆新闻界正在努力打破滞后的封闭格局,逐渐走向引导全国新闻的中心地位。

3月27日,重庆市新闻社联合会在第二届第一次理事会上决定将筹办《战时记者》月刊,举行时事讨论会。5月2日,重庆记者座谈会在两个月中三次座谈后,开会选举理事和监事。于是重庆的通信社和记者形成了较为紧密的团体。⑥

4月27日,《时事新报》自上海迁重庆,报业又增添一生力军,5月4日,重庆市报业公会在市商会召开成立大会,到会者有市内军政负责人及各大中学

---

① 熊明宣《抗战前期的商务日报》,《重庆报史资料》第7辑。
② 《重庆主要报纸简介》,《重庆报史资料》第13辑,第84页。
③ 李伏伽:《从〈星星报〉到〈星渝日报〉》,《重庆报史资料》第9辑。
④ 《重庆新闻界大事记(抗日战争时期)》,《重庆报史资料》第3辑。
⑤ 《新民报》1938年3月14日、16日。
⑥ 《重庆新闻界大事记(抗日战争时期)》,《重庆报史资料》第3辑。

校校长，各报代表共 200 余人。通过投票选举《商务日报》、《济川公报》、《大江日报》、《国民公报》、《新蜀报》、《星渝日报》、《新民报》等 7 家报社为理事，《快报》、《人民日报》、《时事新报》、《四川晚报》、《新蜀夜报》等 5 家报社为监事，展示了重庆报界爱国民主的阵容。随后，5 月 21 日《西南日报》创刊，8 月 1 日《南京晚报》迁重庆发行。①

此后，德国海通社自 8 月从武汉开始迁往重庆，并于 9 月 1 日在重庆市新闻界庆祝记者节的大会上初次亮相，这也是重庆新闻界和外籍记者正式接触联欢的创举。随之而来，英国路透社、美国合众社、法国哈瓦斯社、苏联塔斯社等外国通讯社驻中国分支机构也陆续从武汉迁到重庆。国民政府及时建成外籍记者招待所，并于每周星期五下午举行新闻发布会，充分发挥了对外宣传与新闻传播的积极作用。"不仅常驻重庆的外国通讯社记者和报刊特约通讯员，不想离开这个活动园地，就是临时过境的新闻访客，也留有较好印象"；并且，"那时凡是到重庆参加过新闻发布会的外国记者，大都留有半身照片，国宣处摄影科还为这些访客照片加工放大，用木框装好，挂在新闻会议厅墙壁上以示宣扬。"② 由此可见，通过与各国记者建立良好关系，有利于中国抗战引起全世界的密切关注，重庆成为向世界，特别是向以各种形式支持中国抗战的国家，进行新闻传播的中心。

9 月 15 日，《中央日报》由长沙迁到重庆；10 月 25 日，《新华日报》从武汉迁到重庆；12 月 1 日，《大公报》由武汉迁到重庆。此外，《中央周刊》、《群众》周刊、《新闻记者》月刊相继在重庆复刊；中国青年新闻记者学会总会、中国新闻学会也先后由武汉迁来重庆。③ 这些具有全国性影响的报刊的发行及新闻团体的到来，也就正式确定了重庆作为战时新闻中心的地位。

重庆报界的基本面貌随之也发生了巨大的变化，各报之间那种新闻的地域性差异减退，更多地表现出的是因新闻的倾向性、趣味性、商业性方面的种种差异而形成的不一致。这种不一致经过战时环境的放大，主要表现为在抗战建国的前提之下，政治倾向的不一致，从根本上涉及到言论自由与新闻传播自由。

---

① 《重庆新闻界大事记（抗日战争时期）》，《重庆报史资料》第 3 辑。
② 陈云阁：《抗战期间外国记者在重庆的活动》，《重庆报史资料》第 6 辑。
③ 《重庆新闻界大事记（1937.7—1945.8）》，《重庆报史资料》第 14 辑。

言论自由是新闻传播自由产生的不可缺少的前提，而新闻自由传播是言论自由实现的必要条件。然而，新闻传播在"看不见的手"进行的市场控制中，在发展成为大众传播业的同时，也就发生了言论自由与新闻传播自由之间的某种程度的对抗，即舆论对大众的操纵。尽管如此，言论自由依然是新闻传播自由的前提，只不过大众传播媒介的自由状况对于个人自由权利的影响与制约的程度更加强大了。这一矛盾直到第二次世界大战结束后，由于编辑权与获知权、接近权的分别提出才有所缓解。

　　当时，国民党中央宣传机构一方面施加意识形态上的思想影响，一方面强化审查制度上的法律限制，突出表现为特定的战略和政治意识实施对言论自由和新闻传播自由的约束。除了进行必要的战时新闻管制之外，这一约束实际上导致了对于自由权利的某种压制，形成重庆报界政治倾向的分化。

　　促进这一分化的首要因素是政治意识，乃至政治权力。

　　1938年11月3日，《中央日报》发表《战时之言论出版自由》的社论，提出"平时的时候，我们要争自由，战时的时候，我们反而要牺牲自由"，强调了对于言论自由与新闻传播自由要进行政治控制。24日，《新华日报》发表总编专论《保障言论出版自由与争取抗战胜利》，指出保障自由权利是全民抗战取得胜利的基本保证，不能轻言放弃，甚至牺牲。

　　《西南日报》名为创刊，实为对《人民日报》的改组。以抗日救亡和抨击时弊为主旨的《人民日报》，是在中央与地方的权力之争中创办的。随着国民政府军事委员会重庆行营对重庆的全面控制的完成，便以"牢中出来的犯人把持了编辑部"为名，强行接管，成为"三青团"的喉舌。[①]

　　可见，无论是抗日救亡也好，还是政治民主也好，都必须以个人自由权利为保障为前提。同时，报纸编辑在一定程度上是能发挥主导性作用的。此外，经济利益，乃至经济力量也是促进这一分化的重要因素。

　　《重庆晚报》是重庆最早发行的一份晚报，多报道街谈巷议，少登发政治性新闻，着重刊出以"重晚特稿"为主的重庆社会新闻，以及全川各地通讯员来稿，并且办了报童工读学校，尽力扩大发行量。直到1939年5月在日机轰炸中，报社化为灰烬而停刊。[②]《星渝日报》自从改版以来，总编辑与总经理

---

① 所谓犯人实即刘湘，从反省院放出的中国共产党党员。《重庆报史资料》第14辑，第86—87页。
② 丁孟牧：《忆〈重庆晚报〉》，《重庆报史资料》第9辑。

之间在办报方针上一直存在争议，只得依然故我，从内容到编排上都随大流，没有明显的倾向性。[①] 结果每况愈下，最后只好停刊。《新华日报》之所以能够"奇迹般"地在重庆出版，其中一个重要原因就是及时用1500元押金和每月350元租金，将《星渝日报》的房屋和设备全部租下，供办报使用。[②]

可见，当时条件下，着眼经济目的而办报，虽然用心良苦，用力甚勤，却难免自生自灭。对于抗战时期重庆报界政治倾向不一致的历史描述，事实上，对于抗战时期的重庆报界是不能简单地用传统的左、中、右三分思维模式来进行概括，而是在抗战的背景下要复杂得多。

首先，由于国共合作抗日的政治现实，报纸的政治倾向往往具有深刻的意识形态背景。这对于重庆报界的影响主要是体现在国民党与中国共产党这两个政党所属的报纸上面，具有明确的、有时甚至是激烈的对抗性。在这里，政治倾向的不一致主要表现为各自不同的政治主张，以致阶级性。

其次，由于官办与民营的报纸对于新闻传播自由的强调各有其取舍，政治倾向往往取决于不同的群体利益。这对于重庆报界的作用主要表现为各报指导方针明显的，有时甚至是对立的差异性。在这里，政治倾向的不一致主要表现为思想性，乃至战斗性。

因此，对于重庆报界的政治倾向不一致的现象的认识，既要注意到不同层次的区分，即应该以哪一层次上的政治倾向的表现为基本导向；又要注意到在爱国主义高涨的形势下，无论是政治倾向的对抗性，还是政治倾向的差异性，都不可能占据主导地位。在本时期中，在抗战的大前提下，重庆报界主要是以团结抗日为其主要政治倾向。《重庆各报联合版》的刊行就充分显示这种差异性和复杂性。

1939年5月3日到4日，日机对重庆进行了灭绝人性的空前大轰炸，各大报社均遭到不同程度的破坏，一时无法恢复出报。5月5日，国民党中央宣传部借此通知各报临时停刊组织联合版以及时出报，由《中央日报》牵头，召集《新华日报》、《大公报》、《时事新报》、《扫荡报》、《国民公报》、《商务日报》、《新蜀报》、《西南日报》、《新民报》共10家报社商讨有关事宜。

5月6日，除《新华日报》外，其他9家报社停刊，改出联合版。国民

[①] 李伏伽：《从〈星星报〉到〈星渝日报〉》，《重庆报史资料》第9辑。
[②] 《重庆报史资料》第14辑，第86页。

党中央宣传部向《新华日报》社发出"不准单独出版函",称:"查渝市各报,奉谕自6日起,一律停刊,改出联合版。5日曾通知各报在案。唯贵报本日(6日)任照旧单独出版,有违前令。特此函知,务希即日遵令办理,7日起不得再行刊行。否则事关通案,当严予处分也。"

同时,周恩来"书面奉告"国民党中央党部宣传部部长叶楚伧,指出:"一、《新华日报》为尊重紧急时期最高当局之紧急处置及友报迁移筹备之困难,牺牲自己继续出版之便利,同意参加重庆各报暂时联合版以利团结。二、《新华日报》同人郑重声明,一俟各报迁移有定所,筹备有头绪,《新华日报》即宣布复刊"。5月5日《新华日报》一版显著位置刊登紧要启事:"兹因空袭关系,本报自今日起暂出半张,一俟内部整事就绪,即当恢复原状,诸希读者鉴谅是幸!"也在5月5日当天,《新华日报》社一方面申明"关于《联合版》事,敝报一概恕不参加",一方面也得到叶楚伧的保证,即出联合版是临时措施,绝没有让《新华日报》就此停刊的意图。

5月7日,《新华日报》参加各报联合版,由10家报社共同组成重庆各报联合委员会。10家报社都不出钱办报,也不参加分红,卖报赚的钱作为该委员会开支。该委员会商定:联合版不写社论,只发中央社消息,不发各报采访的新闻,以减少矛盾,10家报社分组轮流派编辑值班,《新民报》和《新华日报》分在一个组,报纸清样出来由大家看,每天出对开大报一张,二版为要闻版,三版刊登国际时事,一、四版登广告。

8月12日,《重庆各报联合版》一版上刊登重庆各报联合委员会启事称:"本会刊行之联合版自5月6日发刊以来已三月,兹以各会员报毓建工作大体就绪,本版发行至8月12日止,自8月13日起任由各报分别出版。"同时于三版报道该委员会举行结束会议,经委会报告营业收入相抵,大会结束后筹设共同组织。①

8月13日复刊的《新华日报》在一版详细报道了6月12日发生"平江惨案"并于同日在八路军办事处召开追悼会,重庆卫戍总司令部、重庆警备司令部亦派代表参加,董必武在发言中"请求惩办凶顽,揭破汉奸托匪和汪派在破坏团结中的阴谋活动,并加强统一战线工作。"②

---

① 蔡贵俊:《重庆各报联合版始末》,《重庆报史资料》第7辑。
② 同上。

9月初，中央社记者刘尊棋、《扫荡报》记者耿坚白、《新民报》记者张西洛随全国慰劳总会北路慰劳团来到延安。在9日晚举行的欢迎慰劳团大会上，慰劳团总团长张继激动地表示："国共两党正亲密团结着，我认为今日国共虽然有小摩擦，但是这些摩擦是通过和平方法可以解决的。现在大家没有不同意打日本的事情，我中华民族黄帝子孙绝不会再用兵打自己了。"①

9月16日，三记者对毛泽东进行采访。毛泽东在答记者问时指出："国民党、共产党，在政治上是有共同之点的，这就是抗日"。"汪精卫是国共两党和全国人民的共同敌人"，"他要反蒋，我们就要拥蒋；他要反共，我们就要联共；他要亲日，我们就要抗日。凡是敌人反对的，我们就要拥护；凡是敌人拥护的，我们就要反对。"同时，"我们根本反对抗日党派之间那种互相对消力量的摩擦"，"我们不但希望长期合作，而且努力争取这种合作。听说蒋委员长在国民党五中全会中也说过，国内问题不能用武力来解决"，"但是要给长期合作找到政治保证，分裂的可能性才能彻底避免，这就是坚持抗战到底和实行民主政治。"②

这恰如同往慰问的老舍在《剑北篇》中所歌唱的那样：

"在城镇，在塞外，在村庄，
中华儿女都高唱着奋起救亡；
用头颅与热血保证希望，
今日的长城建在人心上！"③

重庆报界在坚持团结抗战的同时，也不断开拓办报的眼界。1939年1月28日到30日，由中国青年新闻记者学会总会在重庆举办全国报纸期刊展览会，共展出20多个省市的报纸100多种，新闻摄影照片40余幅。④10月9日，中央政治学校新闻研究会主办的世界报纸杂志展览会开幕，展出了30多个国家、20多个语种的报刊1000种左右，其中有中外报纸、华侨报纸及画报。⑤这对

---

① 张西洛:《三记者访问毛泽东》,《重庆报史资料》第9辑。
② 《毛泽东同志与中央社等记者谈话》,《新华日报》1939年10月19日。
③ 《抗战文艺》第6卷3期。
④ 《重庆新闻界大事记（抗日战争时期）》,《重庆报史资料》第3辑。
⑤ 《重庆新闻界大事记（1937.7—1945.8）》,《重庆报史资料》第14辑。

重庆报界的开放与借鉴无疑起到了很好的促进作用。

此时，除《中央日报》、《大公报》等报发行外地版外，①重庆各大报均办有文艺忾副刊，并且特邀文艺界人士主持编辑工作，有效地推动了重庆乃至全国的抗战文艺运动的发展，以及对抗日宣传和民众动员的积极促进。这可以说是重庆各报文艺副刊在抗战时期的一大特色。

中国电影制片厂在《国民公报》、《新民报》上每周各刊出一期副刊，并创办了《中国电影》；而中央电影摄影场则在《新蜀报》、《中央日报》、《商务日报》等刊物，从而及时介绍评论电影话剧的创作与演出，进行有关理论的探讨。它们在从事故事片摄制与话剧演出的同时，也努力进行新闻纪录片的拍摄。

中央电影摄影场，"四年来的工作主要出品为抗战新闻纪录影片"，"出版的抗战实录影片9种"。"纯新闻编号的新闻片有31种即《中国新闻》自52号至82号"，"特出事件的新闻特号有18种"，"纪录片有10种（《新路一万里》、《我们的南京》、《重庆的防空》、《中原风光》、《今日之河南》、《云南建设》、《国父》、《第二代》、《西藏巡礼》、《林主席西南观察记》），达68种，至少在100部以上。"这些新闻纪录片绝大部分是在1938年到1941年，中央电影摄影场迁渝期间拍成的，1937年在武汉拍摄的约在3种共5部左右。②

中国电影制片厂在武汉时期拍摄了《抗战特辑》5种，《电影新闻》6种，以及"特殊事件之专辑片"8种，《抗战号外》3种，计21种共52部。迁渝之后，于1939年至1940年间，又摄制新闻纪录片11种达22部又3315尺。③

运用新闻纪录片对抗日战争，特别是大后方战时生活进行及时报道，成为重庆文化运动第一时期中新闻事业发展走向现代的重要标志。它表明以重庆新闻事业为代表的中国新闻事业已经开始接近世界新闻事业的发展水平。

此外，新闻摄影尽管受到纸张、印刷等战时物质条件的限制，很少在报纸上发表，也不能出版新闻图片专辑或画报。但是，经过广大摄影工作者的努力，采取分发摄影照片，④举办摄影展览，⑤在国内外的新闻宣传传播活动中发

---

① 本书引文凡引自上述各报重庆版者，均不再说明。
② 中国电影出版社1980年版的《中国电影发展史（第二卷）》第493—495页上的有关资料显然不够完整，而当时任中央电影摄影场场长的罗学濂在1941年8月出版的《文艺月刊》上发表的《抗战四年来的电影》一文中的介绍就较为全面。
③ 程季华《中国电影发展史（第二卷）》，第490—493页。
④ 《中央电影场为揭露敌机炸渝暴行，摄影照片备赠各界》，《新华日报》1939年1月19日。
⑤ 于鸣：抗战建国影展印象记》，《新华日报》1939年2月24日。

挥了应有的作用。① 这同样也是重庆前所未有的创举，它意味着重庆新闻事业将以更加直接诉诸民众的眼睛的方式，展现与民众休戚相关的战争场面与生活情景，来激发爱国热情，坚定抗战决心，从而使大众传播的水平达到一个新的高度。

中央广播电台迁渝后于1938年3月10日开始中波播音，并在国民政府交通部的支持下，不久又增加了短波播音。此外，隶属该台的中央短波广播电台于1936年即在重庆筹建，1939年2月6日开播，后于1940年1月15日移交国际宣传处，改称国际广播电台，对外广播时英文名称为"中国之声"，同年6月，又划归中央广播事业管理处。两台日夜不停地向全中国及全世界广播，使用的语言有"国语"，方言（粤、泸、闽、厦门、客家、台山、台湾语），少数民族语言（蒙、回、藏语），外语（英、法、德、日、意、俄、荷等十多种）。

强大的电波跨越四面八方，致使日本侵略者一方面在占领区采取政治和技术措施禁止收听重庆广播，一方面对重庆进行狂轰滥炸。不过收效甚微，以致《东京报纸》不由哀叹："我皇军飞机大炸重庆，那里的青蛙全部炸死无声，为什么那个扰人心绪的中央电台还是叫个不停？！"

中央广播电台和国际广播电台除进行抗战宣传、举办文艺节目与各种讲座之外，其新闻节目主要有纪录新闻（中文及英文），简明新闻，新闻类述，主要播发中央通讯社电讯稿和《中央日报》新闻，对外广播，则大多为国际宣传处与美、英等国广播公司来华记者到国际广播电台进行自编自播，由所在国广播电台定时转播。②

由此可见，新闻广播对于提高抗战宣传和民众动员的水平，对于加强中国与世界各国的联系，都发挥了不可替代的现代传播媒介的巨大作用，逐渐走向与国际新闻事业接轨。

在这一时期中，重庆新闻界较之战前发生了根本性的转变，首先是报界出现了开放性的新格局，报纸呈现多样化与个性化的趋向；其次是以电影、摄影、广播等为媒介进行新闻传播，同时提高了传播的速度并扩大了传播的范

---

① 《抗战影展在荷兰》，《新华日报》1939年3月26日；《"西康摄影展览会"今日预展》，《新华日报》1941年2月26日；《摄影学会劳军展览继续三天》，《新华日报》1941年4月18日。
② 《抗战时期的重庆广播》，重庆市广播电视志办公室编印。

围，从而使重庆新闻事业开始向着大众传播的现代形态发展。这一转变的意义在于：缩短了重庆与世界在新闻传播上的差距，巩固了重庆作为战时新闻中心的地位，并且为重庆新闻事业在下一时期的发展奠定了坚实的基础。

二、书刊出版走向兴旺

随着抗战的到来，重庆唯一的地方性大型文学杂志《春云》也发生了重要的变化。由于《春云》月刊编辑部主要成员均系重庆银行的青年职员，并且经费来源依靠各银行、钱庄的广告费，不足的开支由重庆银行补足，每期印数约1000册。因此，《春云》所发表的作品除了反映社会现实的一面之外，还有着追求趣味消闲的另一面。加之虽然也曾凭私人关系向巴金拉过稿以壮声势，但撰稿者绝大多为文学青年甚至还有不少中学生，稿子的质量很难保证。所以，《春云》的文学水准是不够高的。这一状况在国民政府迁渝后开始得到某种程度的改善，在《春云》上相继发表了郭沫若、叶圣陶、陈白尘、王亚平、柳倩、沈起予、李辉英、任钧等人的作品，从而在抗战之初的重庆文艺创作中发挥了不可忽视的作用。[1]

1937年12月，由《春云》月刊编辑部编辑，重庆春云社发行，今日出版合作社总经售的《春云短篇小说选集》出版，收入小说10篇，约8万字，计124页。这些小说从不同层面展示了在战争风暴来临之际，重庆社会的种种现状，特别是刻画出重庆人的精神面貌，正如其序言所称："本刊成立至今，恰好一年。所贡献社会者，与拥有全国读者的权威刊物相较，所发生的影响，所取得的成果，远不及他们。但，在四川这个环境中，却算得是文艺战线上一名坚强的战士。不管别人的侮誉，我们，总本着时代的需要而努力。"

《春云》月刊于1939年4月出版了第5卷1期后停刊，共出25期，每期约5万字，发表小说近百篇，话剧剧本《打下去》，歌剧剧本《饿乡之歌》，以及不少诗歌、散文、评论等。

《春云》停刊的主要原因有两方面：一是随着全国性文艺团体的先后迁渝，迅速地提高了重庆抗战文艺的创作与接受水平，《春云》自然难免相形见

---

[1] 李华飞：《〈春云〉文艺始末》，《抗战文艺研究》1983年第2期。

绌；一是在向战时经济转轨的现实过程中，筹措出版经费发生困难，《春云》更是难为无米之炊。

《春云》停刊说明在战时环境中，书刊出版的质量固然是极为重要的，但是最根本的还是书刊出版的经济保障是否具备。即使是中华全国文艺界抗敌协会所主办的《抗战文艺》这样的具有全国水准的代表性刊物，也主要是依靠国民政府教育部、军事委员会政治部等的按月补助，[①] 甚至于还得采取"会刊手册及前线增刊五百册已送中宣部包销"的方式来筹集经费。[②]

1937年下半年，随着国共两党合作抗日，抗日民族统一阵线形成，重庆反省院的37名政治犯要求出狱上前线抗日被当局拒绝之后，开始绝食以争取恢复自由。《新蜀报》、《国民公报》、《商务日报》均予以支持。出版界亦与新闻界共同行动，于此时出版了《诗报》半月刊。《诗报》以"本刊已呈请市政府转成内政部中宣部登记中"的方式在尚未登记的情况下抢先发行，印刷费用由参加《诗报》者自筹，每期每人可发表诗一首。

《诗报》为对开大张，16页码，不装订，不加封面，每期1000份，试刊号于1937年12月16日出版，发行者为知识书店。《诗报》首次出刊后，其上所发表的《三十七条爱自由的灵魂》等作品引起舆论界好评，及时地支持了绝食斗争。紧接着1938年1月10日出版了《诗报》第1号，改由星星书社经售，尽量减少当局的注意。尽管如此，还是很快地被以未报请登记为由禁止出版了。[③] 这无疑表明，书刊出版直接受到了当局审查制度的严密控制。

然而，正如《诗报》试刊号上《我们的告白》中所说的那样："诗歌，这短小精悍的武器，毫无疑义，对抗战是有利的，它可以以经济的手段暴露出敌人的罪恶，也能以澎湃的热情去激发民众抗敌的意志"——"我们正想象着一个果实——就是强化诗歌这武器，使它属于大众，使它能冲破四川诗坛的寂寞。"《诗报》就是这样的不幸夭折的果实。

如果说1938年7月，国民政府正式公布抗战建国纲领，倡导全民抗战，那么，1938年10月，随着持久抗战的战略大转移的完成，则直接推动全民抗战走向高潮。此时，全国各地民众，从香港到重庆，从江南到塞北，纷纷以各

---

① 《总务部报告》、《出版部报告》，《抗战文艺》第4卷1期。
② 《会务报告》，《抗战文艺》第4卷3、4期合刊。
③ 李华飞：《〈诗报〉创刊五十年》，《重庆文史资料》第29辑。

种方式来显示抗战到底的战斗意志，掀起了募捐运动的热潮。重庆出版界先后积极投入到义卖献金运动中，献书劳军运动，从而使书刊出版服务于抗战，发挥其不可或缺的社会传播作用。

1938年11月17日，国民党重庆市党部召集全市商业团体首脑开会，商讨如何在重庆开展献金义卖活动，并确认义卖就是"商人捐货，买主捐钱，互相利用，捐献国家。"[①]11月19日，《新华日报》发表社论《积极参加义卖运动》，提出"义卖献金运动，是实现'有钱出钱，有力出力'和使社会人士积极参加抗战的有效办法。我们希望重庆的大小商户，各界人士，热烈地参加这个运动，并把这个运动扩大全国各地区"。12月13日，重庆市各界义卖献金运动委员会成立，并公布了义卖献金办法，随后举行了义卖月活动。[②]12月20日，《中央日报》发表《义卖运动的注意点》这一社论，指出"义卖运动是人民在一定时间内，出卖自己的物品而以所得货款贡献给国家"，然后就义卖运动的具体举行作了详细的指导以确保其正常运行。

生活书店重庆分店作为重庆市率先倡导义卖的商家之一，成为出版界响应义卖献金的第一家。《中央日报》在11月25日发布消息："生活书店重庆分店定27日午前9时至午后9时举行义卖献金"，该店同时也在《中央日报》登广告，"欢迎各界爱国人士踊跃认捐"。这就带动了出版界竞相举行义卖，如国民印刷公司，七七书店，中国文化服务社，战时书刊供应所，升平书馆，拨提书店，《现代读物》社，上海杂志公司，华中铸字厂等数十家书店，杂志社，出版单位，均于12月以前，相继举行独家义卖或一家定期义卖其他数家参卖。此外，重庆市出版商业同业公会还发起组织集体义卖。

尤其值得一提的是，正中书局服务部不自限于"自定一日为义卖期"，而是"兹办购书献金运动，并不增加读者负担、而人人有救国机会"；其一"在收入之书款中，一律提取10%，以爱国读者本人名义，贡献国家"；其二，"于每月5日举行'爱国读者购书献金运动竞赛'，将上一个月中间参加爱国献金运动之爱国读者著名及献金数目在重庆《中央日报》一一公布"。这样，"使救国青年不再怨恨没有机会读书，而爱国读者青年也不会再感觉救国无门了。"既可以解决"读书与救国二者不可兼得"的实际困难，亦可以"唤起读书青年

---

① 《商务日报》1938年11月18日。
② 《重庆大事记》，第169页。

救国，并鼓励救国青年读书"。① 这就将义卖献金运动与民族文化的不断发展无形中联系起来，从而赋予这一运动以更为深远的历史意义。

义卖献金运动的成功表明，在统一组织与舆论支持下，民众的自主爱国活动是能够迅速地成为大规模的群众性运动的，② 不但直接支持了抗战，更是促进了爱国意识的不断觉醒。通过这一次义卖献金运动，重庆出版界开始全行业性地参与捐募运动，初步显示了出版工作者团结抗日的爱国精神。

1939 年 1 月 20 日至 30 日，"三青团"中央团部在重庆发起"征募书报十万册，供前方将士阅读"的献书劳军运动，重庆各报纷纷进行报道，引起社会各界的普遍响应，重庆出版界更是力争主动，以责无旁贷的精神和积极热情的态度，立即行动起来，于 1 月 21 日举行出版界茶会，开始征募活动。在全市百余个出版界同仁单位的共同努力下，先后认募捐献书刊约近 4 万册，几占全市征募总数 13 万册的三分之一，位居各界之上。③

为了保证满足前方将士对于书刊的需要，出版界在 1 月 22 日集会，一致同意成立前方将士读物供应委员会，推定《战时文化》社、《中央周刊》社、《黄埔周刊》社、《抗到底》社、《抗战文艺》社、正中书局、中国文化服务社、空军出版社、通俗读物编刊社、战时书刊供应社、战时文化服务处等出版发行机构负责筹划。此外还决定以后出版书刊，在版权页上加印"请读者阅后，转送前方将士"的字样，以提高书刊的利用率，进而扩大书刊的传播面。④

重庆首次大规模献书劳军运动的举行，不仅表现出全国军民对书刊需要的迫切，而且也表明重庆出版工作者已开始意识到即将承担起的社会大众传播使命。同时，也应该看到，此时重庆的出版机构，除正中书局、中国文化服务社等图书出版社外，多为杂志出版社。

这一方面是因为图书出版社迁渝尚不多，至于新创办的更少，相形之下，由于大量刊物迁渝复刊，因而杂志出版社在数量上就明显占有优势。另一方面，较之图书，杂志的出版周期短，成本低，受战时环境的限制也较小，加上杂志能够便捷而灵活地作为抗战宣传和民众动员的有效手段，自然受到社会各界的青睐，特别是有关当局的重视。

---

① 《中央日报》1938 年 12 月 4 日。
② 参见大 D:《义卖在香港》，《新华日报》1938 年 12 月 17 日。
③ 《中央日报》1939 年 2 月 4 日。
④ 《商务日报》1939 年 1 月 23 日。

中国共产党于 1937 年 12 月创办的《群众》周刊,和国民党于 1938 年 7 月创办的《中央周刊》,都于 1938 年年底前分别由武汉与长沙迁渝出版。此外,重庆党、政、军系统各级机关都复刊或创办了对口业务刊物,以至于在整个抗战时期重庆所发行的 900 多种刊物中,在重庆出版的数量超过了半数。①

随着全国性社会团体,特别是文化团体的迁渝,许多在抗战中具有较大社会影响的刊物纷纷在重庆复刊。这对于以重庆为中心的抗日救亡运动,尤其是抗战文艺运动的发展,产生了极其重要的影响,促进了重庆作为全国出版中心的迅速确立。

这些杂志可分为两大类。一类是综合性杂志,如《中苏文化》、《战时文化》、《全民抗战》、《国讯》、《抗到底》、《战时青年》、《妇女生活》、《战时教育》等,展示了战时文化各方面的发展现状,《中苏文化》自 1937 年 11 月从南京迁重庆改出《中苏文化》抗战特刊半月刊,其创刊词称:"中国民族为解放而战的全民抗战已经开始了,现在是民族解放战争获得胜利的时代"。"这便开展了全世界反战反侵略的洪流","无疑地,除了客观条件之外,还应取决于民族自身的力量"。"因此,我们就应'面向着人民大众',把一切力量集中到训练民众,组织民众,在全国统一的中央政府领导之下,来广泛地开展民众工作及民众的抗日运动。这即是本刊改为战时特刊的主要意义之一。"②

一类为文艺性杂志,如《抗战文艺》、《戏剧新闻》、《文艺月刊·战时特刊》、《弹花》、《七月》、《民族诗坛》、《文艺阵地》、《中国诗艺》等,有力地推动了抗战文艺对战时生活的形象反映和整体观照。

《七月》自 1938 年底由武汉迁来重庆,至 1939 年 7 月才复刊出第 4 集 1 期(月刊),在《愿再来和读者一同成长》一文中表示:"战争前进了,文艺运动前进了","在今天,我们底微小的目的是:希望在同情我们的作家底合作与批评下面,在爱护我们的读者底监视和参加下面,多少能够使进步的文艺发展,为光荣的祖国效命。"

《文艺阵地》于 1941 年 1 月由桂林迁重庆出版,"打算在各方面都有所改革"。在编辑方针上,"绝对要做到篇篇耐读,宁可单调而纯粹,决不拼凑而

---

① 向纯武:《抗日时期的四川报刊》,《抗战时期西南的文化事业》成都出版社 1990 年版。
② 1939 年 8 月第 4 卷 1 期改为月刊,1940 年 4 月第 9 卷 1 期改为半月刊,1944 年 1 月第 5 卷 1 期又改为月刊。

驳杂，这样虽不敢说每期的文章，必都精彩卓异，也至少希望每篇都有特点。作品呢，或题材把握有独到之处，或形式上有新的尝试，论文则不患其立论之无瑕可击，而患其庸俗与公式化，缺乏新知灼见。"在编排形式上，虽然由于战时环境中纸张、材料等印刷条件的限制难以达到美观，但"以后至少在排印上设法，务使其清晰醒目，读起来不致有损目力"。此外"无论在怎样困难的条件下，一定要使它按期准时和读者见面。"①

随着迁渝刊物的复刊，重庆的出版水平发生了质的飞跃。这首先表现在将出版事业与抗战，甚至与战时文化紧密联系起来，开始发挥极其重要的信息传播作用，从而逐渐发展成为具有广泛社会影响的独立的大众传播行业。其次是为抗战文艺作品提供了重要传播途径，从而有助于文艺在服务于抗战的过程中进行自我发展。其三表现为将出版事业与自身的需要紧密联系起来，注重从编辑、印刷、发行三方面来主动适应抗战显示环境的种种限制，从而有利于探索适合战时出版的规律性的运作方式。

迁渝刊物的纷纷复刊，还直接促进了刊物创办热潮的兴起。仅从本时期文艺刊物创办的情况来看，较著名者就有：《抗战艺术》、《戏剧岗位》、《青年戏剧通讯》、《新音乐》、《中国电影》、《时代文学》、《文学月报》、《国文月刊》、《文艺青年》、《诗垦地丛刊》等。不仅在数量上令人有今非昔比之感，而且在艺术门类上更是不可同日而语，由此可见抗战以来重庆出版事业发展之迅猛。

根据《抗战时期印刷店一览》所载原始资料统计，可以看到，在抗战时期总数为428家印刷店中，除去创办年月不详而核准时间为1943年至1945年的138家之外，战前创办者为11家，1941年底前创办者为52家，1942年以后创办者为217家。此外，战前创办者不少是各报印刷厂，如《国民公报》、《新蜀报》、《中央日报》、《扫荡报》、《时事新报》等，且多数为抗战后迁渝。②可见，即使是较之战前重庆的印刷业主要由17家印刷厂构成，③抗战以来重庆印刷业随着出版事业的发展，已经显示出长足的进步。这样，不但为重庆成为

---

① 《本刊七卷革新启事》，《文艺阵地》第6卷6期。
② 1945年9月后，创办者未计入，创办年月和核准日期均不详者未计入。黄钢：《抗战时期印刷店一览》，《重庆出版史志》1991年第2期。
③ 《抗战前的重庆印刷业》，《重庆出版史志》1991年第2期。

战时出版中心创造了必要的物质条件，同时也为重庆文化运动的发展提供了充分的传播手段保证。

"陪都图书教育用品业约共二百余家图书业，大部分系过去京沪各图书公司分设或内迁，小部分为战后新设。一部分营出版及销售者须经政府核准，一部分则仅营销售他家图书杂志之业务，至出版书籍满十种以上者，则加入出版业公会，该会有会员三十余家。"各种书籍"售价因迩来纸张印刷高涨，大率土纸本者照战前定价一百倍、机制纸照战前定价两百倍销售，比之其他各物指数尚属低廉。"①

由此可见，随着重庆图书业在战时的迅速壮大，逐渐形成以重庆为依托沟通全国各地的发行网络，并尽可能以较低价格来扩大销售范围。这样，不但直接影响着对于重庆作为出版中心这一地位的普遍确认，同时也有助于重庆宣传动员的顺利进行，并影响到全国。

应该指出的是，本时期渝版图书多由当局资助出版。仅就中华全国文艺界抗敌协会而言，"因为教育部迁渝后便成立了通俗读物组，其中民众文艺读物的一部分，大半是本会会员写作的，现在已经出版的有五十种，付印的有三四十种。最近政治部也在编印抗战小丛书，正式委托本会出版部编制，已由本会会员叶以群、欧阳山、草明、梅林等担任下来的，约有四十种左右。"② 作家战地访问团返渝之后，预备出版包括诗歌、戏剧、小说、报告文学在内的丛书12册，"脱稿后即当呈送党政委员会"，③并且"由于中宣部的指导与策助"，交中国文化服务社出版。④

此外，《抗战文艺》"自五十一期起得到'文艺奖助金委员会'帮助三分之二的稿费"，对保障作家生活不无裨益。文艺奖助金管理委员会是有关当局为促进抗战文艺创作而组织的专门机构，其委员为张道藩、郭沫若、舒舍予、程沧波、王芸生、林风眠、王平陵、华林、胡风等11人，并通过《文艺作品奖励条件》以具体落实，⑤促进抗战文艺出版，老舍的《剑北篇》即于1942年5月由文艺奖助金管理委员会出版部印行初版。

---

① 《陪都工商年鉴》第6编，文信书局1945年12月初版，第10、12页。
② 《出版状况报告》，《抗战文艺》第4卷1期。
③ 《会务报告》，《抗战文艺》第5卷4—5期合刊。
④ 老舍:《文协第二年》，《抗战文艺》第6卷2期。
⑤ 《新华日报》1940年4月25日，6月15日。

还应该看到较之新闻事业，出版事业所受到当局的审查限制可以说更为具体。一般说来，重庆各报除了被删改或抽掉某些稿件外，基本上还能出报，即使出现了所谓违检问题，至多被停刊数日。然而，书刊出版，尤其是图书出版，在原稿审查的主要过程中如未能通过，或在发行过程中不合乎检查要求，就会被扣押、被查禁，外地版图书较之渝版图书更易陷此厄运。

抗战以来，国民政府及有关部门制订了一系列法律、法令、法规，以建立审查制度。

首先，于1937年7月8日颁行《出版法》，28日颁行《出版法施行细则》，随后又分别在1938年与1940年对《出版法》条款进行释疑，涉及到杂志之资本额数等问题，从而使预先检查成为战时审查的原则性基础。

其次，自1938年7月21日公布《修正抗战期间图书杂志审查标准》，12月22日又公布《战时图书杂志原稿审查办法》。甚至在12月还公布了《审查中医药图书暂行办法》，形成了以原稿审查为核心的审查特点。

其三，从1937年8月12日，《检查书店发售违禁出版品办法》出台以来，1939年5月4日公布了《图书杂志查禁解禁暂行办法》，10月24日发布《调整出版品查禁手续令》，12月1日，颁布《处置汉奸汪精卫等以前著作办法》，主要根据书刊的政治倾向来决定查禁与否，也就成为战时审查的实际举措。

1938年9月13日，重庆市图书杂志审查委员会成立，虽然稍后于8月16日成立的武汉市图书杂志审查委员会，但领先于10月1日成立的中央图书杂志审查委员会。该会制定了《重庆市图书杂志审查委员会组织简则》，其成员来自国民党重庆市党部，重庆卫戍总司令部稽查处，重庆市警备司令部，重庆市警察局，重庆市社会局，宪兵三团等方面，计委员7人，并由市党部，卫戍总司令部政治部、市社会局各派代表一人组成常务委员会，处理日常事务。同时，该会并设有明确规定隶属，职掌范围，经费来源，直到1940年9月6日，《中央图书杂志审查委员会组织条例》公布，才奉命改组为重庆市图书杂志审查处。[①]

重庆市图书杂志审查委员会对于未通过审查的原稿通常采用"免登"、"扣存"等方式，并且多管齐下，以保证审查的进行。

---

① 石琼生：《抗战前后重庆市图书杂志审查机关更替梗概》，《重庆出版史志》1992年第1期；苏朝纲：《重庆第一个"图审会"始于何时》，《重庆出版史志》1992年第1期。

1939 年 2 月，国民党重庆市党部、重庆市政府重庆卫戍总司令部政治部借"为统一抗战宣传推广优良刊物暨管理巡回推销书刊人员起见"，制订了《重庆市战时书刊巡回推销管理办法》，规定除书店印刷所等有法定约束之外的社团或个人推销者都必须登记核准后执证推销，且所推销书刊应系经过审查，更有甚者，"图书杂志审查委员会检查人员对推销战时书刊之社团或个人得随时凭检查证予以书刊之检查。"[①]

除对书刊发行进行管制外，对于书刊编辑也同样进行管制审查。

仅 1941 年 2 月，重庆市社会局就办理了以下杂志社的登记：高等教育季刊社、立信会计月刊社、陆军经理杂志社、驿运月刊社、航空季刊社、五十年代半月刊。与此同时，又"取缔了民间出版社"。[②]

显然，重庆的战时审查，虽然难免严密防范，但仍未完全阻挡抗战热情下的发展趋势。本时期书刊出版呈现的新气象表明：一切有待广大出版工作者在抗战现实的发展中，为争取实现出版自由进行持久不懈的努力。

---

① 《重庆市政府公报》，第 4—5 期合刊。
② 《重庆市政府公报》，第 16—17 期合刊。

第五章　文艺大潮逐渐兴起

一、一切为着抗战救国

　　重庆的广大文艺工作者，在全民抗战的洪流之中，首先是积极投入到民众动员的各类运动中去。一方面举行话剧公演，文艺晚会，以及漫画、雕刻、书法展出，以义演义展的形式进行募捐；另一方面又通过团体集会，从而以实际行动来响应有力出力、有钱出钱的号召，仅在1941年2月进行的重庆各界"出钱劳军"竞赛中，文化界即仅居于金融界、工商界、青年界之后获得第四名。①

　　与此同时，重庆的广大文艺工作者更是以辛勤的创作与艰苦的宣传，直接去推动民众动员向前发展，致使文艺活动不但成为民众动员的有机组成部分，并且在民众动员中发挥着引导作用，从而形成波澜壮阔的文艺运动。

　　1937年7月8日，重庆学生界救国联合会、重庆文化界救国联合会等人民团体，以歌咏、舞蹈、演剧等文艺形式在重庆城乡进行广泛的抗日宣传，展开了文艺服务于抗战的实际活动，并逐步形成宣传抗日的群众性的文艺运动。1938年3月25日，在重庆首次举行了总主题为"祖国进行曲"的大型文艺公演，不仅演出了《放下你的鞭子》、《反正》、《火中的上海》、《八百壮士》等抗战戏剧，同时也通过歌舞、平剧、汉剧等丰富多彩的艺术形式进行抗日宣传。这次大型公演获得了极大的成功，不但实现了为出川抗日的川军将士募集寒衣的目标，而且也展示了重庆文艺工作者的艺术良心与艺术才能，较好地发挥出文艺在战时的宣传作用和鼓动作用。②

---

① 《新华日报》1941年2月10日。
② 《新蜀报》1938年3月26日。

在这里，文艺服务于抗战不仅是抗日战争的需要，因而具有一定的合理性，又是文化发展的需要，因而表现出某种必然性。两种需要在历史与现实一致的前提下结合起来，形成战时文化发展中的合理而又必然如此的趋势，有利于扩大持久抗战的政治影响，有助于促进全民抗战的意识觉醒。同时，由于战争形势的直接影响，本时期的文艺要服务于抗战，就要求其发挥宣传与鼓动的效能。这就促使本时期的文艺运动倾向于抗战宣传上的功利化与民众接受上的通俗化，而较少注重文艺自身的发展。

文艺运动较之民众动员中其他类型的运动，虽然有时不能在规模上及持续时间上与后者相媲美，但就其在动员民众方面所发生的影响来看，对于民众意识转换的影响之深远却是后者难以望其项背的。诚如冯玉祥所说："打仗不但要外部健康，还要内部健康才能和敌人拼命，而文艺是使人内部健康的。"[①]

1937 年 12 月 31 日，第一个全国性的文艺工作者抗日团体中华全国戏剧界抗敌办会成立。它所发表的《中华全国戏剧界抗敌协会成立宣言》中，就明确指出："我们的团结是为着抗敌。中国对日寇抗战已进到最危险的阶段。非使每一民众了然于抗战意义挺身而起以其一切贡献于国家，不足以突破这一危险。而对于全国广大民众作抗敌宣传，其最有效的武器无疑是戏剧——各种各样的戏剧。""我们相信中国戏剧艺术必因和抗敌任务结合方能抛弃过去的积弊开拓新的境地"，创作出争取民族独立解放建设自由幸福新国家的现代史诗，"断然由都市灰色的舞台，走向日光，走向农村，走向血肉相搏的民族战场"，并且"把我们的戏剧艺术作为国际宣传的工具，因为获得全世界的同情和援助而使敌人孤立实为我们争取胜利的一个重要条件。"[②]

1938 年 1 月 27 日，中华全国电影节抗敌协会成立，其宣言称："我们得坚强地团结起来，用同一的意志趋向同一的战斗目标！""建立一新的电影底战场，集中了我们的人才，一方面以学习的精神来提高自身的教育，又一方面以集体的行动来服务于抗战宣传。""电影是抗战宣传的最犀利的工具，电影是教育民众的最便利的工具"，"我们要使每一张影片成为抗战的有力的武器，使它深入军队、工厂和农村中去，作为训练民众的基本的工具"，"我们愿以

---

① 《全国文艺界空前大团结》，《新华日报》1938 年 3 月 28 日。
② 《抗战戏剧》第 1 卷 4 期，1938 年 1 月 1 日。

电影的话语向我们的同胞和我们的国际间的友人陈诉新中国的现实！"①②

可见，团结一致让文艺服务于抗战已经开始成为全国文艺工作者的共识，他们不但能够认识到文艺服务与抗战所产生的影响和发挥的作用，而且也能提出如何实现文艺服务于抗战的具体途径。

这一共识扎根在中国"这一大块辽阔的沃土，有着四万万五千万的同胞姊妹们，说着同样的言语，用着同样的文字，有着同样的民族性"；形成于大敌当前之时，"真的，现在国内无论哪一个阶层的民众，学生，青年，妇女，工农大众，知识分子，自由职业者……都团结起来了"。"每一种人，每一种行业的彻底团结，是整个团结的基础；基础坚定，整个的团结，才能彻底的树立。"这样，作为"革命者忠实的伙伴，民族斗争的前哨"，每一个文艺工作者"都已经看到了共同的一点，就是，如果能坚强的团结起来，从每一个所站立的哨岗上，取得互相呼应、表里一致的结合，必可使大家的意志、精力，毫不浪费地完全打击到敌人的身上，使中国最后胜利的日子，尽可能地缩近"。所以，全国文艺界通过成立抗敌协会的形式彻底而又坚强地团结起来，"这在抗战的阵营上，是急需；在文艺本身的发展上，是必需"，完全体现出中国战时文化发展的趋势。②

中华全国文艺界抗敌协会经过六次非正式筹备会议的讨论之后于1938年2月24日成立正式的筹备大会，可谓"从极端难产中产生，也即是从极端慎重中产生，所以他的工作前途也必更大。"因为正是"抗日的共同目标，把大家毫无间隔的团结起来"，"这表示统一战线已切实执行而且加强发展"，并要求每一个文艺工作者"振作起来，参加这大时代的斗争"，为"民族国家的生存和发展"做贡献；同时每一个文艺工作者还"要用光明的心地，远大的目光，使国民精神，从深坎中表现出来。"筹备大会到会者70余人，继邵力子、王平陵、陈铭枢、老舍、胡风发言之后，其余到会者"有胡秋原、楼适夷、孔罗荪开始，直到老向、盛成、马彦祥，全体都作简短精辟的致辞，可以说是开了一切会议的新形式，表现了全场亲密融合的空气。"③这是一次真正团结的成功的大会，显示出高度的爱国热情与民主气氛。

---

① 《中华全国电影界抗敌协会宣言》，《抗战电影》第1号，1938年3月31日。
② 草莱：《中华全国文艺界抗敌协会筹备经过》，《文艺月刊》第9期，1938年4月1日。
③ 《庄严热烈的文艺阵——记全国文艺界抗敌协会筹备大会》，《新华日报》1938年。

1938年3月27日，在连续召开了15次正式筹备会议之后，作为抗战文艺运动中中坚团体的中华全国文艺界抗敌协会在武汉正式成立，标示着全国文艺界大团结的形成。

《中华全国文艺界抗敌协会宣言》首先指出20年来的中国新文艺运动，"是紧紧伴着民族的苦痛挣扎，以血泪为文章，为正义而呐喊。未曾失节，未曾逃避，能力容有不足，幸未放弃使命。"其次提出"在这神圣的抗战中，每个人都感到问题是怎样的复杂，困难是如何的繁多。即专就文艺本身而言，需怎样表现才更深刻？取何种形式才更合适？用什么言语才更有力量？都成为问题。"其三要求"对国内，我们必须喊出民族的危机，宣布暴日的罪状，造成全民族严肃的抗战情绪生活，以求持久的抵抗，争取最后胜利；对世界，我们必须揭露日本的野心与暴行，引起全人类的正义感，以共同制裁侵略者。"其四为动员现有的作家们，"我们必须谦诚的献给他们以新的血液，使他们的老手也举起刚燃起的火把来"；为培养年轻的朋友们，"这就有待于较有经验的作家们，去扶导，鼓励，与批评，以增长他们以文艺为武器的作战能力，成为民族革命文艺的生力军。"

总之，中华全国文艺界抗敌协会要发扬新文艺运动的光荣传统，要开辟抗战宣传的顺利途径，要投入重整山河的伟大行动，要完成独立自由的神圣使命："在统一战线上我们分工，在集团创造下我们合作。这才能化整为零，不失联络；化零为整，无虑参差。遵从团体的命令而突进奇击，才是个人的光荣；把每个人最好的意见与能力献给团体，才有雄厚的力量。在共雪国仇，维护正义下，有我们的理论。在善意的纠正，与友谊的切磋中，有我们的批评。在民族复兴，公理战胜的信念里，有我们的创作。在增多激励，与广为宣传的标准下，有我们的解释——把国外的介绍进来，或把国内的翻译出去。"

团结一致成为"严守在全文化界中的岗位"的基本保证，而"抗战救国既是我们的旗号，我们是一致的拥护国民政府与最高领袖"。因此，"我们的同人由携手而更勇敢的施展才能，我们的工作由商讨而更切实的到民间与战地去，给民众以激发，给战士以鼓励。这样，我们相信，我们的文艺的力量定会随着我们的枪炮一齐打到敌人身上，定会与前线上的杀声一同引起全世界的义愤与钦仰。最辛酸，最悲壮，最有实效，最不自私的文艺，就是我们最伟大的文艺。它是被压迫的民族的怒吼，在刀影血光中，以最深切的体验，最严肃的态度，发为和平与人道的呼声。"①

在这里，可以看到文艺服务于抗战的共识已经上升到理论的高度，成为抗战文艺运动的指导性思想，不但充分体现了抗战到底的国策，同时也提出了进行民众动员乃至争取国际支持的方略，特别是揭示了抗战文艺运动具有民族性与时代性的基本特征。中国的抗战文艺运动将是爱国主义与民主主义实现融合的文艺运动。

随着全国文艺工作者团结战斗局面的形成，中华全国漫画作家抗敌协会、中华全国美术界抗敌协会、中华全国木刻界抗敌协会、中华全国歌咏协会、中华全国音乐界抗敌协会也相继在1938年中宣告成立。中国文艺界全国性专业团体组织的出现表明：抗战文艺运动即将在全国各地普遍展开，推动了多种多样的、各具特色的文艺活动的进行，促进了战时文化的发展，有利于持久抗战和全民抗战的思想深入人心。在这样的意义上，可以说抗战文艺运动实际上已成为一个宣传抗战与动员民众的超级运动。

在众多协会移驻或成立于重庆之后，重庆的文艺活动不但迅速扩展为群众性的运动，取得了前所未有的宣传鼓动效果，有力地促进了重庆市民众抗日情绪的全面高涨，有效地保障了民众动员各类运动的持续举行。更为重要的是，重庆作为战时首都，不仅仅是经济和政治的中心，也是成为抗战文艺运动的中心，通过这些协会所发挥的积极指导作用，直接影响着无论是后方还是前线的文艺活动，有利于抗战的胜利进行。

抗战文艺运动的发展必须适应战时文化的需要。仅从文艺社会传播的角度来看，抗战戏剧与抗战电影以其最成功的社会传播效果，抗战文学以其最灵活的社会传播形式，成为抗战文艺运动的主导构成，充分体现出重庆文化在本时期内的发展。

但是，这并不意味着其他文艺活动未能尽力发挥其宣传鼓动作用，不过是因为音乐、美术、舞蹈更多地受到诸多主客观因素的限制，首先是受限制于个人艺术修养与文化素质的水平高低，其次是受限制于艺术创作条件与接受环境的是否具备。尽管困难重重，但在广大文艺工作者与民众的共同努力下，艺

---

① 《文艺月刊》第9期。

术之宫的大门依然是向全社会敞开着。

重夫的抗战音乐活动以歌咏为主，通过各种形式的文艺宣传和文艺晚会的演出，使抗日歌曲在山城的大街小巷传唱，由难以计数的小型歌咏队逐渐发展成为众多的专业与业余合唱团，由露天齐唱转向舞台合唱。从合唱团的人员构成来看，除专业文艺工作者之外，主要是以大中学校学生为中坚，包括了职业妇女、教会青年、各界职工及其他市民。由此可略见歌咏运动在重庆的开展是具备较好的群众基础的。1939年2月举行的民众露天歌咏大会上，就演唱了《在太行山上》《游击队之歌》《上战场》等抗日歌曲。1941年初的千人大合唱歌咏会上又演唱了《黄河大合唱》等抗日歌曲。[1]这些群众性的歌咏活动之所以能形成较大规模的运动，一方面是由于广大音乐工作者的努力推广与辅导，另一方面也是由于重庆市普及民众歌咏运动委员会的大力组织与指导。[2]

1940年6月8日，中华交响乐团在重庆成立，据称这是第一个由中国人组团的交响乐团。[3]随后在重庆出现了国立音乐院实验管弦乐团，国立实验歌剧院管弦乐团，励志社交响乐团。其中，以中华交响乐团的成绩最为卓著，不但介绍并普及中外名曲，提高民众欣赏水平，促进中外艺术交流，而且也高奏抗日曲目，激励民众的爱国意识，坚决抗战到底。1941年4月，中华全国音乐界抗敌协会为响应劝购战时公债运动而举办的大型音乐会，就是由中华交响乐团担任演奏的。[4]

此外，重庆进行的众多音乐活动，通过各种形式的音乐演奏会、歌咏比赛会、民歌研究演唱会，在促进抗日宣传和民众动员的同时，也推动了音乐自身的发展。

重庆的抗战美术活动中，以漫画和木刻的创作展出尤为突出。1939年3月，中华全国漫画家抗敌协会在重庆举办了第一届全国抗战漫画展览，1940年5月《抗敌漫画》在重庆复刊，1941年1月为举行第二届全国抗战漫画展览会在各大报上载文公开向全国征求作品。抗战漫画以其尖锐泼辣的艺术风格吸引着广大民众。同样，1939年4月，中华全国木刻界抗敌协会在重庆主办了第

---

[1] 叶语：《凤吼雷鸣十二载——1937年至1949年重庆音乐工作者的贡献》，《重庆文化史料》1992年第1期。
[2] 《新华日报》1940年4月14日。
[3] 《新华日报》1940年6月9日。
[4] 《新华日报》1940年4月16、17日。

三届全国抗战木刻画展，不但展出了来自全国的 102 位作者的 571 幅作品，还展出了木刻制作的整套工序，在平易新鲜的艺术魅力的感召下，在短短三天的展出中观众达 1 万 5 千余人。①

除此之外，在重庆还举办了多种形式的抗日美术展览会。仅在 1939 年一年中，从元旦伊始，就出现了重庆市儿童抗敌画展，中国文艺社募款劳军美术展，前锋国画会国画展，国民政府军事委员会抗战建国宣传画展，慰劳将士美术展览会，励志社抗战国画预展等。以后在重庆还举办了张善子、徐悲鸿、张大千、关山月等著名画家的系列画展，并借此机会为抗战劳军、赈济难民进行募款，显示了美术工作者创作不忘抗日的爱国热忱。1940 年 9 月 9 日，中华全国美术界抗敌协会举行聚餐晚会纪念首届美术节。

更为重要的是，拥有世界性艺术语言的抗战美术作品，最便于走出国门的全世界展现中国人民的反侵略的正义之战，以争取各国人民的支持。1939 年 9 月，巴黎的中国人民之友社即开始公开征集中国的抗战美术作品。1940 年 1 月，中国艺术展览会在莫斯科开幕，其展品中就包括部分抗战美术作品。另外，中国抗战美术出国展览会也在紧张的筹备之中。

由重庆的抗战音乐美术活动可以看到两者都表现出这样一个共同的主导倾向：面向民众，走向世界。这正是文艺服务于抗战的主要途径，中华全国文艺界抗敌协会的作家们将其更加具体明确下来，即文章入伍，文章下乡，文章出国。

所谓"文章入伍，文章下乡，就是从生活上去接近了解大众的意见"。然后在此基础上进行创作，做到"第一要'中国化'，第二要'战斗化'，第三要'通俗化'。"也就是要创作出适应士兵和农民的"接受文艺的程度"，能够"激发他们抗敌的情感，并且人人都欢迎的作品来。"② 因此，文艺的通俗化是一个必要的创作前提，但也不能失却文艺的功利化的创作要求，简言之，就是要将这两者融合起来，发挥抗战最大限度的宣传鼓动功能，传达出士兵与农民内心最深处的呼声。

所谓文章出国也就是"抗战文艺的出国运动"，一方面"除经常翻译中国抗战文艺作品交塔斯社转苏联各报章杂志刊载外，并有系统的筹备一个中国抗战文艺专号，由《国际文学》杂志同时用八种文字出版"；另一方面"翻译中

---

① 《新华日报》1940 年 4 月 13 日。
② 《怎样编制士兵通俗读物》，《抗战文艺》第 1 卷 5 期。

国的抗战文艺给英美杂志",并且"以全力有计划的介绍中国抗战文艺到欧美各国去",甚至可以采用世界语进行翻译。①如此说来,文章出国就应该以努力争取苏联、英国、美国等大国的全力支持中国抗战为主,同时也要广泛引发世界各国的关注和同情。

1939年2月,经中华全国文艺界抗敌协会理事会议决,先后设立国际文艺宣传委员会,通俗读物委员会。②4月9日,在中华全国文艺界抗敌协会的第一届年会上,胡风代表大会宣读了向前方抗战将士致敬的电文,以及致全世界反法西斯作家的电文。于右任在表示要重新入伍做文艺战士后,提出"抗战建国的大责任要担负在我们的肩膀上,我们的责任不但是在于抗战,而更在建国。在这伟大的时代,是应该产生伟大的作品,成功伟大的作家,自然,这还需要在更艰难中苦斗的"。因此,"必须放宽我们的范围,更广泛的努力,来完成我们在大时代中的责任。"叶楚伧在发言中指出文艺应"建立在民族的、国家的、大众的基础上"。为此,"我的意见以为:假使全国文艺家做了中宣部、政治部的编辑员、撰稿人,而中宣部、政治部作了作家的发行部,则所有困难均可克服";"今天需要的文章必须通俗起来,而且越多越好。文章在都市虽已张饱,但在民间却饥饿得很,希望今后我们的作家向这方面作更大的努力。"郭沫若在讲话中"希望能够实现方才于叶两先生的指示,真能使文协与中宣部、政治部更密切的合作、政府能以实力给予文协帮助,这样才能谈得到实现计划"。"只要把现在中宣部的五百元扩充到五千元,把政治部的五百元也扩充到五千元,那么有了一万元的补助费,那我们成绩必更可观了",并号召作家振奋起来,到前线去,到敌人后方去。③

这样,抗战文艺工作者将承担起时代的使命与民族的使命,文艺服务于抗战实际上成为战时文化所要求的文艺为政治服务的现实形式。到战区去,不但是抗战的需要,同时也是民众的需要,更是文艺运动发展的需要。

1939年4月18日,中华全国文艺界抗敌协会第二届常务理事会第一次会议组织作家战地访问团,选派代表参加劳军慰问团。④接着,开始筹集经费。老

---

① 《出版状况报告》,《抗战文艺》第4卷1期。
② 《会务报告》,《抗战文艺》第3卷8、9期。
③ 罗衣寒(孔罗荪):《记文协第一届年会》,《抗战文艺》第4卷2期。
④ 《公务报告》,《抗战文艺》第4卷,3—4期合刊。

舍作此回顾:"在四月里,因为各团体演戏,咱们不是也想以精神总动员为主题写个剧本,在五月演出吗?以演剧的收入——假若能得到几千块钱——咱们就能组织起访问团来。""剧本写成了,并开始约请演员;可是血的五月里,暴敌发了疯,狂炸重庆。文协会务并未因轰炸而中断,但是演剧已成为不可能的事。访问团的发动,于是,便象春芽受到了霜侵。""演戏筹款既作不到,我们乃改向战地党政委员会接洽,可否给以少数的补助费,使访问团及早组织起来,及早出发。"① 结果,"得到了战地党政委员会三千五百元的帮助而骤然成功"。②

1939年6月18日,作家战地访问团在团长王礼锡的带领下从重庆出发。③ 王礼锡在当天的日记中写道:"暂别了,重庆!雄伟的大江,秀丽的嘉陵,象一双秀丽的玉腕,日夜拥抱着你。敌人可以从高空来侵袭,可是千重山,万重水,数万万人民血肉的长城,保护着你。暂别了,重庆文艺界的同志们。我们到前方去,那边的工作是紧张的,兴奋的,只好把笨重的,比较枯燥的而实际上比前方还重要的经常工作留给你们。至于说到危险,前方虽然时常有各种生命的威胁,过黄河、过铁路公路,遇敌人或汉奸……,后方也天天有飞机的威胁。不过我们知道,你们是不怕死的,对工作是能忍耐的,我们无论在前方在后方,是一条心,是做一件事。同时,我们必须把工作展开,展开在文学的各部门,展开在各地区。我们的分开是必要的。有了你们看守大本营,我们放心去了。"④

《作家战地访问团告别词》中首先指出"我们十三个人是中华全国文艺界抗敌协会第一次派出的笔部队——或者因为目的在敌后方,即叫做笔游击队。"为此,"说明此行的目的,这是对大家的诺言,也是我们自己对自己的约束":"我们最重要的责任当然是写","用诗歌的形式,用小说的形式,用戏剧、散文、图画种种形式去写,我们的枪已经能够使敌人发抖,我们还要用笔去暴露敌人的残暴,去'消灭'侵略者的灵魂"。"这一部惨痛的英勇的无前例的巨大历史,是要全国的作家来撰写,要千秋万世的作家继续地来完成。所以我们的

---

① 《欢送文协战地访问团出发》,《抗战文艺》第4卷,3—4期合刊。
② 《王礼锡日记——记"作家战地访问团"》,《作家战地访问团史料选编》,四川省社会科学院出版社,1984年版,第128页。
③ 该团成员实为十四人:王礼锡、宋之的、李辉英、白朗、陈晓南、袁勃、葛一虹、罗烽、以群、张周、杨骚、杨朔、方殷、钱新哲。《陕西行记(笔游击)》,《抗战文艺》第5卷,3—4期合刊。
④ 《作家战地访问团史料选编》,第130—131页。

责任不仅在写，而且在搜集材料，供给无数的现在及未来的诗人、小说家、戏剧家、散文家，让他们去歌咏、去表演、去记述，"同时，"我们是要使敌后方的作家和我们的联系密切起来，我们还要去发现士兵中、工人中、农人中、一般市民中的写作的天才，并且沟通他们和我们的关系"。"所以，我们负有沟通战地和后方的责任。""我们还沟通敌后方和国际作家的联系"，"把中国的消息，尤其是战地直接消息向国际作家宣传，把国际作家对中国抗战的同情告诉我们的战士，也是我们不敢忽略的责任"。"不用说，我们要将后方人民在蒋委员长领导之下对抗战的坚决与团结的巩固，以及各线最近胜利的情形，敌方之狼狈，传达给战地士兵与民众，使他们能够更好地和整个局面配合起来。"①

作家战地访问团的整个战地行，在由全体成员集体日记的"笔游击"中一一展现：《川陕道上》、《陕西行记》、《在洛阳》、《汉奸和红枪会代表的谈话》、《中条山中》、《王礼锡先生的病和死》。②他们表现出前所未有的坚毅和勇敢，他们付出了血的代价以至生命的牺牲，他们也因此得到巨大的收获。

在对士兵的访问中，他们发现"士兵同志，绝不是过去那样鲁莽、粗野，而是今天大时代中的军人。半旧的军装，穿得十分干净、整齐，规规矩矩的样子，显得英明：有丰富的抗战知识和经验，有浓厚的国家民族意识。问不短，说不穷，这真是有素养有教育的新军人。"

在对农民的访问中，他们看到了"这里有各种民众的组织，牺盟会支部、青年救国会、农民救国会、工人救国会、妇女救国会等。谈起话来，不论老的、小的、男的、女的，都可以告诉你许多他们如何参加各种组织，怎样上前线，跟随军队打仗，以及一切生活中的细事和敌人的残暴情形。谈到合理负担，减租减息，农村全部实行了。"③

同时，他们推广了战地文艺运动，了解了战地对文化食粮的渴求，发现了战地文艺活动的不足，明白了战地民众觉醒起来的重要性，坚定了深入战地的决心。④

作家战地访问团的全体成员无愧于自己作出的诺言，他们以自己的行动

---

① 《抗战文艺》第4卷，3—4期合刊。
② 《抗战文艺》第5卷1—6期，第6卷1期，第4卷5—6期合刊。
③ 《汉奸和红枪会代表的谈话》，《抗战文艺》第5卷6期。
④ 剑麟：《作家在前线》，《新华日报》1939年10月14日。

和创作证明了这一点。① 代表中华全国文艺界抗敌协会参加劳军慰问团的老舍、姚蓬子等也同样是如此。②

文艺工作者到战地去,不但有利于抗战文艺运动从后方到前方的全面展开,使抗战文艺创作与抗战现实进程更加紧密地联系起来,从而推动抗战文艺更好地为抗战服务。同时,也通过展示战地军民艰苦卓绝而又充满必胜信念的战斗与生活情景,以铁的事实回答了国际人士所提出的"中国人民在日本占领区(自然,他们所谓的占领区是连游击区在内)是否快活"这样的问题,"我想到敌人后方去,把敌后方我们的活动告诉一切国际人士,使他们知道日本占去的领土,仅是点的,至多是线的,决不可能是面的。中国人民在日本占领区是快活的,因为他们仍然在中国的统治之下,这就是答案。"③

以重庆为中心的抗战文艺运动,在各全国性专业协会的直接领导下,在文艺服务于抗战的各种活动中逐渐成为具有全国影响的持久运动。这一方面是由于各专业协会的理事中包括了政府官员、各界人士、专业文艺工作者,形成了统一战线,而各专业协会所组织的文艺活动也得到了国民政府各部门、重庆市政府及下属机构的协助;另一方面是各专业协会在大后方,在各战区,在各边区都开始建立分会,形成了广泛的分支机构体系,以及各地方政府、驻军、人民团体对文艺活动的参与。

当然,抗战文艺运动最终波澜壮阔起来,正是因为它不断满足了广大民众抗日的迫切需要,在动员民众的过程中成长为民众动员的超级运动。

二、与抗战有关的文艺

1940 年 2 月 3 日,中华全国文艺界抗敌协会第一次举行了诗歌晚会,讨论"如何推进诗歌运动"。应邀前来的京韵大鼓名艺人富少舫第一个出场表演:"听舒先生说诸位先生讨论诗歌问题,特来贡献拙技,敬求指导,今天唱一段老向先生的《山药旦打鼓骂汪》。"④ 显然,这是为了开拓与会者的思路:

---

① 宋之的:《记"作家战地访问团"》,《抗战文艺·文协成立五周年纪念特刊》。
② 老舍归来不久即创作长篇叙事诗《剑北行》,《文艺界抗敌协会昨招待战地归来作家——老舍等畅谈战地观感》,《新华日报》1939 年 12 月 24 日。
③ 《王礼锡日记——记"作家战地访问团"》,《作家战地访问团史料选编》,第 127 页。
④ 《文协诗歌晚会》,《新蜀报》1940 年 2 月 6 日。

一旦将展开诗歌运动与类似京韵大鼓这样的民间演唱艺术的诸多形式联系起来，使之成为可咏可歌可唱的广泛传播的社会性运动，无疑会使诗歌这种语言艺术在民众动员中发挥更大的作用，从而更好地服务于抗战。同时，这也表明，与会者已经意识到必须使诗歌的创作与接受能够趋于一致，增大诗歌表现的范围与传播的效果，促进现代诗歌向着民族化的方向健康发展。

1940年12月9日，重庆市社会局发布训令，规定国泰、实验、民众、一园、唯一、新川等六家剧院每月轮流拨出一场中华交响乐团作专场演奏，不收门票，以辅助抗战建国宣传。这样，交响乐这一外来的音乐艺术形式也服务于抗战。同时，通过规范性的演奏活动，势必促进重庆市民众的艺术欣赏水平有所提高，开始逐渐形成中国音乐发展所必需的一定的群众基础，从而有利于"树立中国的新音乐"，完成中国音乐的现代化。[①]

京韵大鼓与交响乐相去何止万里：一个是中国民间艺术，一个是外国经典艺术，但他们却能以各自独具的艺术特色，在抗日的时代背景下，从不同的方向去影响进而推动抗战文艺的发展。于是，在文艺服务于抗战的同时，抗战文艺将不断吸取中外艺术的有益成分，向着既具有民族性又具有时代性的现代新型文艺发展。因此，抗战文艺运动不但是争取民族独立自由的民众动员运动，而且也是走向文艺形态转换的现代化运动。

抗战文艺运动在本时期的发展始终面临着这样一个问题："怎样使文艺在抗战上更有力量？这问题里所包含的一切差不多都是实际的，因为抗战文艺，像前边所提到过的，是直接的——歌须能唱，戏须能演，小说须使大家看得懂，诗须能看能朗诵。抗战文艺不是要藏之高阁，以待知音，而是墨一干即须拿到读者面前去。"

"因为问题是实际的，所以由一开头直到今天横在面前的老是那两座无情的山：'看不懂'是一座，另一座是'宣传性'。三年来所有文艺作品与文艺讨论都是要冲过这两重山去。不冲过去即无力量可言，因为读者的读书能力的低弱，与抗战宣传的急迫，是谁也不能否认的。"

"在文艺者的心里，一向是要作品深刻伟大，是要艺术与宣传平衡。当他们看见那两重山哪，最初是要哭；后来慢慢地向前试步，一脚踩着深刻，一

[①]《重庆市市中区文化艺术志》，第261页。

脚踩着俗浅；一脚踩着艺术，一脚踩着宣传，浑身难过！这困难与挣扎，不亚于当青蛙将要变为两栖动物的时节——怎能既深刻又俗浅，即是艺术的又是宣传的呢？"

"大家开始有个共同的领悟，就是加入完全照着旧模式写宣传文字已经有点效果，那么何妨进一步而使新的样式也没法使民众能接受呢？""是呀，俗而深，宣传艺术平衡，不扔掉旧的传统（起码须谈中国话）也不忽视世界的新潮（不能关上大门打仗啊），这不是最自然最光明的中国新文艺——新中国的文艺——的道路吗？"①

可见，本时期的一切文艺论争都将围绕着文艺如何更好地服务于抗战而展开。

然而，对于抗战文艺运动的政治功利化与艺术通俗化趋向的认识不应仅仅停留于表面，而应看到抗战文艺运动作为战时文化发展的所需要的具体运动，必须使文艺服务于抗战居于一切的首位，这是具有现实的合理性的。不过，也不要忽视抗战文艺运动作为中国新文艺运动发展的重要阶段，在中国现代文艺发展的整体过程中，在服务于抗战的同时也自然表达出对于自身发展的要求，这是具有历史的必然性的。在这里，由于抗日战争的限制，这一历史的必然性不能凌驾于现实的合理性之上，相反地，正是以这一现实的合理性为前提，抗战文艺运动才得以成为体现其历史的必然性的自由创造运动。②

对于这一点，从事抗战文艺运动的人们已有所认识。1940年11月23日，在文协汇报座谈会上，与会成员对抗战文艺运动进行了回顾与展望。

王平陵认为"抗战所影响于文艺最明显的也最深入的，有以下几点：第一，文艺是宣传的这句老话，已普遍地被全国作家所了解，所接受，虽然还有极少数人的反对，但只能算作例外，不再发生什么作用，影响；第二，作家们在这伟大的时代里锻炼、学习，每个作家都在准备尽自己最善的努力创作大作品，至少有了这样的动机；第三，政府当局重视文艺，扶植文艺，为过去

---

① 老舍：《三年来的文艺运动》，《大公报》1940年7月7日。
② 如果将"战争"的概念由军事扩展到政治、阶级的层面上，那么，不可否认的是，抗战文艺运动就给予了这样的启示：随着中国社会的进步，文以载道的文化传统虽因"战争"的发生而光彩夺目，但终因"战争"的结束而黯然失色，这一服务的现实的合理性将退化为历史的合理性，这一发展的历史必然性将转变为现实的必然性，从而使20世纪的中国文艺运动最终进入新的更高的发展阶段。

所没有的;第四,作为抗战所最需要的因素的中国人民的团结,文艺界已经作了最模范的榜样,多年来缠着文艺界的人身攻讦这个老毛病,已经完完全全地被医好了。"他同时要求今后"抗战文艺应该比舆论跨进一步,站在舆论之前";"必须更关心政治,从希望政治进步出发去严正地批评政治";"描写战争,表现战争仅仅是抗战文艺的一面,同样重要的另一面,是描写生产建设,表现生产建设";"文艺作用的任务,固然在于写作优秀的作品,但更主要的,是表现在作品中的思想能领导当代的思潮。"

如果说王平陵就抗战文艺运动的发展做出了概括,那么,老舍、郭沫若则对文艺工作者的变化进行了评价。

老舍指出:"大概是因为在抗战初期,大家既不明白抗战的实际,而又不肯不努力于抗战宣传,于是拾起旧形式,空洞的、而不无相当宣传效果的,作出些救急的宣传品。渐渐地,大家对于战时生活更习惯了,对于抗战的一切更清楚了,就自然会放弃那种空洞的宣传,而因更关切抗战的原故,乃更关切于文艺。那些宣传为主,文艺为副的通俗读物,自然还有它的效用,那么,就由专家和机关去作好了。至于抗战文艺的主流,便应跟着抗战的艰苦,生活的困难,而更加深刻,定非几句空洞的口号标语所能支持的了,我说,抗战的持久加强了文艺的深度。""然而,我们既还不能充分了解抗战中种种事实,作品的内容自然显出贫血的现象——题材不丰,在一题材之下写得不充实。"

郭沫若也指出:"在抗战初期,战争的暴风雨似的刺激使作家们狂热,兴奋,在文艺创作上失却了静观的态度,特别是在诗和戏剧上,多少有公式化的倾向,廉价地强调光明,接近标语口号主义。等到战争时间延长,刺激就渐渐稀微,于是作家们也慢慢返静观,在创作上有较为周详的观察,较有计划有组织的活动,因此风格与形式,抗战初期和现在有着显著的差异。"不过,"现在作家们只是单纯地从正面地、冠冕堂皇地写抗日文艺,有时也不免近于所谓公式化。以后应该拿出勇气来,即使是目前所暂时不能发表的作品,也要写出来,记下来。这所写的才配称为真正的新现实,能够正确地把握这个新现实,才能产生历史性的大作品。"[①]

所以,只有以这种既存的对于抗战文艺运动与文艺工作者的总体认识为

---

① 《1941年文学趋向的展望》,《抗战文艺》第7卷1期。

基点,才有可能较为客观而完整地揭示出这样的一个转变的过程,即以重庆文艺工作者为代表的全国文艺工作者,是如何随着抗战文艺运动的发展而发生意识的演变,从而开始转为自觉地投入到抗战文艺的创作之中去。

抗日战争的到来,致使文艺工作进入一个未曾经历过的世界;一切为着抗战的迫切需要,促使文艺工作者以文艺为武器投入战斗,这样,当文艺工作者满怀爱国激情响应抗战的召唤走上阵来之时,在急迫中都缺乏对战时生活的真实把握与深切体验,从而失落了创作的根基;同时也失去了创作时的个人自由与从容表达,从而抹掉了审美的距离。

于是,他们怀着惶惑而兴奋的心情去描写、去刻划、去反映尚未熟悉的抗战,结果推出的多是千篇一律的、停留在生活的表面上的东西,为写抗战而写抗战,就难免陷入公式化的泥潭,成为面目可憎的抗战八股。

于是,他们带着委曲求全的感觉,一边去发掘,去选择,去利用颇不以为然的通俗旧形式,一边放弃了得心应手的新文艺形式,勉为其难去创作,企图借此进行民众的动员,无意中使抗战文艺从大众化走向卑俗化,为通俗而通俗,仍难以化解新文艺与民间文艺之间的隔膜,新酒入旧瓶非但未能添色增香,反而酿成难以下咽的苦酒,新酒旧瓶成为辛酸的反讽。

实际上,抗战八股与新酒旧瓶在发挥宣传鼓动的作用方面倒是颇为一致的,以抗日宣传为唯一要义,而艺术水准则难以入流。就其根本而言,都是文艺工作者对于自己的创作对象与创作手段的不熟悉所引起的,换句话说,就是由于未能真正把握住所要反映的战时生活与所采用的旧形式,因而造成文艺表现的不真实。

抗战文艺必须是真实的,对此已开始有所认识。

首先,应该使"每一个作家对现实都有他单独的新发现,对艺术形式的史的堆积上,都有他的新贡献"。不然,"则所有的只是摄影'主义',公式'主义'——这是在现实的表面上滑行的必然结果。"抛弃"抗战文艺做法"之类的"新的'起承转合'","把自己与当前的中心现实——'抗战'——间的最短距离线找出来吧!这只有在实践中才能做到。放开笔写,不要顾那些形式主义","如果我们非要一个'主义'不可,那么就要最广义的'现实主义'吧!"[①]

---

① 李南桌:《广现实主义》,《文艺阵地》第 1 卷 1 期,1938 年 4 月 16 日。

其次，应该使每一个作家"首先理解中国人民大众的实际生活，语言，感情，希望。如果做到这一点，写出来的不再完全是结结巴巴的欧化句子，不再是完全脱离人民的口头语，而真正走向了大众化。""至于利用旧形式所写出的东西"，"可以说能够达到政治宣传上某种一定的任务，但不能就说是达到了文学上的进步"。"总之，说'应该通俗化'，但到底能够捉住大多数民众的心的是什么？不是旧形式，也不是新形式，而是真切地触到人的心的真实。只要描写真实就好了。创造出能够最切实地表现那真实的形式。"①

抗战文艺能够是真实的，对此已经进行探讨。

首先，"真正所谓抗战，应该包括抗战建国的整个过程"，"前方的文人描写前方的生活，后方的文人表现后方的生活，而两者都以抗战建国为其指导原则。""写自己所知道的是创作的基本条件。后方文人表现后方生活，即使技巧拙劣的作品，亦较表面上说得天花乱坠而骨子里都是空想出来的前线抗战作品，来得真实而较动人。别的不谈，起码他是忠实地写他所知道的。后方的生活与建设可供文人描写的题材很多，只要作者的观念正确"，既可以表现后方生活中的"消极方面"，更可以反映后方生活中的"积极方面"。②

其次，"因为已经在文艺运动中成为中心运动的通俗化问题，它的内容不仅是技巧问题，不仅是文艺作者本身的问题，而是与许多的社会问题有着联系的"，如大众接受、作品传播等问题。但首要问题在于必须明确："内容是现实的为大众所了解而且需要的，形式是大众所懂得所习惯的新的或者旧的，这样的文艺，我们当然不否认他是通俗的"。不过，"通俗化不是庸俗化，所以通俗化文艺决不是粗制滥造、不是低级趣味的掺和，不是淫词滥调的堆砌，更不是空虚的浅薄的意义的反复。这就需要作家本身的刻苦努力，至少，作家不应该是西装少年或高贵绅士，作家应该懂得大众，向大众学习。"③

无论是抗战八股，还是新酒旧瓶，其所引发的争论就在于：反映出在抗日战争来临之际，文艺工作者应怎样去调适自己与抗战的关系。这样，在文艺服务于抗战成为共同行动之后，由此而发生的抗战文艺功利化与通俗化的倾向一方面有利于抗战宣传和民众动员，另一方面又无形中造成对自身发展的某种

---

① 《宣传·文学·旧形式的利用——座谈会记录》，《七月》第 3 卷 1 期，1938 年 5 月 1 日。
② 柳青：《后方文人的苦闷及其出路》，《中央日报》1939 年 2 月 1 日。
③ 戈浪：《文艺通俗化诸问题》，《中央日报》1938 年 11 月 26 日。

阻碍。所谓抗战八股的产生，是由于将抗战与战时生活割裂开来，并以战争代替生活的全部，造成题材的单一，致使空洞的概念成为创作的出发点这一恶劣风气的出现，在言必战争中浪费了极为宝贵的激情。所谓新酒旧瓶的发生，则是由于将旧形式与民间艺术等同起来，不但未使新文艺向民间文艺取长补短，反而导致对民间文艺的阉割乃至滥用，从而加深了本来就存在着的对于民间文艺的拒斥心理。

从横向上看，抗战八股不利于文艺工作者对战时生活的把握，个人风格的形成，促成一时的单调重复的文艺现象的发生。从纵向上看，新酒旧瓶，有害于文艺工作者与民间艺人之间的艺术交流及融会贯通，导致雅俗对峙的文艺断层的再次出现。总而言之，正是抗战八股与新酒旧瓶从反面证明抗战文艺应该是也能够是源于生活的雅俗共赏的自由创作。

文艺服务于抗战，其可行性取决于文艺是否能够如实地去反映出抗战的现实。这不仅仅限于文艺工作者如何把握战时生活与采用文艺形式，实际上还对他们提出了更多更严格的要求。

文艺工作者必须根据战时生活的具体状态，揭示其纷繁表象之下的底蕴："对于抗战中所发生的残酷、动摇、痛苦、愉快等，应有系统的研究、剖解，而同时加上丰富的想象力。以想象来创造文字，热情处当热情，冷静处当冷静，要歌颂也要批判，这样才实际而有情绪，才是有血有肉的表现。""至于歌颂与批判并不含有'捧'与攻击的意义，应该是有理性的检讨与鼓舞的。这，使我们的内部走向更完整更有力的方向。"[1]

文艺工作者必须适应战时民众的心理状态，来满足其对于文艺的实际需要，而不要"止于讨论，这使口号变得比作品还多"。所有的讨论都"源于'艺术'与'时代'的冲突。有些，要艺术的忘了时代，有些，要时代的却又没有艺术。这样，大家各执其偏，残酷地把读者关在外面。""可是读者却两者都要，在文学作品中，艺术与时代两者都原不可分割"，"我只说我们要有艺术性的作品"。[2]

由于大多数文艺工作者生活在大后方，这就意味着他们必须更加努力而积极地去创作。除了争取到战地去之外，更多的应是以自己身处其中的实际生活为创作源泉，在激励民众抗战到底的同时，也将有助于提高抗战文艺创作的

---

[1] 佳禾：《歌颂与批判》，《新民报》1938年3月7日。
[2] 黄贤俊：《文学的"新"内容》，《新民报》1938年3月16日。

整体水平，促进抗战文艺运动的正常发展。从根本上看，这不仅仅是一个文艺工作者去怎样认识抗战与文艺关系的态度问题，更是一个文艺工作者如何去艺术地复现战时生活的问题。这就要求他们以严肃的创作态度去进行艰苦的文艺创造，以反映伟大的抗日战争，以满足广大民众的需要，从而达到抗战宣传与民众动员的最佳效果，使抗战文艺繁花似锦。

虽然，在抗战军兴之时，由于重庆的抗战文艺创作相对冷落，对于那抗战八股与新酒旧瓶的讨论也随之停滞。但是，重庆的文艺工作者对于有关抗战宣传所必须涉及到的问题有着相当清醒的认识，实际上已经从两个问题上触及了文艺创作与功利化的宣传作用：一个是对战时生活，特别是后方生活，可否进行评判性的揭示；一个是对于抗战文艺可否提出多样化的要求。这样，既可以使战时生活能够得到较为全面而完整的反映，同时又可以满足不同民众群体的文艺需要。

这两个问题自然与抗战宣传有着直接相关性，引发深入的讨论：在举国一致、抗战到底的形势下，批判性的现实揭示，是有利于抗战还是有损于抗战？而多样化的创作要求是合理合情还是无中生有？随着大批文艺工作者陆续来到重庆，讨论的程度加深了，范围扩大了，对抗战文艺运动以及抗战宣传都产生了不容忽视的影响。

1938年4月以后，张天翼小说《华威先生》的发表及"出国"，[①] 促进了广大文艺工作者对文艺能否暴露与讽刺抗战阵营中的阴暗面与消极面这一问题进行讨论。尽管讨论一开始就出现了两种不同的看法，或主张仍应以颂扬光明为主，或要求不该讳疾忌医，但随着讨论的继续，讨论的焦点不再是应不应该暴露与讽刺，而是应该怎样去进行："因为有暴露才有改进，姑息适足以养奸。但是于方法方面，却还要郑重考虑一下。这个时代，应该是建设第一，我们暴露事情的黑暗面，不应该只是大骂一顿或是讥讽一下了事，应该指示他一个光明的前途，这才叫作真正的'暴露'。"[②]

这一点已成为文艺工作者的共识：要求暴露黑暗做得"恰到好处"，"不但要不妨害抗战，而且要有益于抗战"，[③] 必须注意"如何暴露这手法上

[①] 《文艺阵地》第1卷1期，1938年4月；同年11月，日本《改造》杂志翻译发表。
[②] 陈莱：《关于"暴露"之类》，《新民报》1939年4月27日。
[③] 何容：《关于暴露黑暗》，《文艺月刊·战时特刊》第3卷7期，1939年7月。

的问题"。①

《文艺月刊·战时特刊》编辑室就该刊讨论的情况发表看法:"对这个问题发表过意见的作家,都是为了要使文艺作品对于抗战建国完成积极的功效而对这一问题提出自己的意见的,并不是为了固执个别的偏见。因此,直到现在并没有人公然地反对这一切的暴露黑暗。大家承认而且不得不承认暴露黑暗和表现光明一样可有积极作用的。"所以,在"都应为了抗战"的一致前提下,并非是决然要成为一场冲突性的战争。"不过,重要的却是无论表现光明或暴露黑暗,都要作者时刻不忘作品的反应,勿使它引起不健全的意识",同时,"我们不能因为现实的黑暗而不追求光明,同样我们不能因为暴露黑暗不及表现光明容易成功而放松暴露黑暗的写作。""在这里,作者不应单忠实于光明与黑暗事实的本身,而主要地忠实于文艺在现阶段应负的抗战使命。因此,表现光明也不宜夸大过甚,以至形成虚幻的感觉而使人减少对克服困难和弱点的努力,同样地,暴露黑暗不宜过火,以免造成灰心失望而使人减少追求光明的勇气或者不自觉地引起反宣传的作用。"②

这就将讨论推向在文艺创作中如何描写否定性人物:以"暴露"的形式来揭露隐藏着的,披着爱国者画皮的反对抗日与民众的敌人;以"讽刺"的形式揭示秦桧式的现代汉奸丑态,以"使人类的渣滓表露出原形"。③这实际上已提出塑造典型的问题,通过"否定的人物"这一"有害于抗战,有害于民族革命的形象,在艺术的夸张下面使腐烂的溃败,使新生的成长"。④于是,关于暴露与讽刺的讨论最终还是在抗战的前提下回到文艺自身,抗战文艺从而将成为"能够真实地反映全部现实的文艺"。⑤

1938年12月1日,梁实秋在为《中央日报》所编副刊《平明》上发表《编者的话》一文,其文称:"我揣测报馆请人编副刊总不免是以为某某人有'拉稿'的能力。编而至于要拉,则好稿之来,其难可知。""我老实承认,我的交游不广,所谓'文坛'我就根本不知其坐落何处,至于'文坛'上谁是盟主,谁是大将,我更是茫然。所以要想拉名家的稿子来给我撑场面,我未曾无

---

① 郑知权:《论暴露黑暗》,《文艺月刊·战时特刊》第3卷10—11期合刊。
② 《都应为了抗战》,《文艺月刊·战时特刊》第3卷,10—11期合刊。
③ 野黎:《暴露·讽刺·铸奸》,《抗战文艺》第5卷1期。
④ 罗苏:《人和典型》,《读书月报》第1卷10期。
⑤ 吴组缃:《一味颂扬是不够的》,《新蜀报》1940年1月22日。

此想，而实无此能力。""但是我想，广大的读者是散布在各地方各阶层里的，各有各的特长，各有各的经验，各有各的作风，假如你们用一些功夫写点文章惠寄我们，那岂不是充实本刊内容的最有效的办法么？"于是，就写稿问题着重提出："现在抗战高于一切，所以有人一下笔就忘不了抗战。我的意见稍为不同，于抗战有关的材料，我们最为欢迎，但是与抗战无关的材料，只要真实流畅，也是好的，不必勉强把抗战截搭上去。至于空洞的'抗战八股'，那时对谁都没有益处的。"

对比，中华全国文艺界抗战协会在《给〈中央日报〉的公开信》中指出："本会虽事实上代表全国文艺界，但决不为争取'文坛坐落'所在而申辩，致引起无谓之争论，有失宽大严肃之态度"。因此，"在梁实秋先生个人，容或因一时呈才，蔑视一切，暂忘团结之重要，独蹈文人相轻之陋习，本会不欲加以指斥。不过，此种玩弄笔墨之风气一开，则以文艺为儿戏者流，行将盈篇累牍为交相诟垢之文字，破坏抗战以来一致对外之风，有碍抗战文艺之发展，关系甚重；目前一切，必须与抗战有关，文艺为军民精神食粮，断难舍抗战而从事琐细之争辩；本会未便以缄默代宽大，贵报当有同感。谨此函陈，敬希本素来公正之精神，杜病弊于开始，抗战前途，实利赖焉。"[①]

虽然此信未能公开发表，[②]但却由此引发能否创作"与抗战无关"的作品这一问题的讨论。应该承认，这一次讨论的双方多少都带着某种对立的情绪化色彩，梁实秋始终坚持自己的观点，[③]而反对者也是始终认为在抗战的中国，文艺必定与抗战有关。[④]

这一讨论实际上是针对抗战文艺运动向抗日宣传一边倒的倾向的。是不是除了"看了副刊会手舞足蹈地感到一个人非挺身起来救国不可"之外，[⑤]对于文艺就不能有其他的要求呢？毕竟抗战文艺是文艺，只不过是抗日战争时期的文艺，而不仅仅是抗日的文艺，甚至战争的文艺。这绝非是对"纯文艺"的提倡，[⑥]而是对文艺自身发展必要的强调。

---

① 《中华全国文艺界抗敌协会史料选编》，四川省社会科学院出版社，1983 年版，第 281—282 页。
② 文天行：《国统区抗战文学运动史稿》，四川教育出版社，1988 年版，第 108 页。
③ 《"与抗战无关"》、《梁实秋告辞》，《中央日报》1938 年 12 月 6 日，1939 年 4 月 1 日。
④ 罗荪：《"与抗战无关"》，《大公报》1938 年 12 月 5 日；宋之的《谈"抗战八股"》，《抗战文艺》第 3 卷 2 期。
⑤ 金满城：《这是什么文章》，《新蜀报》1938 年 12 月 17 日。
⑥ 何窅：《纯文艺》，《新蜀报》1940 年 1 月 6 日。

如果说，指出文艺自身发展的必要是合乎情理的话，那么强调抗日对文艺的要求也自然是合理合情的。只不过是，"因为我们的战争是求生存求解放的战争，战争的命运要规定每一个人的命运，所以战争的要求在文艺上打退了一切反战争的甚至游离战争的主题方向。"自然，"肯指示努力的方向也当然是好的，但不应把在战斗生活里的作家拉回到寺院或者沙笼"。①这倒不失为一个合理的评价。

抗战文艺运动的艺术通俗化倾向虽然以"利用旧形式"为主要表现，但也包孕着这样的思想种子——

一方面，有人指出："许多人把'通俗'的原意丝毫不变的来替换'大众化'"，而通俗化与大众化折射出的是两种完全不同的文化意识，前者是在"雅"与"俗"的对立中，雅人向俗人的屈就，"骨子里存着轻视的'大众'化"；后者是以"文艺是离不开大众的"立场，使文艺更贴近现实生活，"是更进一步，更深一层的现实主义"。这样，"'抗战'给'大众化'预备下了最有利的条件；反过来，'抗战'又需要'大众化'的支持才能迅速完成它的任务"，可以预言"未来的史学家或将这样写：'文艺大众化'倡导于'五四'，完成于'抗战'。"②

另一方面，又有人指出通俗化与大众化之间的矛盾"不仅仅是文化运动领域内的主要缺陷，而同时又已经转化成抗战建国的政治实践上的实际障碍"，从而认为，"只要我们回顾一下二十年来白话文学运动的成果，即可预测运用民间形式以争取大众化与通俗化的统一，不但是必要的而且是可能的！"③

这样，抗战文艺运动在向着真正意义上的大众文艺运动发展的过程中，就出现了关于"民族形式"的讨论。而在重庆首先引起论争的是："创造文艺民族形式的'中心源泉'与'主导契机'的问题"，并吸引了包括桂林、延安等地的文艺工作者的踊跃参加。④

胡风认为：继承了融"文艺大众化"、"现实主义理论"、"艺术的认识方法"三者为一体的"五四新文艺的传统"的抗战文艺运动，需要表现"统一战

---

① 胡风：《关于时代现象》，《中央日报》1939 年 9 月 14 日。
② 李南桌：《关于"文艺大众化"》，《文艺阵地》第 1 卷 3 期，1938 年 5 月 16 日。
③ 向林冰：《关于通俗化与大众化关系及其诸问题》，《中苏文华》第 3 卷，1—2 期合刊，1938 年 12 月。
④ 罗荪：《论争中的民族形式"中心源泉"问题》，《读书月报》第 2 卷 9 期。

线的，民族战争的，大众本位的，活的民族现实"，"也就需要从形式方面明确地指出内容所要求的方向"——"这就是'民族形式'这一口号的提出"。

胡风就论争双方的诸多论点进行了总括性的分析，指出双方在讨论中都表现出"形式主义的要素"，"忘记了从实际的斗争过程上去理解问题，解决问题。这一方面使'民族形式'问题的真实面貌不能够出现，一方面使文坛的大部精力集注到抽象的讨论里面，反而把急迫的斗争课题丢到一边。这更是一个理论的悲剧。""至于从理论的分析转成对于对手的人身攻击，那更是应该绝对避免的。"

胡风最后提出来的结论性观点是："以现实主义的'五四'传统为基础，一方面在对象上更深刻地通过活的面貌把握民族的现实（包括对于民间文艺和传统文艺的汲取），一方面在方法上加强地接受国际革命文艺的经验（包括对于新文艺的缺点的克服），这才能够创造为了反映'民主主义的内容'的'民族的形式'"。同时，"替民族革命战争服务的文艺，为了反映'民主主义的内容'的'民族的形式'的文艺，它的内容要随着现实斗争的发展而发展，它的形式也要随着现实斗争的发展也就是内容的发展而发展。"①

经历了本时期意识演变的广大文艺工作者，发出了这样的欢呼："在抗战的今日，我以为，文艺必须从民族革命出发而完成民族的文艺"，"抗战文艺是个大潮，我们不怕它深浊如黄河，而怕它不猛烈不旺盛！"②

三、全民总动员

1937年9月15日，抗战时期重庆第一个业余话剧团体怒吼剧社成立，其成员既有来自北京、天津、上海等地的话剧界专业人员，又有来自本地各行业的青年戏剧爱好者，共计50余人。③10月1日到3日，怒吼剧社在国泰大戏院连续公演抗战话剧《保卫卢沟桥》，取得极大成功。这不但是重庆有史以来最具规模的话剧演出，同时也是重庆自抗战以来最为瞩目的抗日宣传活动，故

---

① 《论民族形式问题的提出和争点——对于若干反现实主义倾向的批判提要并纪念鲁迅先生逝世的四周年》，《中苏文化》第7卷5期，《理论与现实》第2卷3期。
② 老舍：《文章下乡，文章入伍》，《中苏文化》第9卷1期，1941年1月25日。
③ 《国民公报·怒吼剧社第一次公演特刊》1937年9月26日。

而人称"重庆有真正的演剧,那时以怒吼剧社为历史纪元"。①

这表明,在重庆,已开始与全国各地同步,戏剧,特别是话剧,一方面是通过演出活动来进行抗战宣传和民众动员;另一方面,也在演出过程中不断提高戏剧的演出水平和欣赏水准。抗战戏剧运动正是在这样的现实前提下得以发生进而发展的。

10月27日,第一个外地来渝进行救亡宣传的文艺团体上海影人剧团在国泰大戏院同样也以《保卫卢沟桥》开始公演,随之推出一系列抗战剧目,进行了长达月余的演出活动,取得了以话剧演出形式进行民众动员的积极效果,但同时也暴露了这次演出活动存在的某些不足。由于这些不足之处具有一定的代表性,亟需作进一步的改进:一是需要更加紧密地联系抗战,创作出更具现实性的剧作,而演员和观众应在互相尊重的前提下进行艺术的交流,以期促进中国戏剧的整体发展,从而使戏剧演出成为抗战时期"全民文化"发展的推动力。②一是需要戏剧工作者走出都市,到农村去,到部队去,进行更为广泛的更具影响力的抗日救亡宣传,并且要降低演出的票价,使广大民众能够有机会进入戏剧艺术的殿堂,从而有利于抗战戏剧运动的真正形成。③

为进一步扩大抗战戏剧的影响,怒吼剧社将要求入社的爱国青年组成街村演剧队,以本地方言表演各种抗战剧目。重庆大学抗敌宣传队也以街头演剧的形式进行抗战宣传。重庆的抗战戏剧演出活动开始走向乡村,走上街头,面向广大民众。

1938年1月,四川旅外剧人抗敌演剧队、上海业余剧人协会相继来到重庆,使重庆的话剧演出水平达到全国一流。④同时,重庆大学抗敌后援会乡村宣传团,怒吼剧社进一步扩大演出活动范围,增多剧目,深入城乡。⑤这就促进了重庆的戏剧救亡活动朝着声势浩大的抗战戏剧运动方向演变。

2月,随着中华全国戏剧界抗敌协会重庆分会的开始筹备,团结起来,进行抗战宣传和民众动员,"不仅限于话剧运动的从事者,且包括了川剧、京剧以及歌舞剧的从业员。这一种联合,事实上将使我们破除了过去的成见,而奠

---

① 《新蜀报》1937年10月4日。
② 姜公伟:《从"全民文化"谈到影人剧团的演出》,《国民公报》1937年11月7日。
③ 陈白尘:《告别重庆》,《春云》第2卷6期。
④ 谢冰莹:《看民族万岁》,《新民报》1938年2月27日。
⑤ 《重庆大学抗敌后援会乡村宣传团报告》,《国民公报》1938年3月13日。

定了戏剧界统一运动的基础。"① 与此同时，进行戏剧演出活动的团体也不断增加，如重庆市抗敌后援会文化界支会所属移动演剧队，儿童演剧队，课余宣传队，国立戏剧学校巡回公演剧团，上海戏剧工作社，国立中央大学中大剧社等等。到6月4日中华全国戏剧界抗敌协会重庆分会正式成立的短短数月内，仅规模较大的演出活动就有两次：一是在3月进行了重庆戏剧界援助前方川军将士募捐联合公演，一是在5月参加了"纪念革命五月抗敌宣传节"的大会演出。

这样，从职业剧团到业余剧社，从国立戏剧学校到普通高等院校，从专业戏剧工作者到戏剧爱好者，都纷纷进行各种形式的演出活动，既显示出高昂的抗日斗志，又表现出日益提高的艺术水准。无论是舞台剧还是街头剧，无论是在城市还是乡村，无论是成人还是儿童，都坚持同样的严肃而又认真的精神，热情而又真诚的态度，引发了广大民众爱国激情的高涨，促使他们对戏剧演出的积极参与。于是，在重庆就开始形成了区域性的抗敌戏剧运动。

1938年9月18日，中华全国戏剧界抗敌协会重庆分会，为纪念"九·一八"七周年，组织全市各戏剧团体举行全天演出活动，演出区域由剧场扩展到街头，演出门类包括话剧、歌剧、川剧、京剧、评剧、杂技等，②盛况空前，显示了重庆抗战戏剧运动的实力和阵容。这就为抗战戏剧运动在重庆的进一步发展奠定了坚实而广泛的群众基础，无疑是极大地有利于重庆作为全国抗战戏剧运动中心这一地位的确立。

随着中华全国戏剧界抗敌协会等全国性文化团体迁渝，以及众多具有全国影响的文艺演出单位的到来，重庆作为抗战戏剧运动中心的时机完全成熟了。当然，这不仅仅取决于重庆作为战时首都在经济、政治、意识诸方面的直接影响，更为重要的是它具备着这样的基本条件：除了大都市所能提供的文化设施和传播手段之外，拥有一大批积极从事抗战戏剧运动的具有良好素质的专业人员，拥有对抗战戏剧运动寄予热望和厚爱的各界民众。

1938年10月10日，中华民国第一届戏剧节在重庆开幕。戏剧节的确立，证明了戏剧艺术在中国社会中开始奠定了长期发展的基础，表现了戏剧工作者共赴匡难的团结爱国精神，提出了建立中华民族戏剧体系的新方向。③

---

① 宋之的：《祝"中国剧协"重庆分会》，《新民报》1938年2月28日。
② 余克稷：《九一八重庆演剧》，《戏剧新闻》第1卷7期。
③ 葛一虹：《第一届中国戏剧节》，《新蜀报》1938年10月10日。

同时,"戏剧是教育国民的活动教科书,是影响青年思想最有力的武器,一切的戏剧工作者,是符合着这些目的,完成这些使命的教育者和宣传者",要承担起民众动员的现实任务:"我们为着要使一般文盲所知道的东西,和知识分子一样,甚至于更多,更切实,就只有把要告诉他们的内容,利用戏剧的形式来演出,就只有利用演员作为表现内容的符号,用动作和言语,直接而深刻的教育他们。所以战时的中国戏剧的重要性,是谁也不能否认的。"

"至于戏剧艺术的进步,有赖于戏剧工作者的努力,是当然无疑的;但有待于观众的鼓动与社会的扶持,其理由亦至为明显。戏剧工作者只要认识工作,视剧场为伟大的思想、深奥的问题、热烈的人类感情的产生地,使各种剧本和戏剧的表演,能对于主要的人生与问题,给予真挚的具体的解释;那么,我们的观众,决不会仅为了消闲与娱乐来接近戏剧;自然能抱着严肃的态度和最大的责任心来欣赏戏剧了。戏剧艺术就在这情形下,不断地提高起来的。戏剧节的举行正是为戏剧工作者创造一个测验的机会,测验二十七年来的戏剧艺术究竟提高了多少!戏剧艺术的提高,就是反映了社会文化一般地提高,关系是非常重要的!"①

可见,为庆祝中华民国第一届戏剧节进行的演出活动所要达到的主要目的,是以戏剧为抗战宣传和民众动员的最佳手段,与此同时也相应地提高中国戏剧的整体发展水平。这样,抗战戏剧的演出不但是作为战时文化发展的形象表达,而且也成为战时文化传播的大众交流,从而形成唤起民众抗战的最具普遍性的大众文艺运动。整个戏剧节期间的演出,从不同层面上,有步骤地连续进行,掀起了前所未有的、群情振奋的、坚决抗战的全民总动员高潮。②

10月10日,在戏剧节演出委员会的主持之下召开庆祝大会,戏剧界参会者达500余人。大会后即出动1000余人的演出大军,组成25个演出分队,其中既有戏剧团体又有各界演剧队,在重庆市区、城郊进行大规模的街头演出,一连三天坚持将抗战戏剧直接送到每一个市民的面前。这样就在演出活动中开始走出抗战戏剧大众化的第一步。可以说,这第一步是相当成功的,较好地展示了如何在更大程度上和更大范围内引导民众,使之参与到戏剧运动中来的具体途径。这样就直接促成了1939年元旦为纪念中华全国戏剧界抗敌协会成立

---

① 张道藩:《中华民国第一届戏剧节的意义》,《扫荡报》1938年10月11日。
② 《第一届戏剧节》,《重庆市市中区文化艺术志》,第73页。

一周年，在重庆戏剧界2800余人举行的盛大火炬游行中，同时借用农村赛会的形式在行进中演出了《抗战建国进行曲》：在彩灯、舞龙、耍狮的热烈气氛的烘托下，或在高跷上，或在车辆舞台上，使抗战戏剧的精彩片断展现在新年到来的重庆大街上。万人空巷，争先目睹，蔚为壮观。抗战戏剧由此而大快人心，深得人心。

10月14日到27日，戏剧节演出委员会组织了"五分票价公演"。五分钱一张门票，固然是为前方将士募捐寒衣，同时也使剧场的大门敞开。这首先是向广大民众提供了参与戏剧运动的机会，使他们能够对抗战戏剧作出自己的选择，于是一批为民众所欢迎的抗战戏剧就广为流传开来。在一般民众达到一定欣赏水平的前提下，就有可能促进抗战戏剧由抗战初期艺术上的粗糙尽快地转向精心的创作，出现富有艺术魅力的剧作。其次，这也为戏剧工作者接近民众创造了条件，使他们能够切实了解民众的现状，尽可能满足民众对抗战戏剧的要求，并且加紧推出一批具有时代特色的为民众乐于欣赏的剧目。此外，在较为频繁的演出活动中，戏剧工作者将逐渐提高戏剧艺术表演水平，从而有利于抗战戏剧运动的进一步发展。

显然，"五分票价公演"这样的演出活动，除了兼有街头演剧与舞台演剧之长，并无两者之短以外，还能发挥战时环境中社会传播，特别是大众传播的某些功能，促进战时文化的群体交流，因而是一种值得推崇的抗战戏剧传播方式。

随后，在持续进行各种形式演剧活动的热潮中，[①] 本次戏剧节的压轴戏，《全民总动员》于10月19日至11月1日共演出7场，场场爆满，反响热烈。该剧演出盛况空前，首先是该剧的剧本在创作上是较为成熟的，由曹禺和宋之的合作改编抗战初期集体创作的《全民总动员》一剧而成，但实际上，"结果只是引用了原著中一部分人的故事，由曹、宋两先生另行构写了另一个更适宜舞台演出的故事。所以与其说《全民总动员》是'改编'的，无宁说是'创作'的更为切实"。[②] 其次是该剧参演人员达200余人，且人才荟萃，具有第一流的导演与演员阵容。[③] 更为重要的是，这个演出阵容体现出戏剧界的空前团

---

① 帅言：《七七剧团参加第一届戏剧节的报告与感想》，《新华日报》1938年11月10日。
② 辛予：《〈全民总动员〉的一般批评》，《戏剧新闻》第1卷，8—9期合刊。
③ 后以《黑字二十八》的题名出版。《黑字二十八·演员表》，《黑字二十八》正中书局1945年出版。

结："让我们鼓起兴会来演戏，笑着演戏，更愉快地演戏。因为在不断的艰苦的抗战中，我们相信我们的民族是有前途的。"①可以说，《全民总动员》的演出成功，是抗战戏剧运动坚持统一战线的结果，使该剧全民动员肃清内奸外特、奋勇参军杀敌的主题深入人心，成为名符其实的"全民总动员"的良好开端。

中华民国第一届戏剧节，促进抗战戏剧在走上大众化之路，面向广大民众，坚持抗日统一战线等方面，都作了有益的探索和尝试，以重庆为中心的大后方开始真正出现群众性的戏剧运动。同时，中华民国第一届戏剧节，既推动了话剧这一艺术样式逐步中国化，寓教于乐，成为民众喜爱的主要戏剧形式，从而有利于中国戏剧的健康发展；又推动了传统戏剧努力适应抗战的现实需要，推陈出新，使高台教化的艺术效果合乎时代精神，从而有利于中国戏剧的不断发展。

这样，中华民国第一届戏剧节就明确地揭示出中国抗战戏剧运动将承担起双重使命：服务于抗战，发挥联系抗战与民众的强有力的纽带作用；坚持不断创新，建成沟通现实与民族的心灵表达的艺术桥梁。

第二届、第三届戏剧节虽然是处在日机滥炸的威胁中未能举行规模盛大的演出活动，但仍然坚持进行抗日宣传和民众动员，上演了一批较好的剧作。到1940年9月，仅国民政府行政院教育部审定公布可供演出的剧本就有80余种。②此后，国民政府军事委员会政治部第三厅暨文化工作委员会举行戏剧批评座谈会，对抗战戏剧运动的发展进行了认真的讨论，提出既要深入生活以避免创作的商品化和概念化，又要提高演出水平以收到更好的宣传效果，并且要求开展评论工作以促进抗战戏剧的创作与演出。③

1941年9月24日，中华全国戏剧界抗敌协会主任常务理事张道藩呈文教育部长陈立夫，称"本会并无基金，每月经费仅由钧部及社会部各津贴100元"，故请拨中华民国第四届戏剧节补助费用1000元。10月4日，陈立夫批复，补助第四届戏剧节庆祝费用500元。④10月10日，中华全国戏剧界抗敌协会举行第四届戏剧节庆祝大会，拉开了戏剧节的序幕。

由于重庆每年10月到来年5月常有大雾，俗称雾季，而此时日机在此能

---

① 《中华民国第一届戏剧节·九》，《戏剧新闻》第1卷8—9期合刊。
② 《新民报》1940年9月5日。
③ 《戏剧批评座谈会记录》，《新蜀报》1941年5月6、7、8日连载。
④ 石曼：《重庆抗战剧坛纪事》，《重庆文化史料》1991年第1期，第46—47页。

见度极低的气候条件下无法进行骚扰。为了更好地适应战时环境，使抗战戏剧演出顺利进行，从第四届戏剧节开始，形成一年一度的"雾季公演"，以其公演时间长，演出水平高，社会反响大，有力地推动了抗战戏剧运动的发展。

1938年4月11日，国民政府军事委员会政治部第三厅主管戏剧音乐的工作人员洪深在《新华日报》上发表《第二期抗战中的戏剧运动》一文，展望抗战戏剧发展趋向，提出："抗战爆发之初，各地剧团，演剧队均系自发的组织，与官方殊少联系，且在各地工作，往往发生障碍。其后随着统一战线之巩固与发展，戏剧运动渐由官民分离，走上官民合作的道路。这是一个进步，然而这进步是不够的。抗战第二期的戏剧运动，应该随着抗战的新形势与统一战线的新发展，从官民合作的道路更进一步地走上官民一体。故今后的戏剧运动，应在政府的通盘筹划之下，而予以新的调整。当然，这种调整，应以不违背各剧团的特殊个性为原则。"此外，他还强调培养戏剧人才，创作新剧本，改良旧剧的必要性和重要性。

从1938年5月开始，国民政府教育部成立巡回教育戏剧队，军事委员会政治部成立抗敌演剧队，抗敌宣传队，率先奔赴各战区，以移动演剧方式进行抗战宣传和民众动员。① 这表明，作为抗战戏剧运动中坚力量的演剧团体走上了多层次的组织方式和多样化的演出活动这样的轨道，从而使抗战戏剧运动表现出自上而下的体系性与自下而上的广泛性。

在重庆，从专业剧团看，可分为官办和民营的两大类。前者中较著名的剧团，如军事委员会所属孩子剧团，教导剧团，忠诚剧团，中国万岁剧团（由怒潮剧社扩大改组而成）；国民党中央宣传部所属中电剧团，中央实验剧团；教育部所属第三巡回教育戏剧队，国立实验剧院（原为山东省立剧院），实验戏剧教育队；"三青团"中央所属中青剧社，陪都实验剧团；重庆卫戍总司令部政治部抗敌剧团。后者包括的剧团更多，既有外地迁渝剧团，又有本地剧团；戏剧门类众多，既有现代话剧团体，又有传统戏剧团体。专业剧团对于抗战戏剧运动发挥了直接推动的作用。仅"三青团"倡导的"青年戏剧运动"，到1940年底，"全国青年剧社的成立，不但已经到达了一百个的数目，并且已超过这个数目。三年计划，在一年之中完成，至少表现了全国青年团团员工作的

---

① 《洪深文集》第4卷，戏剧出版社1988年版，第130—135页。

热诚和工作竞赛的成绩","中央青年剧社在重庆做的服务工作,这一年并不少于其他剧团。我们经常到重庆附近工作,也在实验剧场作实验性演出。"①

与此同时,专业剧团之间也出现了官民团结,并肩演出的动向;中电剧团主要成员来自上海业余剧人协会;中华剧艺社的主要演员由中电剧团、中国万岁剧团的成员兼任,军事委员会政治部文化工作委员会并拨给其3000元作为开办费。②

业余剧团,重庆最著名者当为怒吼剧社,而全市各界都组织了各种形式的演出团体,包括各级抗敌后援会,高等院校和中等学校、邮电、交通、运输、兵工、银行等各行各业。③1940年12月8日,重庆市银行业学谊励进会举行征募寒衣话剧公演,获得极大成功,显示出业余剧团的演出实力和水平,促进了全市各界通过业余演剧参与抗战戏剧运动。④1941年2月7日,复旦中学叱咤剧团走上正规舞台进行募捐义演,开重庆中学生售票公演风气之先。⑤由此可略见重庆业余剧团演出水平提高之迅速,抗战宣传热情之高涨。

在演出活动方面,除了坚持移动演剧、街头演剧、舞台演剧、募捐劳军公演、星期公演之外,⑥还通过历年的戏剧节进行较为集中的演出,并发展成为雾季公演。此外,还采取"有钱出钱,有力出力"的方式,由国民政府下属机构及社会各界"主催"邀请,由各剧团演出,以配合慰劳前方将士,劝购战时公债等各项活动。

1940年4月1日至5日,国立戏剧学校应教育部妇女工作队之邀,来渝进行劳军,公演历史剧《岳飞》,美国、英国、苏联等国驻华使节观看了该剧,对高水平的演出报以热烈的掌声,并索要该剧剧本。抗战戏剧所产生的国际影响由此可略见一斑。⑦

1941年5月9日至14日,交通银行为劝购战时公债,特请中央青年剧社陪都实验剧团公演《边城故事》,由此而引发了对于该剧是否真实地反映了抗

---

① 鲁觉吾《一年来青年戏剧运动的总检讨》,《青年戏剧通讯》第8期。
② 《中华剧艺社成立特刊》,《新蜀报》1941年10月11日。
③ 孙晓芬:《抗日战争时期的四川话剧运动》,四川大学出版社1989年版,第328—334页。
④ 《重庆市银行业学谊励进会征募寒衣话剧公演特刊》。
⑤ 《国民公报》1941年2月9日。
⑥ 向锦江:《瞩望"星期公演"》,《新华日报》1941年6月1日。
⑦ 石曼:《重庆抗战剧坛纪事》,《重庆文化史料》1990年第1期,第53页。

战时期生产建设的质疑。[1]

以重庆为中心的抗战戏剧运动，在服务于抗战中坚持面向民众演出，实际上已成为战时文化大众传播的最主要形式。因此，它以其影响巨大的演出活动开辟着抗战文艺走向大众化的道路，而广大戏剧工作者也在艺术实践中逐渐完成意识转换。他们对于戏剧理论进行了有益的探讨：展开了民族形式问题的论争，[2] 举行了建立现实主义演剧体系的讨论；[3] 并发表论文、出版专著，来介绍戏剧基本原理，描述抗战戏剧运动，专论抗战戏剧剧本创作和剧作家。[4] 同时，他们在旧剧改良方面也颇有成效，1941年2月4日重庆市川剧演员协会的成立就表明，传统戏剧服务于抗战，一是有利于戏剧界的团结，扩大宣传影响，一是有助于紧密联系现实，提高艺术水平。[5]

如果说，抗战戏剧运动在从官民合作向官民一体的发展中，其前提是以专业和业余、官办与民办的各类剧团的"特殊个性为原则"。那么，抗战电影运动则由于战争条件的限制，拍摄制作成本的高昂，抗战期间大后方所有的电影制片厂都是官办的，一开始就走上了官民一体的道路，而电影工作者也提出建立国防电影的要求，发挥抗战电影独特的宣传鼓动作用："神圣的抗战开始之后，我们同时开始了精神的总动员，而电影却正是最伟大的宣传武器。它不像文学那样，限制于知识分子的独享，它不像讲演，常常使听众因语言不同的关系，听了半天还不免隔膜。它是以具体而且是活动的印象，直接的诉诸观众的视觉与听觉，使观众真切的看到现实。它可以是纪录性的新闻片，它可以是煽动性的戏剧片。这样的电影，正是为我们所迫切需要的，为我们所必须加紧摄制，大量摄制的。""应该建立全国放映网"，"尽可能多推广到国际间去"。[6]

1937年12月，国民党中央党部所属中央电影摄影场自南京迁渝，同时设立中电电影服务处，负责发行国产影片，并创立中电剧团，参加抗战戏剧的演出。到1941年，工作人员达100余人。

1938年9月，国民政府军事委员会政治部所属中国电影制片厂从武汉迁

---

[1] 大威：《从发展来看〈边城故事〉》，《新华日报》1941年5月31日。
[2] 《戏剧的民族形式问题座谈会（前会·中会）》，《戏剧春秋》第1卷3期。
[3] 《如何建立现实主义的演剧体系座谈会》，《戏剧岗位》第3卷5—6期合刊。
[4] 葛一虹：《中国话剧通史》，文化艺术出版社1990年版，第232页。
[5] 谭众：《重庆市川剧演员协会成立前后》，《重庆文化史料》1990年第1期。
[6] 《关于国防电影之建立》，《抗战电影》第1号。

渝，除电影制作与发行之外，还组织了中国万岁剧团参与抗战戏剧运动，同时在香港设立大地影业公司，进行抗战电影的摄制。到1941年，工作人员达500余人，是抗战时期大后方最大的电影制作基地。

此外，在重庆从事电影拍摄的政府机构还有教育部电化教育委员会，金陵大学理学院电教室，中央宣传部国际宣传处。[①]1942年到1943年，经筹备成立了中华教育电影制片厂，中国农村教育电影公司。[②]

与此同时，还成立了流动放映机构，主要是军事委员会政治部电影放映总队，中央宣传部中电流动放映队。仅政治部放映总队就下辖10个流动放映队，其放映区域遍及大后方和各战区，其观众大多为农民与士兵，其中第8、9、10放映队集中在重庆从事放映工作。[③]此时，重庆市内尚有数十家由影剧院所提供的固定放映场所。这样，抗战电影对重庆民众产生了不可低估的影响，展现出抗战电影运动进行社会传播的实力。

由于抗战电影运动在一定程度上受到当局"通盘筹划"的节制，在关于"中国电影的路线"的讨论中，出现了某些理论论争，但在电影大众化，真实反映生活，扩大创作题材这些问题上基本上是一致的。[④]中央电影摄影场场长罗学濂鉴于民众"大都是平凡的人，所经验大都是平凡的生活"，从而提出"平凡的现实主义"——"现实所需要的电影的内容，应该是极平凡的内容；它的主角，正如每一个观众自己一样，它的故事，也正是每一个观众日常生活所经验的事情，它所提出的问题及其解答，也正是每一个观众所日常感觉到并且亟求解答的问题。"[⑤]中国电影制片厂厂长郑用之更是提出"抗建电影"的口号，主张电影应"担负记载新中国诞生的艰苦的过程及抗战建国组织中各部门机构的活动"，以及"抗建本身的伟大动作，与这伟大动作所引起的影响和效果"，使之成为"民族本位电影"——"能反映民族生活、风俗、习尚、传统和生活方式，具有民族风格，民族气派和与此相适应的特定题材手法和样式的电影"。[⑥]他们两人的观点还是基本上反映出抗战电影运动的一定发展趋向

---

① 周晓明：《中国现代电影文学史（下）》，高等教育出版社1987年版，第24—25页。
② 朱剑、汪朝光：《民国影坛纪实》，江苏古籍出版社1991年版，第321页。
③ 杨邨人：《农村影片的制作》，《中国电影》创刊号，1941年1月1日。
④ 《中国电影的路线问题》，《中国电影》创刊号。
⑤ 《卑之无甚高论》，《中国电影》创刊号。
⑥ 《抗建电影论纲》，《中国电影》创刊号。

的，对抗战电影的拍摄具有相当的直接影响。中央电影摄影场 1941 年拍成的《长空万里》就是歌颂"我国的青年空军"的第一部具有动人魅力的写实性作品。①中国电影制片厂 1941 年拍成的《塞外风云》更是以其浓郁的民族特色，鲜明的抗日主题，高超的镜头处理，于 1942 年 2 月在重庆公映后引发轰动，仅抗建堂一处就连映 33 场，成为抗战电影的代表作之一。②

由于受到战时经济的影响，重庆抗战电影的生产呈现供不应求的局面。但是，在电影工作者的努力之下，抗战电影发挥了最大的宣传鼓动功能。尤为可贵的是，形成了抗战电影运动的中坚力量，即以重庆为中心的"电影工作部队"。因此，要进一步促进抗战电影运动的发展，就必须"建立坚强的经济基础"，进行国内国际的广泛合作，参与姊妹艺术如戏剧音乐等各项文艺运动。③

重庆的通俗文艺活动尽管未能形成规模，但同样在服务于抗战的前提下，开始走上官民合作的道路。军事委员会政治部、教育部及地方各级民众教育馆与中华全国文艺界抗敌协会等全国性文艺团体通力合作，以"大兵诗人"冯玉祥为首的曲艺爱好者的积极参与，来自全国各地的曲艺艺人的团结一致，于是使重庆以曲艺为主的通俗文艺活动的面貌焕然一新，④成为抗战文艺运动中不可忽视的构成力量，发挥了应有的宣传鼓动作用，同时也提高了曲艺的艺术品格，并有所创新，从而使曲艺艺术开始成为社会各界人士均乐于欣赏的艺术门类，为民间说唱艺术的大众化找到了一条可行的路径。

四、胜利进行曲

1939 年 9 月，德国入侵波兰，英法两国随即对德宣战，第二次世界大战全面爆发。美国总统就此发表的"炉边谈话"，则表明不可能存在纯粹的中立者，一切取决于战争的进展。与此同时，日本政府方面诡称帝国不拟参与这次欧洲战争，要致力于解决中国事变；另一方面则强令交战各国不得采取与日本对华立场相反的行动或对策，从而完全暴露出日本企图独霸中国的狼子野

---

① 孙渝：《编导〈长空万里〉的经过》，《中央日报》1941 年 12 月 7 日—21 日。
② 《民国影坛纪实》，第 342—343 页。
③ 罗学濂：《抗战四年来的电影》，《文艺月刊》第 11 年 8 月号，1941 年 8 月 16 日出版。
④ 熊炬：《抗战时期重庆通俗文艺活动》，《重庆文化史料》1991 年第 1 期。

心,并加快了对中国的侵略步伐,成立中国派遣军总司令部,进攻长沙以确保日军占领区的安定与促成汪伪政权的建立。9月13日,国民政府军事委员会军政部长何应钦在重庆向新闻界报告了最近战况:日军现已侵入中国12个省,并占领其中的521个县。9月14日,国民革命军第九战区所属部队即与来犯日军展开激烈战斗,揭开了长沙会战的序幕,取得了湘北大捷,粉碎了日军这一战略性的进攻。①

"当敌湘北惨败之际,正我国庆纪念前夕,捷音传来,举国欢腾,良以此次大捷,不特粉碎敌寇之阴谋,正国际之视听,抑亦吾人最后胜利之前奏,足以增全国同胞无限之信心。"中国电影制片厂于1941年拍成的影片《胜利进行曲》,就是在这样的中外战时文化背景中产生的。《胜利进行曲》成功地运用电影手段,形象而生动地再现了中国人民抗战到底的坚强意志:"此次湘北大捷,固由于领袖精诚所感召,诸将督策之得宜,故能重创顽敌,克奏肤功;而士佐之英勇,民众之奋起,军民协作,同仇敌忾,亦为促成胜利之主因。"②这就充分体现出抗战文艺运动始终是与抗日战争的进程保持着同一步伐,抗战文艺不仅真实地记录了中国人民团结一致、浴血奋战的动人情景,而且也深刻地揭示了中国人民不断觉醒、勇于献身的精神面貌。

《胜利进行曲》对抗战以来中国电影创作的特点进行了艺术的综合:一方面保持了《八百壮士》、《孤城喋血》等影片反映抗日战争场景的纪实性,另一方面又坚持了《保卫我们的土地》、《中华儿女》等影片描写中国民众觉醒的正面性。因此,《胜利进行曲》能够及时、准确、生动地使湘北大捷再现于银幕之上——"始,敌军以雷霆万钧之势,水陆齐下,正侧并进,不数日间,渡新墙,陷营田,越汨罗,迫白水,凌马直前,颇有一举而下长沙之慨,初未料我陷阱预设,诱敌入彀中也。迨其既进长沙,我乃立把良机,全线反攻,纵横搏击。暴敌孤军深入,首尾失顾,顿陷重围,四面受敌。又以我方填井毁路,空室清野,致敌给养断绝,进退维谷,始而惶然,既而紊乱,终乃全线溃退,若决堤堰。山野义民,闻风奋起,追奔逐北,以乘其后,于是幕阜、九疑之间,风声鹤唳,草木皆兵。敌兵狼狈北逃,自相践踏,遗尸遍野,弃械如山。是役也,我敌血战二十余昼夜,歼灭顽敌逾四万众,毁敌舰艇六百艘,俘获多至不

---

① 《第二次世界大战大事纪要——起源、进程和结局》,第247—255页。
② 淡竹:《胜利进行曲本事》,《扫荡报》1941年4月12日。

可胜计。"在歌颂抗日军人的英雄气概的同时，又特别展现了"湘北一役，当地义民，同仇急难，固无论矣。至于僧侣妇孺，临难不苟，威武不屈者，浩然之正气，垂然之大节，尤足顽廉懦立，示范千古，虽与日月争光可也！"[①]

《胜利进行曲》以其反映抗战现实的较高整体性水平，产生了巨大的社会反响，一时间人们纷纷传唱："我们只有战到底，谁与强盗言平和！团结不怕紧，动员不怕多！""胜利已接近，敌势已下坡！""赶走日本鬼，恢复旧山河！"[②] 较之抗战初期"抗战标语卡通"，"抗战歌辑"运用电影手段进行抗战宣传和民众动员，其社会传播影响更为广泛，传播功能更是发生了质的变化。

与在1941年重庆拍成并上映的《东亚之光》、《火的洗礼》、《长空万里》等影片相比较，《胜利进行曲》也以其题材涵盖的宏大与主题揭示的鲜明，而略高一筹，更能展示出抗战现实发展的趋向，奏响了中国人民抗战到底的胜利进行曲。

同时，更应该看到，《胜利进行曲》所表现出来的纪实性与正面性，也正是抗战文艺在本时期服务于抗战中所形成的基本特点。这不仅是在战时环境中需要借助抗战文艺作为传播手段，来进行抗战宣传，从而促使抗战文艺在某种程度上成为民众动员的主要传播媒介；而且也是在战时条件下，抗战文艺要求把握住社会与时代的脉搏，在反映抗战现实之中促进文艺大众化而推动文艺自身的发展。

所谓纪实性折射出在现实社会的急剧变化动荡之中，人们企图保持与现实发展的紧密联系以调适生存状态的心理需要，政治经济的变革，尤其是战争，将这一需要予以放大，并借助文艺的传播功能使之转换成为战时文艺的审美特征。首先，纪实性的文艺应该及时地迅速反映出社会生活中的日常事变，这就使它具有了一定的新闻性。[③] 其次，纪实性的文艺应该准确地如实描写出发展中的社会与人及其复杂关系，这就使它具有一定的客观性。最后，纪实性的文艺应该生动地形象表达出现实文化的总体状态，这就使它具有一定的艺术性。当然，毋庸讳言的是，纪实性是以艺术性为根本依托，以客观性为必要前

---

① 淡竹：《胜利进行曲本事》，《扫荡报》1941年4月12日。
② 田汉（词）：《〈胜利进行曲〉主题歌》，《国民公报》1941年3月9日。
③ 此处的新闻性即指对事实进行新近的报道这一特点，参见《中国大百科全书·新闻出版》，中国大百科全书出版社1990年版，第395页。

提，以新闻性为充分条件，而成为文艺的审美特征的。没有艺术性，纪实性文艺就成为简单的传播工具，只剩下事件的报道；没有客观性，纪实性文艺就会失去可信度，只余下想象的虚构；没有新闻性，纪实性文艺就难以发挥其传播效应，只留下待读的文本。

在这里，仅从文艺的传播作用来看抗战文艺的纪实性，就会发现它可以及时、准确、生动地扩大抗战现实中重大事件的影响，不仅与抗战必胜、建国必成有关，也与民众意识和心态的转换有关，更紧密地与爱国主义的时代主题相联系。

湘北之战预示了抗战胜利的前景，全国民众莫不欢欣鼓舞，抗战文艺随即以此为题材进行了形式多样的创作。1939年11月9日，怒潮剧社在重庆舞台上第一次演出了《湘北大捷》一剧，并在11月11日为军事委员会政治部妇女工作队筹集寒衣公演《为自由和平而战》时，补充增加了湘北大捷的内容，从而真实地再现了从"九·一八"一直到当下的艰苦卓绝的抗战历程，使抗战是正义之战与胜利之战的坚定信念成为民众的共识。

宋美龄在《从湘北前线归来》中写出了她从重庆带队前往湘北前线劳军过程中感受到的种种新气象，尤其是"人民对士兵如此热忱，这是一种新发展的可贵精神"——"军民双方确实能互相信任，他们对野蛮的敌人也全不害怕，乡民觉得军队是他们的朋友，而军队也觉得民众是他们的帮手，现在的军队是人民的军队，所有官兵都知道他们是为了保护人民而作战的。""这种合作精神的养成，大部分因为现在士兵与民众，人人知道我们所以要抗战的理由，以及敌人侵略我们的目标，这个道理经过种种传导的方法，现在已为人人所了解的了。"

"当我离开了这条伟大的战线一路归来，一幅幅农村活动的绝妙图画，深映在我记忆中，直到现在还异常新鲜"："在那阳光下层层起伏的山田，好像都在欣然微笑"，妇女们"因为男人上战场去了，所以也负荷起这种生产工作的担子，他们淳朴愉快，包头的深蓝的头巾，悦目的错杂在金黄的稻穗之间"；"高山峰峦漪起，宛如撑天的巨柱，一排一排的一直展开到望不到的紫色云雾里"，"绿水涟涟，岸旁弯弯的柳，与开花的金桂，都在水面留下影子来"，"空气里充满着甜美的花香，有时传来一两阵村童的欢笑，和古寺的疏钟"；"蓝色的炊烟，悠悠地缕缕上升，农妇们带着田里的收获，孩子们小小的肩头上，肩着农具，在落日的余晖里，缓缓归家。"

"这种淳朴美丽的境地是我们的，是我们的祖国，也是我们的家园。多么佳妙啊！对于我们的视觉听觉，是多么甜静幽美啊！但是当我们回头看见村荫底下，休息着一队伤兵的时候，那日积月累地堆积在我们记忆中的刻骨沉痛，又蓦然涌上心头来了。"

"成千累万为敌人炸弹所摧毁的城市与村镇，寄托着无数为敌人所屠杀的同胞的冤魂。败壁焦垣，森然挺立，象纪念碑似的象征着人类蛮性的遗留，与正义人道的衰微。这是我在巡视战区后深刻的回忆，我愿我四万万五千万同胞共同奋斗，战胜暴敌，扫净当前荆棘，恢复我们和平禹域的伟大与光明！"[①]

从电影、戏剧到文学，都通过再现抗战胜利的现实，在情景交融之中，沟通了前线与后方，军队与民众，实现了心灵的交流，更加激发了爱国的热情，更加坚定了必胜的信心。

所谓正面性，反映出在一切服从现实发展需要的前提下，最大限度地使人们始终处于群情振奋、斗志昂扬的精神状态之中的时代要求，抗日战争对全民总动员的迫切呼唤，就促使抗战文艺在宣传鼓动的过程中不断顺应这一要求，并使之转换成为战时文艺的又一审美特征。首先，正面性的文艺在主题涵盖上，[②]既要突出现实的光明面，也要正视现实的阴暗面，无论是赞颂还是暴露，其主旨均在于扬美抑丑。其次，正面性的文艺在艺术复现上，既要如实地描写又要合理地虚构，立足战时的生活，塑造感人的形象，臻于艺术的真实。最后，正面性的文艺在价值取向上，既要爱憎分明又要惩恶扬善，使倾向性寓于艺术的创作中，而自然而然地显现。至此，值得指出的是，正面性所要求的主题涵盖、艺术复现、价值取向，实际上分属文艺的美、真、善这三个层面，也就是涉及到文艺的审美作用、认识作用和教育作用。在这三大作用中，审美是根本性的，文艺因之而成为形象性的文化表达形态，从审美出发的认识才可能对艺术的真实产生共鸣，从而在重现的现实中显示出教育的意义。这样，虽然可以说主题涵盖优于艺术复现，而艺术复现又先于价值取向，但是这三者对

---

① 《湘北大捷》中国抗战史料社，1939年12月初版。
② 在这里，主题的界定仅限于文艺作品，它不但是作品所内蕴的中心思想，同时也是作品的结构方式，从而由此成为关于文艺作品的整体性的审美概况。参见郝明工《漫论曹禺的"主题学"》，《江汉论坛》1994年第2期。

于正面性的文艺来说都是不可或缺的，否则，就会成为脱离时代的文艺。

"好铁不打钉，好男不当兵"的传统观念，与应征入伍去抗战的现实需要是相冲突的。这就需要积极地去引导民众意识的转变，同时也需要努力地克服兵役工作中的弊病，从而使送亲人上阵杀敌逐渐成为新的时代风尚。

1939年拍成上映的《好丈夫》一片，即以喜剧幽默片的形式，展现了四川某县农民踊跃参军上前线的动人情景，揭示了乡绅与保长相勾结妨碍兵役工作的丑恶现象，在一系列的冲突与误会之中，集中刻画了农村妇女深明大义，支持丈夫入伍的爱国热情，与嫉恶如仇，坚决进行斗争的正直和无畏。这样，"为国抗战我乐意！喂子哟！国难临头把命拼！保家卫国要当兵！"也就成为以农民为主的广大民众发自内心的歌声。①《好丈夫》不但得到各地观众的欢迎，同时也受到国民政府军事委员会政治部的嘉奖。②

如果说《好丈夫》中县长的出场促进了农民参军的积极性，那么，1940年发表的小说《在其香居茶馆里》中的县长，却带头破坏壮丁入伍。③这同样也是有着生活的依据的：作者初到重庆，在一次敌机轰炸"跑警报"时与相识者闲谈，"他告诉我，他曾经回过一次家乡，因为他的一个侄儿被抓了壮丁了。但是，经过他的'活动'，又释放了。'是怎么释放的呢？'我问。'那不容易，'对方满不在乎地回答，'晚上集合起来排队，报数时那娃故意把数目报错了。队长就说，你这样笨配打'国仗'，快把衣服垮下来，滚！这不是就放啦！'"④小说中着重揭露了在全民抗战的热潮中，依然蠢动着一群丧失良知、利欲熏心的小丑的无耻嘴脸。这场逃避兵役的闹剧只不过是更加证明了抗战的胜利必须依靠觉醒了的民众。

兵役问题直接关系到抗战的前途，政府官员与土豪劣绅之间总是斗争甚于勾结。1940年12月在重庆上演的话剧《刑》中的主人公就是一位坚持正义、敢与地方恶势力进行坚决斗争的县长，在他的带动下，出现了自愿报名上前线的感人场面。所以《刑》"不是具有时间性的宣传剧本，而有着时代性，它揭示着在抗战建国中反封建的重要义务"。⑤

---

① 《〈好丈夫〉本事及插曲》，《国民公报》1939年12月24日。
② 周晓明：《中国现代电影文学史（下）》，第75页。
③ 沙汀：《抗战文艺》第6卷4期。
④ 沙汀：《生活是创作的源泉》，《收获》1979年第1期。
⑤ 刘念渠：《〈刑〉之我见》，《新蜀报》1940年12月29日。

可见，兵役问题既包容了全民抗战的时代性的社会要求，也揭示出文化发展中意识转换的极端重要。上前线去，成为全社会各阶层民众关注的焦点。

所以，在即将奔赴前线的"伟大的离别"来到之际，"满街的墙壁上贴着红红绿绿的纸条，句子是那样的富于刺激性，俨然与平素欢迎达官贵人的那些标语大不相同。"

"在群众热烈的欢呼声中，气宇轩昂的壮丁们在会场的进口出现了，纷乱着喧嚣着的人群往左右一分，立刻让出一条大路，七十多个英勇的汉子便走上场来。""每位壮士都笔直地挺着胸脯，向前跨着沉重的步子，视线并不抛在欢呼着的群众身上，一直望着前面，好像恨不得马上就越过这座广场，穿过连绵不断的山岭，到达那炮火喧天、寇氛弥漫的前方。"

"两年来神圣的抗战，摇撼了全中国的每个人的怯弱的、自私的心灵，大家思想上有了空前的进步，都觉得从军是当然的事情了，所以这些来送行的亲友，（我从他们的脸上便看得出来），连半点离别惆然之色都没有，只有满腔爱国热情反映出来的一个一个的微笑。"

"最后，在一阵更热烈的掌声中，壮丁队长上台致答辞：我们这回打火线去，一定要多杀几个日本鬼子，这才对得住大家，才不负大家的期望。"

在"欢送我们的抗日英雄"的口号声中，"七十多个英勇的壮士踏着整齐的步伐，在人群围绕之中，缓缓地离开了民教馆的广场。我走在大街上，远远地还听见他们粗壮的歌声：我们都是神枪手，每一颗子弹消灭一个仇敌……"[①]

这样，从电影、戏剧到文学，在对战时生活主流进行形象把握中，展示了形成之中的时代新风尚，社会各阶层民众，无论男女老少，都全力支持抗战，从而成为决定战争胜负的主导性因素。

纪实性和正面性作为本时期抗战文艺所表现出来的审美特征，是不可以割裂开来的。尽管纪实性与抗战文艺的社会传播直接相关联，而正面性与抗战文艺的现实表达紧密联系在一起，但是，对于抗战文艺来说，纪实性与正面性却是相辅相成的：首先是在文艺的最本质的审美层面上臻于一致，抗战文艺自然会成为战时文化的形象表达；其次是在文艺真实地反映现实的层面上同趋写

---

① 赛先艾：《伟大的离别》、《离散集》，今日文艺社1941年版。

实，抗战文艺自然会如实再现整个的战时生活；最后是在文艺的大众接受的层面上互为促进，抗战文艺自然会迅速而积极地对民众发生影响与进行引导。

因此，可以说本时期的抗战文艺就是显示胜利前景与确立抗战信念的战时文艺，而以重庆为中心的抗战文艺运动必须解决的关键问题，则是如何在宣传鼓动的同时，促进抗战文艺自身的发展，从而更好地使抗战文艺服务于抗战，逐渐走向真正的大众文艺。这一问题的实质并非仅只与内容或形式有关。

无论是借助电影手段进行抗战宣传的"抗战标语卡通"、"抗战歌辑"，还是为民众的动员而演出茶馆剧、游行剧、灯剧、活报剧，[①]虽然可以取得某种具有轰动性的宣传鼓动效果，但由于它们只是显现出抗战文艺审美特征最表层的某些因素，就很难达到对抗战现实的全面再现，更难于促进抗战文艺的不断提高。

即使是活报剧这种抗战时期常见的戏剧种类，尽管能在战时环境中发挥更为有效的大众传播作用，但由于"它的特征是剧场化的报纸或新闻纸（故又称活新闻剧），也可以说报纸或新闻纸的剧场化"，所以其演出主要是就"当前与人民生活最有关的最重要的时事和最重要的问题"，"收得一次演剧的最大政治宣传效果"。[②]同时，街头剧作为一种试验中的抗战戏剧种类，即"凡在舞台外演出的戏而观众并不知那是在演戏的戏剧"，注重通过日常生活中偶发因素来吸引观众参与演出，唤起共鸣，于"情感的暗示"中实现"宣传和教诲的效能"，[③]茶馆剧即其中之一种。

由于未能真正把握住抗战文艺的纪实性和正面性这样的审美特征，不但形成创作演出中的过度政治化倾向，而且也造成理论认识上的混淆不清。对于街头剧与街头演剧这两种不同性质的戏剧现象，一直存在着相提并论的误认，尽管两者的出发点都在于"对一般没有受过教育的民众施以宣传，他们大多数是不能到戏院去看戏的，所以我们演戏给他们看，一定要到他们的圈子里去"；"以激动民众抗战的热情为原则，而且是切于当时所需要的"，"应为使民众特别注意的事件，应当知道的问题。"[④]但是街头剧作为戏剧的一种，意在于有形与无形，直接与间接的双重暗示中传达宣传鼓动的目的；而街头演剧则是别

---

① 《洪深文集》第4卷，第137页。
② 葛一虹：《论活报剧》，《中苏文化》第3卷1—2期合刊。
③ 胡绍轩：《街头剧论》，《文艺月刊》第2卷11—12期合刊。
④ 叶伸寅：《建立街头剧的演出》，《戏剧岗位》第1卷5—6期合刊。

具一格的演出活动，使戏剧从正规舞台走向大街小巷，直接面对民众进行演出，以扩大宣传鼓动的效果，以推动戏剧艺术的普及。

本时期的剧本创作，就是从"打破艺术与宣传二元论的错误观点"开始，"更须与军事作进一步的配合，更须积极地谋文化政治等的进步，以期及早达到最后胜利的目标"，出现了《蜕变》、《国家至上》这样的"更深入的反映着抗战的发展"的作品，进而"对目前的一些不良的现象，取了更积极的批评态度"，出现了《鞭》与《刑》这样的具有一定建设性和批判性的作品；同时，既描绘抗战必胜、建国必成的必由之路，又再现出"血淋淋的抗战英勇史实"，出现了向往新中国诞生的《乐园进行曲》，与歌颂抗战英雄的《张自忠》，这样一些作品。①

本时期的理论批评，是在"加强批评工作"的号召中起步的：② 首先是通过一系列的论争，澄清了文艺与抗战的关系，从而解决了文艺如何更好地服务于抗战的难题；其次是进行原理的探讨，对文艺的本质和功能有了明确的认识，从而有助于抗战文艺中形象的塑造与现实的再现；其三是对于各文艺样式及其个别分支门类，进行理论概括和创作评论，以促进抗战文艺的整体水平的不断提高。

最先将纪实性与正面性有机结合起来的是报告文学。一方面，"中国社会现实的激变供给了文学以异常丰富的素材，而文艺者要追随着现实的激变，急速地反映在自己的作品里，以使其发生直接的社会的效果，就不能不运用报告文学的样式"。另一方面，"报告文学填充了一切杂志或报纸的文艺篇幅：一切的文艺刊物都以最大的地位（十分之七八）发表报告文学；读者以最大的热忱期待着每一篇新的报告文学的刊布；既成作家（不论小说家或诗人或散文家或评论家），十分之八九都写过几篇报告"，而大批"并非专于文艺的青年，几年来都一直成为报告文学的主力"。"在这样的情形之下，报告文学就成为中国文学的主流了！"

报告文学的空前发达，显然"加紧了文学和现实的密切的结合"，同时也"真实地反映出了变动中的中国社会现实的各面"："写出了前方战士的英勇和牺牲的战斗，也写出了颠沛的难民的悲哀和苦难；写出了敌人的凶残和横暴，

---

① 余上沅、何治安：《抗战四年来的剧本创作》，《文艺月刊》第11年7月号。
② 茅盾：《论加强批评工作》，《抗战文艺》第5卷1期。

也写出了沦陷区的民众的惨痛的殉难和坚决的反抗；写出了战区落后的民众的胆怯和贪婪，也写出了前方进步的民众的奋勇和慷慨；写出了敌后民众的艰辛和苦斗，也写出了敌后武装的发芽和成长；写出了胜利的进军的神威和勇迈，也写出了溃败的退却的仓皇和镇定；写出了后方政治的腐败堕落的一面，也写出了后方生产的突进的断片；写出了旧人物的垂死的暮气，也写出了新任务的蓬勃生机；写出了知识青年的不惧艰苦的逃亡和流浪，也写出了知识青年的不知疲倦的学习和工作……"

"特别是1939年5月对于重庆的野性的轰炸和焚烧，则看见老舍（《五四之夜》），宋之的（《从仇恨生长出来的》），秋江（《血染的两天》）等人有力的描叙和控诉。这一切的报告，记录了敌人的血污的脚印，记录了中国民众的流血和死亡，更写出了从仇恨中生长出来的复仇的决心和再建的意志。"

本时期报告文学的纪实性与正面性也经历了一个逐渐走向完满的过程——

"由平铺直叙到提要钩玄"，"选择出最有意义，最切要的素材，作为报告文学的题材。"

"由直接记录到综合表现"，"形成了报告文学作品的主题鲜明化和结构完整化。"

"由热情的歌颂到冷静的叙写，是使报告文学更逼近真实的一个保证。"

"由战斗的叙述到生活的描写，是报告文学更切实地逼近现实的说明。"

"由以事作为中心到以人物为主体，是报告文学内容的趋向深化的表现。"

尽管本时期的报告文学由于缺乏深刻的思想性和忽视完美的艺术性，而需要"质的提高"。但是，报告文学在努力地"反映出现实变动的全貌"，与"恳切地着力于艺术造就的提高"方面的不断尝试，[①] 毕竟提供了可资效法的宝贵范例，促使抗战文艺呈现出"报告文学化"的趋势。这一趋势的实质在于抗战文艺作为战时文艺必须与报告文学一样，应该让纪实性和正面性成为整个文艺的审美特征。这样文艺才不会脱离抗战现实，才不会造成宣传与艺术的分离，相反，它将更好地服务于抗战，使抗战文艺运动不偏离大众化的轨迹。

由于诗歌和小说与报告文学同属文学这一语言的艺术，就更易于"报告

[①] 以群：《抗战以来的中国报告文学》，《中苏文化》第9卷1期。

文学化",也就是体现出纪实性和正面性这样的审美特征来。

"一般来说,抗战以后以普通的文艺形式发表的作品,最多的一是报告,一是诗",它们都发达于"这个神圣伟大的战争的时代"。通过朗诵诗运动、诗画展、街头诗运动,就能使诗歌像报告文学一样,"更广泛更深入的接近民众"。①

"这真是一个诗的时代,战争发动以来,全国的作家几乎都激动着诗的情感,用素朴的形式写过诗","当他们执行各种不同的政治——外交的、内政的——课题的时候,又必须把自己的感情溶浸在里面","以最大的热情讴歌'反抗暴虐,反抗兽性'的战争。"于是,他们"把自己的艺术为这神圣的革命战争而服役","以最大的热情,去反映生活","去讴歌人民内心的愿望"。这样,"中国新诗已为自己找到了更严正的,更可信赖的读者了","他们包括着一切热心于中国的民族解放运动,热心于中国现实的理解,关心人类进步事业,而具有文学的初步修养(当然这并不是说中国新诗经不起更高的艺术的评价)的所有的人们。"②

在本时期,抗战诗歌在由抒情转向叙事、短行转为长篇之时,常因缺乏深层的思考与上乘的技巧而显得平庸无奇和苍白无力,成功之作是不多的。1940年6月,艾青在《中苏文化·文艺专号》上发表的千行长诗《火把》,就引发了作者与评论者之间颇具火药味的论战,焦点即《火把》是不是基于现实生活而又塑出新女性形象的得意之作。③

本时期的小说"都向着一个一致的目标——日本帝国主义者",但在艺术品质上却是"生活上体验不够"。④仅以《抗战文艺·小说专号》两次所载小说为例,主题"未能超出反汉奸,反侵略,兵役问题……的范围",加之"未能捉住题材的真实性,而只是尽靠抽象的推测,报纸上概括的记录,朋友的传说,作为写作根据的缘故,自然难免'差不多'和'公式化'的嫌疑。"⑤

当然,这并不是说没有较为优秀的作品出现。1940年12月,中华全国文

---

① 胡风:《略观战争以来的诗》,《抗战文艺》第3卷7期。
② 艾青:《论抗战以来的中国新诗——〈朴素的歌〉序》,《文艺阵地》第6卷4期。
③ 璧岩(王冰洋):《评艾青的〈火把〉》,《时事新报》1940年7月27日;艾青:《关于〈火把〉》,《新蜀报》1940年10月12—14日连载;王冰洋:《关于我对于〈火把〉的批评》,《时事新报》1940年11月6日。
④ 《文协"小说晚会"记录》,《新蜀报》1940年11月26、27日连载。
⑤ 王平陵:《抗战四年来的小说》,《文艺月刊》第11年8月号。

艺界抗敌协会受贵阳《中央日报》和宜昌《武汉日报》联合委托征求抗战长篇小说共19部，经评选以《南京》和《春雷》两部"实为佳作，由本会各送润笔费四百元"。① 这两部具有代表性的长篇小说成功地将纪实性和正面性融为一体，达到较高的艺术水准。其中之一的《春雷》就是作者在重庆报纸上看到有关"江南我人民自卫军极为活跃"的有关报道，在"调查实细"的基础上写成，如实地"表现日寇和汉奸的暴行，表现故乡人民的苦难和斗争"，从而使"故乡的无名英雄的这段事迹表扬于世，不致埋没，或能予别地方的战士一点鼓励"。② 果然引发广泛的社会反响。③

1985年，作者在《重版前记》中写道："即使我在艺术上缺少功力，但是我熟悉家乡的各种人，许多情境可以想象出来。毫无疑问，当时一些抗战小说以及新闻报导对我有很大的启发。总而言之，《春雷》是一部虚构的作品，因为我没有直接生活经验，有些情节显然并不真实。"④

但是，早在1942年，陈西滢就在《春雷》一文中指出："不过作者知道自己的短处，能够用其所长掩其所短。读者眼望着许多活生生的乡村人物，也就忘记了心中的疑问"。这是因为"它与一般抗战小说不很相同。普通的抗战小说所着重的是故事，发生的地点和参加的人物大都凭想象虚构，所以读的时候，常常使人发生上不在天，下不在地之感。本书作者所着重的却在乡村人物的描写。故事的演变即从人物个性的发展中出来。"⑤

可见，纪实性与正面性相交融的基点正是"这一个"，抗战文艺同时也是关于"人"的文艺。

---

① 《新华日报》1940年12月19日。
② 陈瘦竹：《春雷·楔子》，江苏文艺出版社1986年版。
③ 马彦祥将小说改编成的《江南之春》于第一次雾季公演中由中国万岁剧团在重庆首演。
④ 《春雷》，江苏文艺出版社1986年版。
⑤ 同上。

下 编
抗战时期重庆文化运动的第二阶段
（1941年12月9日—1945年9月3日）

第六章　肩负民主主义的使命

一、向人类文明之公敌宣战

1941年12月8日，日本天皇发布"向美国及英国宣战"的诏书，颠倒是非，混淆黑白，堪称欺世盗名之最的天下奇文："前以中华民国政府不解帝国之真意，妄自生事，扰乱东亚之和平，终使帝国操持干戈，于兹已四年有余。""美、英两国支援残存之政权，助长东亚之祸乱，假和平之美名，逞制霸东洋之企望。""事既至此，帝国视为自存自卫计，惟有噘然跃起，冲破一切障碍，岂有他哉！"①

面对侵略者如此疯狂的挑战，美国和英国于同日正式对日宣战。国民党也于8日举行中央执行委员会常务委员会会议，讨论中国对今后世界战局的方针。

12月9日，国民政府主席林森代表中华民国对日本、德意志、意大利三国正式宣战，义正辞严地重申："日本军阀夙以征服亚洲，并独霸太平洋为其国策，数年以来，中国不顾一切牺牲，继续抗战，其目的不仅在保卫中国之独立生存，实欲打破日本之侵略野心，维护国际公法、正义及人类福利与世界和平。"进而确凿有据地指出："中国为酷爱和平之民族，过去四年之神圣抗战，原期侵略者之日本于遭受实际之惩创之后，终能反省。在此时期，各友邦亦极端忍耐，冀其悔祸，俾全太平洋之和平，得以维持。不料残暴成性之日本，执迷不悟，且悍然向我英、美友邦开衅"，"最近德、意与日本竟扩大其侵略行动，破坏全太平洋之和平，此实为国际正义之蠹贼，人类文明之公敌，中国政

---

① 《日本帝国主义对外侵略史料选编》，上海人民出版社1975年版，第379—380页。

府与人们对此碍难再予容忍。"①

尽管苏联政府 12 月 8 日发表声明，宣称苏联不会因为太平洋战争的爆发而改变 4 月 13 日《苏日中立条约》所确立的苏日关系，但随着美国、英国、中国相继对日宣战，一大批欧洲、美洲、非洲、大洋洲的国家也先后对日宣战或宣布断绝外交关系。②

这正如《中国共产党为太平洋战争的宣言》中所表明的那样："全世界一切国家一切民族划分为举行侵略战争的法西斯战线与举行解放战争的反法西斯阵线，已经最后的明朗化了。"因此，"中国政府与人民应该继续过去五年的光荣战争，坚决站在反法西斯国家方面，动员自己一切力量，为最后打倒日本法西斯而斗争。"这样，"中国与英美及其他抗日诸友邦缔结军事同盟，实行配合作战，同时建立太平洋一切抗日民族的统一战线，坚持抗日战争至完全的胜利。"③

国防最高委员会发表了《告全国军民书》和《告海外侨胞书》，要求全国军民、海外侨胞均发挥中华民族慷慨赴义的精神，为伸张正义作最大最后奋斗——"自兹我中华民国已与全世界反侵略各友邦联合一致，共同奋斗，誓必消灭日德意轴心侵略之暴力，达成我保卫世界人类文明之目的而后已。"④

12 月 13 日，重庆各界民众 10 万人，举行反侵略大会。14 日，重庆的国际文化团体扩大反侵略大会召开，⑤高度地显示出举国一致、中外一致、团结起来反对法西斯侵略的战斗精神。12 月 30 日，"精神堡垒"在重庆市中心高高挺立，它凝聚着重庆精神总动员的巨大能量，它象征着中国人民抗战到底的坚强意志。⑥

1941 年 12 月 15 日至 23 日，国民党在重庆召开五届九中全会，进行了战略的全面调整："增强抗战力量"，"举国家之全力，以斯克尽我在世界战争中之责任"；"确立建国基础"，推行新县制，实施国家总动员，加强经济管制，实施土地政策。⑦

---

① 《解放日报》1941 年 12 月 10 日。
② 《第二次世界大战大事记——起源、进程和结局》，第 524 页。
③ 《新华日报》1941 年 12 月 9 日。
④ 《新华日报》1941 年 12 月 11、12 日。
⑤ 《重庆大事记》，第 205 页。
⑥ 《国民政府重庆陪都史》，第 301—302 页。
⑦ 《中国国民党史》，第 519—522 页。

1941年12月10日,日本将"此次对美英之战争及今后随着形势发展而可能发生的战争,包括中国事变在内,统称为大东亚战争",并于24日向长沙再次进攻。在这次太平洋战争爆发后日军在中国战场上发动的第一次大规模战役中,国民革命军第9战区所属部队又一次取得了胜利。这不但使日军"付出了相当大的牺牲",动摇了"一部分官兵的必胜信念",[1] 日本政府也声明愿与中国单独讲和。[2] 同时,也使中国战区的重要性更为明显,有利于中美英三国的远东联合军事行动计划的实施,促进了中国远征军的首次赴外作战。[3] 中国军队在对日作战中,打出了国威,打出了军威,粉碎了日本侵略者建立大东亚共荣圈的美梦。

1942年1月1日,26个反法西斯国家的代表在华盛顿签署了《联合国家共同宣言》,蒋介石代表国民政府在当天发表的元旦讲话中提出:日寇必败。这是因为"中日战争成为世界战争,两大阵营分明",太平洋战争使"日本力量一分为四,敌我优劣,不言而喻","中、美、英、苏四强,国力雄厚"。但是,认为要最后战胜日寇,应该是自助人助,自立自强,实行全国总动员,以争取与反侵略各国共同奋斗成功。[4]

为了展示重庆在抗战建国中取得的成绩以鼓舞斗志,坚定信念。1942年1月1日,第一届陪都建设展览会开展,一方面介绍了抗战以来重庆城市发展的新成就新进展,另一方面又预示出未来重庆发展的新规划与新面貌,描绘着重庆走向现代大都市的历史行程与光辉前景。[5]

与之同时,迁川工厂联合会会员工厂产品展览会也公开展出,从中"可以看出吾国从事于民族工业的厂家、职员与工人,是具有茹辛含苦不屈不挠的精神的","中国民族工业并不是没有基础的",特别是自力更生制造出过去"求之于国外"而经济发展又必需的产品。[6] 这不仅显示了民营工业所蕴藏着的巨大发展潜力,而且更表明民营工业所展现出来的自觉意识。从而揭示了中国民族资产阶级投入争取政治民主和保障自由权利的现实活动的可能性。

---

[1] 《第二次世界大战大事记——起源、进程和结局》,第526、530—531页。
[2] 《中国国民党大事记》,第332—333页。
[3] 《国民政府重庆陪都史》,第307—308、425—438页。
[4] 《新华日报》1942年1月1日。
[5] 《中央日报》1942年1月2日。
[6] 许涤新:《努力奋斗,增加生产》,《新华日报》1942年1月11日。

《联合国家共同宣言》不仅宣告了世界反法西斯同盟的建立，更标志着 20 世纪人类社会发展的民主进程的新开端。

　　《联合国家共同宣言》中作为签字各国所赞成的宗旨与原则，正是《大西洋宪章》中所提出的 8 点共同原则。按照罗斯福的阐释，即"解除侵略者的武器、各个国家和民族的自决权、以及四大自由——言论自由、宗教信仰自由、免于匮乏的自由和免于恐惧的自由。"[1]

　　尽管这一倡导民主政治的主张是出于美英两国战略相协调的产物，但是，《大西洋宪章》的影响已经远远超出国界的局限，1942 年 2 月 23 日，罗斯福就华盛顿诞辰发表的演说中明确指出："大西洋宪章不仅适用于大西洋沿岸地区，也适用于整个世界。"[2] 这表明，政治民主化在反法西斯侵略战争的发展中加快了步伐，拓展了空间，对中国的政局发生着直接的冲击。

　　这样，中国抗战时期的民主进程可以从两个层面上来加以描述：一个是在国际上如何谋求国家和民族的自决，一个是在国内如何保障四大自由的实现。

　　首先，由于中国人民的持久抗战，使日军大部分兵力深陷于中国战场。这是具有世界性的战略意义的："假若没有中国，假若中国被打垮了，……有多少师团的日本兵力可以因此而调往其他方面来作战？他们可以打下澳洲、打下印度——他们可以毫不费力地把这些地方打下来。他们并且可以一直冲向中东"，与德国合谋"举行一个大规模夹攻，在近东会师，把俄国完全隔离起来，合并埃及，斩断通往地中海的一切交通线"。[3]

　　有鉴于此，《联合国家共同宣言》的签字顺序，罗斯福排定前四名是：美国、中国、英国、苏联，后因英国与苏联的反对，遂成美国、英国、苏联、中国，然后其他国家按英文字母顺序排列，[4] 初步奠定了中国作为四强之一的政治基础。同盟国于 1942 年 2 月 3 日发表公告，宣布以蒋介石为盟军最高统帅的中国战区成立，开始确认中国的重要地位。[5]

　　至此，中国历史上被强加的一切不平等条约，已经成为中国在此时刻登上国际政治舞台发挥重要历史作用的巨大障碍。于是，国民政府展开一系列外

---

[1] 沈永兴等：《外国历史大事集·现代部分第二分册》，重庆出版社 1987 年版，第 414—416 页。
[2] 《外国历史大事集·现代部分第二分册》第 417 页。
[3] 小罗斯福：《罗斯福见闻秘录》，新群出版社 1949 年版，第 49 页。
[4] 《国民政府重庆陪都史》，第 411—412 页。
[5] 《第二次世界大战大事记——起源、进程和结局》，第 548—549 页。

交活动，向美国等同盟国成员提出了废约的要求。1942年10月10日，英美宣布放弃在华治外法权，随后又有一些国家，如加拿大、挪威、荷兰等相继宣布放弃它们的在华治外法权。①这表明同盟国成员开始履行《联合国家共同宣言》，遵照《大西洋宪章》精神，支持中国走上民族自决之路，坚定了中国人民抗战到底的信心。

经过三个月的谈判，1943年1月11日，中国与美国在华盛顿，中国与英国在重庆，同时签订了废除不平等条约、建立平等国家关系的新约。②这就促进了中国陆续与其他有关各国进行新约的签订，从而在根本上确立了中国作为四强之一的重要地位。

宋庆龄于1月25日在重庆就新约签订发表谈话，指出："废除不平等条约，原是总理毕生致力的大目标，到了现在，这个目标开始实行了。""所谓废除不平等条约，是要使政治、军事、经济、文化一切皆归于平等。中美、中英新约的意义，在于英美两大盟友，从政治、军事两方面，毅然取消对我不平等条约。这种平等，自是我们的主要要求。但我们自己必须省觉，我们的经济和文化，尚未与国际的一般情况臻于平等。要使经济与文化臻于平等的地位，非外交谈判所得为功，必须国人从多方面奋发猛进始得实现。""因此，我们于庆祝签订新约之余，更应扫荡敌寇，拯救沦陷的同胞于水深火热之中，唯有如此，真实的自由平等才能实现。""总理遗嘱期待于国人者两事，其一，是废除不平等条约，其二，是召开国民会议。我深信在抗战建国的过程中，国际关系已趋平等之后，国民精神必日见其发扬，民主精神同抗战建国亦必日见其发扬。"③

显然，宋庆龄的谈话是具有远见卓识的。中国国际地位的提高将有利于民主主义思潮在全社会的兴起，特别是对民众精神现状的尽快转变具有极其重要的促进作用。这对于抗战建国来说是具有积极的现实意义，对于中国文化的现代转型来说将发生深远的历史影响。

1943年10月30日，四大国单独签署《中苏美英四国关于普遍安全的宣言》，重申要战斗到"直至各轴心国在无条件投降基础上，放下武器时为止"。除了表示在今后的战争中采取联合行动外，第一次提出"有必要在尽速可行的

---

① 《中国国民党大事记》，第338页。
② 《第二次世界大战大事记——起源、进程和结局》，第646页。
③ 《新华日报》1943年1月29日。

日期，根据一切爱好和平国家主权平等的原则，建立一个普遍性的国际组织，这些爱好和平国家无论大小，均得加入为会员国，以维持国际和平与安全。"[1] 同时还指出四大国代表国际社会采取共同行动，以完成法律与秩序重建及普遍安全制度创立的必要性。这样，不但为战后联合国大会的召开提供了组织蓝图，更进一步奠定中国作为联合国常任理事国成员的政治基础；而且也为巩固四大国之间的伙伴关系做出了积极贡献，有助于各国首脑共同进行战略和政略的协调。

1943年11月22日至26日，美、英、中三国在开罗举行了第二次世界大战中唯一的一次三国首脑会议，讨论了对日作战与中国及亚洲有关的重大军事和政治问题，达成了会议宣言，在征得苏联部长会议主席斯大林的完全同意之后，于12月1日正式发表。中美英三国《开罗宣言》中宣布："我三大盟国此次进行战争之目的，在于制止及惩罚日本之侵略。三国决不为自身图利，亦无拓展领土之意。三国之宗旨，在剥夺日本自1914年第一次世界大战开始以后在太平洋所夺得或占得之一切岛屿，在使日本所窃取于中国之领土，例如满洲、台湾、澎湖列岛等，归还中国。"为此，"将坚持进行为获得日本无条件投降所必要之重大的长期作战"。[2] 这就具体体现出中国抗战的正义性与持久性，开辟了通向民族自决的坦途。

中国国际地位的日益上升，正是在民族独立解放的历史潮流中，随着世界政治秩序的重建，以及第二次世界大战进程加快这一现实需要的直接反映。这就造成推动战时中国走上政治民主化的国际环境。当然，这一社会政治层面上的变化，必须通过对战时经济与民众意识的多样化深入影响，才能最终促进战时文化的整体发展。此时，国内要求实行政治民主和保障自由权利的活动也渐次展开，涉及到社会各阶层。

1942年2月10日，国民政府公布《非常时期人民团体组织法》。[3] 国民政府行政院社会部据此法于3月拟定"全国人民团体总登记办法，举行总登记"。到1943年12月，履行总登记的人民团体总数共22 321个，"履行总登记经部核准备案之团体"及"经部核准组织之团体"共19 871个。造成总数下降的

---

[1]《反法西斯战争文献》，世界知识出版社1955年版。
[2]《反法西斯战争文献》。
[3]《中国国民党大事记》，第333页。

原因主要是履行总登记的团体有许多"前此未经报部备案而在地方则已完成法定手续","经部详加审核,认为与该法不尽相符"。①

据1944年底社会部的统计,人民团体总数达26126个,所在行政区域包括以重庆为中心的浙江、安徽、江西、湖北、湖南、四川、西康、山西、河南、陕西、甘肃、青海、福建、广东、广西、云南、贵州、绥远、宁夏等20个省市,其中四川省的人民团体总数、会员数、团体会员数,无论是职业团体,还是社会团体,均占全国首位,从一个侧面上显示了大后方乃至全国民众动员的组织水平。②

与此同时,到1944年底,社会部"本部直辖社会团体"即达314个,其中全国性的,有关国际文化、学术、教育、自然科学、工程、政治法律、经济建设、边务、艺术等方面的文化团体共249个;而此时全国登记的地方性文化团体为273个,其中重庆为10个。③显然,正是这些全国性的文化团体对以重庆为中心的大后方,以及对全国发挥着直接的指导作用,有力地促进了战时文化的发展,特别是重庆民主运动的开展。

1941年12月以后,在重庆相继成立了中国天主教文化协进会、中国社会服务事业协进会、中国木刻研究会、中国粮政协会、中国外交学会、中国音乐学会等社会团体。据1942年4月社会部的统计,在重庆市登记的全国性社会团体已达50余个,④其中大多数为文化团体。以后,重庆的社会团体,特别是文化团体也不断增多,1944年10月到12月,就先后成立了战后建设协进会、经济研究社、中国工商企划协进会、中华营建研究会、中国乡村文化协会、中国著作人协会、中国文化建设协会、天主教慰劳救济动员委员会、中国儿童福利协会。⑤这说明重庆民主运动将具有各界人士参与的社会性。

不可忽视的是,重庆的各级职业团体也像社会团体一样在迅速发展,占在重庆的人民团体中的大多数。⑥仅1943年8月,就成立了中国运输学会、川江民船商业同业公会、船员工会联合会、重庆市出版业同业公会。这表明重庆

---

① 《全国人民团体统计》,社会部统计处1944年编制,第1—2页。
② 《人民团体总表》,《全国人民团体统计》,第7页。
③ 《全国人民团体统计》,第54—55页。
④ 《重庆大事记》,第208页。
⑤ 《国民政府重庆陪都史》,第798—808页。
⑥ 《人民团体总表》,《全国人民团体统计》,第7页。

民主运动具有广泛的群众性。[①]

此外，随着民众的组织程度不断提高，重庆的社会各阶层民众也行动起来，社会闻人杜月笙捐资 3010 万元以救济难民，慈云寺僧侣救护队僧人与避难该寺的民众以绝食一日所得 10 010 元劳军，[②] 毋须论乎出手之多寡，而当看到那同样热情与真诚的心，这才真正体现出民众意识的普遍觉醒，有力地促进了重庆民主运动的开展。

随着国际反法西斯阵营的形成，国内各阶层民众意识的自觉，在中国大地上出现了一浪高过一浪的对于民主与自由的热切呼唤。

本阶段重庆的文化运动，在经济上要求维护生存发展，在政治上要求实行民主宪政，在意识上要求保障自由创造，从而成为具有社会主导性的民主运动，反映出战时文化发展的需要，体现了抗日战争是 20 世纪的中国人民反侵略的正义之战——它不仅有着爱国主义的一面，更有着民主主义的一面。

但是，由于这一民主运动是在战时的重庆发生，自然受到了战争和局势所造成的种种现实需要的限制，客观上不利于该运动的深入发展和正常进行。

从国民党第五届九中全会制定的《加强国家总动员实施纲领》，到国民政府颁布《国家总动员法》，[③] 一方面有助于集中国家从精神到物质诸层面所具有的力量，坚持抗战到底，另一方面则因战时统制引发战时文化各个层面上的冲突。这些冲突正是重庆民主运动所面临的、需要努力去解决的主要问题。

1942 年 10 月，国民参政会第三届第一次会议召开，其中心议题就是"我们抗战建国，同时并进：愈是努力抗战，亦愈是推进民主"，[④] 既需要达到"经济第一"，[⑤] 又需要实行"国民参政"。[⑥] 这就将两个重大的问题提出来，促成了在 1943 年 9 月 26 日，国民参政会第三届第二次会议决定尽快成立宪政实施筹备会和经济建设期成立，"集朝野人士合力以赴"，"切实推进宪政筹备与经济建设工作，以负政府与国民殷切之期望"。[⑦]

尽管国民参政会作为战时的民意机关，试图通过专门机构的设置来进行

---

① 《国民政府重庆陪都史》，第 769 页。
② 《国民公报》1942 年 12 月 10 日，14 日。
③ 《中国国民党大事记》，第 330、334 页。
④ 社论《本届参政会的使命》，《中央日报》、《扫荡报》联合版 1942 年 10 月 23 日。
⑤ 社论《坚苦笃实，自强自立》，《新华日报》1942 年 10 月 23 日。
⑥ 社评《期望于本届国民参政会首》，《大公报》1942 年 10 月 23 日。
⑦ 《大公报》1943 年 9 月 27 日。

及时地上承下达，解决与抗战建国迫切有关的经济和政治问题，但由于国民参政会本身只能提出建议进行协商，不可能有效地推动民主进程。因此，这一切只能在重庆的民主运动中来予以解决。

早在1942年6月，迁川工厂联合会，中国西南实业协会，国货厂商联合会就联合发表了《工商界之困难与期望》，要求生存发展的合法权利。[①]到1943年6月，在重庆举行的全国第二次生产会议上，出席会议代表270人（其中产业界140人）商讨了有关发展生产的一系列问题，[②] 7月，即落实了本年度工矿事业贷款总额为20亿元（其中公营企业8亿元，民营企业12亿元）。[③]随后，由于价格统制与通货膨胀之间的极不相容，又促使迁川工厂联合会在其理事会、年会上不断发出要求政府减轻负担、挽救工业危机的呼吁。到1944年8月，重庆企业家代表80余人集会，要求政治民主，生产自由，取消统购统销政策。11月，金融界、工商界分别与国民政府有关机构的负责人进行座谈商讨有关财政、实业问题，其后，国防最高委员会规定工业分为"国家独营"与"民营"两大类。1945年1月，重庆市7大商业团体请求废止统购统销办法，国营民营一律平等待遇。5月，全国工业界对敌要求赔款委员会成立。[④]

与此同时，重庆的广大工人也以工会的形式组织起来，一方面努力增加生产支援抗战，另一方面又通过合法手段来争取应有的权利。在1945年6月，因国民政府社会部降低川江引水人员待遇标准，当川江上下游引水工会派代表交涉无效后，随即举行罢工，川江各航线停航，直到社会部答应罢工工人的大部分条件后才开始停罢复航。[⑤]

维护合法权利不会止于经济领域之内，自然要扩展为要求民主宪政的实行。1943年9月4日，重庆工商、金融、法律、教育等各界著名人士黄炎培、褚辅成、王云五、卢作孚、胡西园、章乃器等共30人，发表《民主与胜利献言》，提出9项具体主张，要求"与民更始"，"一新政象"。12月22日，马寅初在重庆星五聚餐会上向企业家发表了《中国工业化与民主不可分割》的讲演。[⑥]这表明重庆的民主运动具有总体性的特点。

---

① 《重庆——一个内陆城市的崛起》，第305页。
② 《重庆大事记》，第218页。
③ 《国民政府重庆陪都史》，第768页。
④ 《国民政府重庆陪都史》，第774、780、783、803、804、811、824页。
⑤ 《重庆大事记》，第239—240页。
⑥ 同上书，第229、233页。

1942年10月，张澜在国民参政会第三届第一次会议期间拟就《加强实行民主以求全国团结而共济时艰》的提案，其文称："年来权衡时局，审度内外，觉国际战事虽胜利可期，而国内政治情形则忧危未已。"因此，"必须实行民主，一本天下为公之旨，选贤与能，只问才不才，不问党籍，举全国之才智贤能，共同尽力于国事，而后可以挽救危局、更兴国家"；"必须实行民主首先废除言论、思想、出版之统制于检查，使人民各本所欲所恶，对政治可以自由批评讨论，民力始能发挥"；"必须实行民主，不以国家政权垄断于一党，则民生主义与共产主义本有相同之点，国共合作以往之历史亦非无可循。使彼此皆以建立真正主权在民的民主国家为目的，正应共同抗敌，共同建国，以力求政治民主化，经济民主化。"

　　一旦真正以上述三方面为目标，则将促进民主宪政的实施。"如或昧于大势，迁延不决，徒貌民主之名而不践民主之实，内不见信于国人，外不见重于盟邦，则国家前途必要有陷于不幸之境者。"①

　　1943年10月，国防最高委员会设置宪政实施协进会，周恩来、董必武作为中共代表被指定为其成员。这是一个官方组织的包括各派政治力量的推行民主宪政的机构，在12月举行的第三次常务委员会上，通过了关于废除图书杂志审查等提案。1944年9月举行的第四次全体会议上讨论了健全地方基层机构等问题。②1945年3月1日，在宪政实施协进会第五次全体会议上，蒋介石宣称：只能还政于全国民众代表的国民大会，不能还政于各党各派的党派会议或其他联合政府。③

　　与之同时，1944年1月3日，左舜生等人发起的宪政座谈会在重庆召开。这是一个非官方的包括各党各派与各界著名人士，旨在加快民主进程的松散组织。④5月14日，各界代表300多人参加宪政座谈会，讨论"自由与组织"问题。⑤到9月24日，在第七次宪政座谈会上，与会代表共500余人，讨论如何尽快实行民主政治，提出了废除一党专制，召开国是会议，成立联合政府，并决定由钟天心、司徒德、王昆仑、屈武等筹组民主宪政促进会。⑥

---

① 《国民参政会纪实·续编》。
② 《国民政府重庆陪都史》，第772、775、795页。
③ 《重庆大事记》，第236页。
④ 一说1月4日。《国民政府重庆陪都史》，第775页，《重庆大事记》，第224页。
⑤ 《重庆大事记》，第226—227页。
⑥ 同上书，第230页。

此外，1944年3月26日，中国妇女宪政研究会正式成立。①1945年2月13日，重庆妇女界史良等104人发表《对时局的主张》，要求召开国是会议，成立联合政府，给人民以言论出版集会结社等基本自由权利。②

由此可见，重庆民主运动中朝野争议的焦点是建不建立联合政府，即如何通过政权的民主化来保证宪政的最后完成。这是一个至关重要的问题，正如美国等同盟国所看到的那样："国共两党成立联合政府"，将是中国走上强国之路的"唯一希望"。③否则，"国家前途必要有陷于不幸之境者"。民主，其中国走向现代的必经之路乎！

二、文化界总动员

"'号外！号外！'号外！
太平洋的暴风雨，
从大西洋的彼岸，
全世界的每一个角落，
刹那间，闪电似地，
传到了山城，
全人类都从睡梦中惊醒，
迎接冲散了满天大雾的黎明。
……
地球，我们的母亲！已张开了
慈爱的怀抱，
山岳让出了广阔的道路，
无边的海洋，建筑了伟大的桥，
世界的两极，立刻接近了，
兄弟们的手，快伸出来，快伸出来，
我们亲密地精诚地握着吧！

---

① 《国民政府重庆陪都史》，第778页。
② 《重庆大事记》，第235页。
③ 〔美〕孔华润：《美国对中国的反应》，复旦大学出版社1989年版，第152—154页。

我们并肩作战！
世界自由的殿堂，
人类真正的和平，
历史无穷的光荣，
就建筑在我们的手掌里，
就建筑在我们的肩膊上，
就建筑在我们的精诚团结上。"①

澎湃的诗情轰响出我们必胜、法西斯必败的坚强信念，预言着重庆文化运动从此进入了新的发展时期："以文化建设促进国家建设，以文化力量增强抗战力量"，建设将成为抗战的首要任务。这既是国家总动员的需要，"以吾人之精神武器，鼓励士气，唤起各界总动员"；更是"文化科学运动"的需要，以"新思想冲突打破旧思想"，"则国家可以复兴"。②

为此，1942年2月7日，"中央文化运动委员会联合陪都36机关团体举办之国民总动员宣传周"开幕。在开幕典礼上，首先通过给国民政府主席和军事委员会委员长的致敬电，表示"国际反侵略壁垒既增强固，国家总动员益当激厉"，同时又通过慰勉全国文化界人士电，"深愿我国各地文化界同人，共怀于民族文化之伟大，负荷使命之重要，相与发扬蹈厉"，"扬中夏之天声，神抗建之大业"。③

"国家总动员，首先由文化界开始"，固然是由于严峻的战争现实，"使中国抗战增加了更重的责任与更多而更苦的困难，更有赖于自力更生这一原则更认真更切实的实施起来"，需"百倍的加强"民众动员。但同时也意味着必须出现一个更为适合于进行动员的客观环境，"文化界自然热切的希望各方社会人士，尤其负责当局"，首先能够从物质上保证动员工作的进行，"例如纸张能有比较充分的供给，印刷能有比较完善的设备，集会能有较多的便利，研究讨论能有较广较宽的活动园地"；其次能够从生活上保障文化工作者的起码生存条件，如"稿费能做到适合各地生活程度的提高，对文艺工作者的待遇

---

① 王平陵：《太平洋暴风雨》，《扫荡报》1941年12月16日。
② 《文化界宣传周开幕各长官致词语多勖勉》，《大公报》1942年2月8日。
③ 《大公报》1942年2月8日。

能使其收入足以养家"；其三能够在创作上维护个人自由权利，"尤其是检查文稿作品必须在抗战所许可的范围内给予较多的写作自由，取消那些无谓的限制"。在这样的前提下，文化工作者将一如既往，发扬"顽强坚韧，忍苦耐劳"这一"中国几千年文化发展史的优良传统"，"己立立人，己达达人"，沿着为抗战建国而"启蒙觉后的道路"，去实现"智识的培植，心情的振发，艺术的修养，技巧的熟练，风度气派的熏陶，人格气节的煦育"。①

可见，文化界总动员，不但是文化工作者作为国民先觉而进行抗战宣传和民众动员，并且是文化工作者作为文化建设者而促成一代文化新人的出现，由此而使中国文化在自由民主的氛围中向现代文化过渡。在这样的意义上，可以说文化界总动员也就是重庆文化运动在本时期的运动形态、运动机制和运动目的。因此，在反法西斯侵略的正义之战中，重庆这一时期的文化运动，既是新形势下的民主运动，又是个人自觉的群体运动，更是 20 世纪的中国文化向现代转型的战时运动，总而言之，是争取自由权利走向现代的文化界总动员。

国民党中央宣传部文化运动委员会，自 1941 年 2 月 7 日成立以来，一直企图进行三民主义文化的建设，一方面为"扶植文化团体之组织"，在全国各地建立各级文化运动委员会，以形成由上而下的文化运动指导体系；一方面为"充实文化工作之内容"，通过提供一定物质手段和组织文化学术活动，以确保"文化事业之推广与充实，各种艺术品内容之提高与策进"。②

到 1943 年上半年，由重庆市而外，广东、江西、福建、安徽、陕西、青海、甘肃、西康、河南等省也纷纷建立了相应的文化运动委员会，其中还建立了部分的县级文化运动委员会。③

与此同时，从文艺创作到学术研究都出现繁荣的景象，重庆的雾季演出连续取得成功，特别是在学术研究方面，仅重庆就有全国性学术团体 141 个，④再加上国民政府军事委员会政治部第三厅暨文化工作委员会的倡导和促进，"各种学术，不但没有退步，而且有长足的进步。"⑤

---

① 社论《论文化界的动员》，《新华日报》1942 年 2 月 7 日。
② 《文化运动委员会工作纲领》，《中国抗日战争时期大后方文学书系·文学运动》第 1 卷，重庆出版社 1988 年版。
③ 《抗战六年来的党务》，《抗战六年来之宣传战》，国民图书出版社 1943 年版。
④ 《文化消息》，《文化先锋》第 3 卷 2 期。
⑤ 中央文运会编，《中国战时学术》，天地出版社 1945 年版，第 1 页。

中央文运会除了对全国的文化运动进行指导外，对于重庆文化运动也积极进行干预。在日常性的活动中，首先，中央文运会根据国民精神总动员的有关规定，组织并主持每月一次的重庆文化界国民月会，通过由各文化团体轮流主办的方式，召集"从事文化工作的人和新闻记者、科学家、文学家、音乐家、剧作家、画家以及其他从事研究著述的人"，以便"传达中央法令，沟通政府与作家的感情"。由此中央文运会发挥了承上启下的中介作用。

其次，中央文运会实施其工作纲领中的有关措施，组织并主持每月一次的重庆文化界联谊会，通过每次由三至四个文化团体共同主办的方式，集中"各文化机关团体的负责人和工作人员"，"由主办单位报告工作概况，其意义在交换工作意见，联络文化机关的感情，以互相观摩。"[1]

在中央文运会成立一周年之际，特发表《文化运动委员会告文化界书》，称云："五千年来，我国文化随着历史发育滋长，早已奠定我国不可征服之基础，显示了我国终必达富强康乐之境域，可见文化力量确是民族潜在的力量，文化建设确是国家基本的建设。"同时，"经过我们这四年半的艰苦奋斗，已跻于世界四大强国之列，也就是说我们已经担当了中国民族对世界人类所应负荷的责任。在日寇及其全体轴心国家一天不消灭，人类文明和正义和平一天未得到保障之前，我们的战斗也一天不能停止。我们建设之重要，因而高尚优美之文化，乃优秀人群生活之产物，国家灵魂的表征，民族精神所寄托，所以也只有高尚优美的文化的发扬光大，才是世界人类永久和平的真正保障。"

就文化运动而言，"文学艺术的进步，更为显著，一般作品经过了时间的磨练，与现实的要求，都已由粗制与模仿，进入于新的创造时期。无论文学戏剧电影美术音乐雕刻内容都愈见坚实，体裁也愈见新颖，技巧更见熟练。此外新闻事业者，独凭纸弹笔枪，坚毅不拔，贡献尤多。""抑有进者，基于文化界社会地位之重要，文化界人士又多为明哲贤达之士，当此实施加强国家总动员之际，实应当仁不让，以表率地位自居。"

"我们更相信加强文化界总动员乃加强国家总动员之基础，加强国家总动员乃迎接反侵略战争胜利之前驱。惟有文化界都能先成为健全之战斗员，然后全国人民乃都能成为健全之战斗员，整个国家乃始能成为统一强固之战斗体。"[2]

---

[1] 《文化消息》，《文化先锋》第 3 卷 2 期。
[2] 《大公报》1942 年 2 月 7 日。

国家总动员文化界宣传周的举办，就是为了具体体现出"国家总动员重在精神总动员，而精神总动员重在文化总动员"。[①]

从 2 月 7 日国家总动员文化界宣传周开幕起，重庆文化界就行动起来。

2 月 8 日为文艺界动员，举行诗歌朗诵，散发文艺专刊，举办文艺作品展览会、座谈会，以及露天歌舞大会。

2 月 9 日为电影戏剧界动员，放映露天电影，公演话剧、地方戏，借助电台广播在各影、剧院发动一元钱献机募捐。

2 月 10 日为音乐界动员，散发音乐特刊，由广播电台转播室内音乐演奏会，及合唱《国家总动员之歌》。

2 月 11 日为美术界动员，举行街头和室内美展，并召开座谈会以及进行广播演讲。

2 月 12 日为科学界动员，举办国防科学画展，放映军事科教片，举行科学界广播座谈会。

2 月 13 日为新闻出版界动员，各报刊登载总动员标语，举办广播演讲，成立记者联谊会。

2 月 14 日为国际文化界动员，举行国际文化团体座谈会，邀请国际友人作反法西斯侵略的广播演讲。

2 月 15 日为宗教界动员，天主教、基督教、佛教分别举行祈祷和平的宗教仪式，各宗教团体召开座谈会，以及广播演讲。

在此期间，2 月 13 日，中央文运会与国民党中央党史史料编纂委员会联合主办的革命史绩展览开幕，共展出史料 11.4 万余件。[②]

值得注意的是，在这一次重庆文化界整整一周的总动员中，从文艺界到宗教界的全国性文化团体发挥了主要的组织和领导作用，一方面通过宣传鼓动使国家总动员的号召深入人心，另一方面座谈总结了重庆乃至全国文化运动的成绩与不足，以及努力的方向，尤其是抗战文艺运动今后的发展趋向。

仅就创作而言，一方面是长诗、戏剧及翻译作品都有进步，创作虽少，但从事长篇写作的人却增多，文坛上将呈现出新的活泼姿态；[③]另一方面，随

---

① 《文化界宣传周开幕各长官致词诸多勖勉》，《大公报》1942 年 2 月 8 日。
② 《中央日报》1942 年 2 月 8 日至 16 日。
③ 《文艺界动员》，《大公报》1942 年 2 月 8 日。

着抗战歌曲的普及,所谓国乐与西洋音乐的门户之见已开始得到克服,需要在中西艺术结合的基础上创造出新音乐来。① 简言之,就是要更加真实地反映抗战生活,更加刻苦地进行艺术创新。这显然是揭示出抗战文艺在本时期的创作倾向的。

1942年10月2日,重庆市民众热烈欢迎美国总统罗斯福的特别代表威尔基飞抵重庆,这是自1879年美国前总统格兰特访华以后来中国访问的最高级别的美国人士。4日,蒋介石接见威尔基,开始就战后问题进行商讨。5日,周恩来会见威尔基。6日,威尔基发表广播演说,称谓全力反攻之时机已到。7日,蒋介石与威尔基再次商谈战后各项问题。9日,美英两国政府表示愿与中国政府谈判废止在华不平等条约问题并于10日声明放弃在华治外法权。10日,在重庆各界国庆纪念大会上,蒋介石代表国民政府宣告我国近百年来所受各国不平等条约之束缚可根本解除。②

在这反法西斯战争开始转入全面反攻与中国的国际地位日益提高的历史性时刻,"为着协助政府建立军中文化,全国慰劳总会和各团体决定在双十节这个富于历史意义的日子,开始了'文化设备捐募劳军运动',同在这一天,陪都各界文化劳军运动委员会正式成立,预期能在今后四个月的短期之内,举全社会的力量,筹集二千万元的捐款,用以建立军中文化,对我五百万英勇抗战战士,提供精神粮食,为着在抗战最艰苦的阶段强化战斗意志,发扬攻击精神,我们热烈地期望每一机关,每一团体,乃至每一国民都能竭力自己责任,而使这一运动获得美满的成功。"

"我们希望这一运动的意义,不单局限于捐款的募集,而应更进一步的使它成为一个广泛的民众运动,一定要在后方的人民大众里面卷起一个热烈地关切前方,热烈地援助前方,一切为着反法西斯侵略战争的胜利而斗争的巨浪,那么,这运动才能完成它百分之百的意义。""我们在此热烈地期望千万爱国有为的青年把热情和艺术活泼地带到军队中去,在准备反攻的前夕,增加战士的战斗力量,帮助政府建设起钢铁般的新军。"③

可见,"再卷起文化入伍的巨浪",不但是进行国家总动员的现实需要,

---

① 《音乐界动员》,《大公报》1942年2月10日。
② 《中央日报》1942年10月1日至11日。
③ 社论《再卷起文化入伍的巨浪》,《新华日报》1942年10月13日。

而且是强调了文化界总动员的紧迫与重要。因此，文化劳军运动既是振奋军民意志的运动，又是激励文化工作者更自觉地为抗战竭尽全力的运动，它意味着在动员民众的大前提下，在中国如何造就一代文化新人的实际运动的开端。

"军中的文化工作，文艺占有最重要的部分。正因为文艺是战斗的号音，风暴中的灯塔，一切事业的推动机，我们要使宣传的力量普遍而深入，都非文艺莫属。谁都知道，中国这一次与敌人决战，物质上并无丰富的凭藉，全赖决死的精神，热烈的士气，坚决的民心，因此，军中的文艺工作，在物质上配备比较落后的我们，实更有积极展开的必要。"

"此刻，全国艺术界为了适应抗战的需要，都已有了全国性的组织，情感上还相当融洽。我们诚能有计划地发动工作，并不难使大家集中在现有体制的机构下，真正做到为抗战而写作，为士兵的需要而写作，平心而论，政府为了支持许多艺术机构的存在，所施用的经费，实不在少，全国艺术界的人才，直接间接受政府聘用的，也有很多；不过，我们要把艺术当作军需事业的一种，充分表现武器的性能，获得艺术宣传的实效。"

"我热望爱国的诗人与画家们的崛起，奔放海潮一般的热情，歌颂神圣的斗争！揩绘新中国自由幸福的前景！""我热望在新中国的文艺史上，再来一次轰轰烈烈的复兴运动！"①

在这里，一方面更加强调抗战文艺进行抗战宣传和民众动员的服务功能，另一方面更加注重抗战文艺反映抗战现实民众生活的艺术功能。这就要求抗战文艺无论是作为战时文化传播手段也好，还是作为战时文化表达方式也好，都应随着战争形势的变动，及时进行自我调整，以适应不断出现的文化需要。

1942年11月12日至12月12日，中央文运会组织重庆文化界举行了长达一个月的文化劳军运动，重庆文艺界、戏剧电影界、音乐美术界、新闻出版界均踊跃参加。除此之外，在中央文运会主办的刊物《文化先锋》上展开了关于文艺通俗化的讨论。

这一讨论是基于这样的现实："广大民众和士兵文化水准的提高"——在部队里，"没有一个士兵不关心着时事，在讲演会里，在讨论会里，在壁报上，对德苏战争，对美英谈判，不断的提出问题和意见，充分反映了他们对于国内

---

① 王平陵：《展开军中的文艺工作》，《中央时报》、《扫荡报》1942年10月25日。

外局势的关切";而在民众方面,"他们关心着前方战事,更关心着后方的物价,在墟场上,在店铺里,随时都听到他们谈论着国家大事。"①

文化水准的提高将导致民主意识的产生。因此,通俗化不仅仅涉及到文化传播方式及手段的变化,在更大程度上是要真正使民众和士兵参加到文化运动中来,从而使他们成为战时文化建设的主体。这就要尊重和保障他们的自由权利,不光是提供必要的条件和形式,而且更重要的是转变固有的由雅通俗的意识。

一贯倡导通俗文艺的中国作家老向先生指出:"时代变动的太快,民众对于三国演义,西游记,一类大书不能满足;对于'金莲三寸小,步步生莲花'那类小调,也已感到厌烦。他们需要看前方英勇故事,也需要看世界大战的情形。"②

而"这一次盟邦的佳宾威尔基先生"却发现:"中国一般民众知识水准的低落,与夫配称一个民主国家的公民所应该具有的条件,感到意外的贫乏。"可见,在主观上,民众已要求扩展其文化的视野;在客观上,民众亟需改善其文化素质的落后现状。

因此,在文化界总动员中,还必须进行民众与士兵文化水准提高的工作:"前方作战的阵地,后方出产的原野,是我们工作的重心,前方的士兵,后方的农民是我们工作的对象,今后文化的动向,施政的纲领,只有贯注在这两方面,动员所有的力量,痛下功夫,才能彻底解清当前的危殆,使中国走上复兴图强的大路。"

这样,对于文艺通俗化的旧事重提的主要目的就是:以战时民众教育的最低点——"认识的单字是一千二百个"——为起点,"在通而不俗,俗不伤雅,雅俗共赏的原则下",来创作适合民众需要和现实要求的文艺作品,从而使民众在与"现代的新文化"的接触中,经过了"大时代的洗礼,具备了新公民的资格,变成最勇敢的战斗的一员"。③

1943年新春伊始,"中美、中英平等新约在我国近代史上招来了一个新的时代,挣脱了百年来的锁铐,中国已经是一个与列强开始平等的国,中国人已

---

① 操震球:《通俗化杂谈》,《文化杂志》第2卷1号,1942年3月25日。
② 老向:《通俗文艺的力量》,《文化先锋》第1卷14期,1942年12月1日。
③ 王平陵:《通俗文学再商兑》,《文化先锋》第1卷14期,1942年12月1日。

经是能够挺起胸昂起头来的人了，看一看春节这一天陪都街头熙攘的情景，听一听人群里面迸发出来的欢笑，真觉得一百年的耻辱已经勾销，我们民族的运命已经交临了充满喜悦的春天。"

"自由、民主、反奴役、反法西斯，这是奔腾澎湃，冲击着全世界人心的一种沛然莫之能御的时代的浪潮，而在这种主潮里而获得了新生的中国，必然的要创造出一种适应这个时代的新的文化。几千年的封建重压，一百年的外来侵略，不仅束缚了我们的政治军事经济的发展，更基本的是侵蚀了我们的民族精神，而使我们民族消失了自由地创造，勇敢地主张，无我地争斗的活力与气派。如何使懦者立，病者起，低头者挺胸，枯涸者润泽，这不二的药方，依旧是科学与民主。没有普遍而深入的科学建设，不仅无法粉碎封建残余，无法消灭经济落后，更重要的是无法恢复民族精神，无法改造民族性格，结果是一切平等徒言空卖。反过来说，科学只有在民主自由的土地才能滋长生根，封建专制和法西斯一直是科学精神的死敌。赛因斯（科学）德谟克拉西（民主），旧的药方，新的意义，五四以来的两个口号依旧是摆在我们文化工作者前面的亟待完成的课题。"[1]

人类与中国从古至今的文化发展史揭示了这样的必然之路：科学与民主将成为20世纪的中国走向现代文明的必不可少的桥梁。在这样的意义上，重庆文化运动也就沿着新文化运动的方向继续前进，通过对科学精神和民主思想的广泛传播，不但形成了要求实现民主宪政的强大社会舆论，同时更促进了争取自由权利的高度个人自觉，去创造新时代的新文化。

1943年9月6日至13日，国民党第五届十一中全会在重庆召开。会议通过了《关于实施宪政总报告之决议案》、《文化运动纲领草案》等一系列文件，并决定战后一年内召开国民大会，制颁宪法，实行宪政。[2]

同时，在《文化运动纲领草案》中，首先界定"文化是人类为了适应生存要求和生活所需产生的一切生活方式的总合的表现"；其次从这样的广义文化定义出发，规定"中华民族文化的哲学基础"是"民生哲学"；其三由这样的意识基础出发，提出"新文化的理想"就是"保存中华民族固有文化的优点"，"吸收西洋文化的精髓"；其四为达到这一目的，"必须以心理、伦理、

---

[1] 社论《新时代的新文化》，《新华日报》1943年2月8日。
[2] 《中国国民党大事记》，第345—346页。

社会、政治及经济等五大建设为基础"；其五为体用一致，作出对内对外中心工作的实施要项，重点在"建立三民主义的哲学、社会科学及文艺的理论体系"；其六以该纲领指导文化运动，由各级文化工作委员会负责，并由各级党部进行考核。①

国民党所要建设的新文化，也就是"所谓民族文化，自其内容言之，就是三民主义的文化"，"三民主义的文化就是复兴民族的文化"。三民主义文化"是以民族福利为前提的文化，是反个人、反阶级、反毒化、反奴化的文化"，"然而三民主义以世界大同为理想，三民主义文化也是世界文化之一环"。不但以政党意识取代了文化意识而以偏概全，同时还表现出否认人类文化历史进程的唯我独尊。造成这种文化虚无主义的妄自尊大的根源之一，就是对中国文化发展及其运动缺乏必要的科学的认识，反而从党派意识形态立场对之进行误认："中国自与西洋文化接触以后，即有文化运动的潜流。中体西用开其端，维新变法激其流，五四运动扬其波，这都是文化运动。但因为他们的指导原理不正确，实际行动无纲领，所以如无源之水，虽能澎湃于一时，究不能维持于久远。只有三民主义的文化运动，能合于中国国情和世界趋势，所以能成为一种民族文化运动的主流。"②

这种带有强烈党派色彩的文化偏见，首先不但混淆了文化发展过程中不同层面上的运动，同时也以政治的运动取代了文化的运动；其次不但否认了科学与民主是中国文化向现代转型的必要手段，同时也不承认个人主体地位确立与个人自由权利确认的必然性。正是由于这一在战时文化发展上的短视行为，不仅不利于重庆文化运动的正常发展，更为可虑的是，它将造成政治上彻底失败的无情后果。

应该指出的是，重庆文化运动的民主主义趋向在战时条件下，表现出以下特点：一是以三民主义为意识前提，一是以法律法规为合法依据。显然，当局对于三民主义的阐释和对于法律法规的制订，是以其战略和政治为出发点。虽然，在具体方式和手段上尽管可以根据现实的发展有所变化，但有一点是万变不离其宗的，那就是孙中山先生所教导的："人类的思想总是要进步的，要人类进步便不得不除去反对进步的障碍。除去障碍物，便是革命。"由此而

---

① 《文化先锋》第 2 卷 24 期。
② 张道藩：《建设民族文化——文化运动纲领之一点说明》，《文化先锋》第 6 卷 12—13 期合刊。

来，"革命的民权"就是"中国人民应有争取民主的一切权利，和反抗非民主的绝对自由"，而"中山先生所创导的三民主义，我们认为是足以保护革命民权并发展革命民权的主义。它毫无疑问是国利民福的工具，但决不应当视为国祀民仰的图腾"。"浅屑者流每谓三民主义之外无自由，三民主义之外无思想。此实大昧于主义创导之精神与思想发展之规律"——"自由乃主义之母，思想乃主义之乳"。① 这样，思想自由是中国人民必须争取的基本个人权利，自由思想是中国人民促进民主政治实现的有利武器。

1945年1月1日，因豫湘桂战役失利，面对社会各界的呼声，② 蒋介石宣称"准备建议中央，一俟军事形势稳定，反攻基础确立，最后胜利更有把握的时候，就要召开国民大会，颁布宪法，归政于全国的国民。"对此，重庆各界人士纷纷表示必须实行民主，以保证抗战胜利早日到来。③

在重庆文化界，无论是312人联名的所谓的《对时局的进言》，还是有751人签名的《为争胜利敬告国人——教育文化界联合声明》，尽管有着种种不尽相同之外，但均认为："故民主团结实为解决国内局势之主要前提"，④ "同时更应与美英苏及一切盟邦衷诚携手，齐一步调，争取民主抗战的胜利。"⑤ 这就充分表明重庆文化界总动员的成功是与文化工作者努力实践民主主义分不开的。

---

① 郭沫若：《为革命的民权而呼吁》，《沸羹集》，新文艺出版社1952年版。
② 《第二次世界大战大事纪要——起源、进程和结局》，第777页。
③ 《重庆大事记》，第234—235页。
④ 《对时局的进言》，《新华日报》1945年2月22日。
⑤ 《为争胜利敬告国人》，《中央日报》1945年4月15日。

第七章　大众传播形成体系

一、新闻事业总体性进步

　　1941年12月9日，中华民国国民政府正式向日本、德国、意大利宣战。中央广播电台与国际广播电台分别以不同的频率和语种，向全国和全世界及时进行广播；1942年1月1日由包括美英中苏四国在内的26国签署的《联合国家共同宣言》，也通过广播得到广泛宣传，宣告了中国抗战进入新的时期。

　　随着全世界反法西斯战线的形成，这就需要广播这一大众传播媒介以更快的速度，在更大的范围内发挥其传播优势，从而促进重庆的广播单向性舆论控制的状况发生了较大的改变：在正面报道重大政治新闻的同时，也播发，甚至直播各种战时文化活动的实况及消息；不仅政界人物得以借助广播控制舆论导向，而且各界人士也能够通过广播来扩大社会影响。这一改变开始体现出广播媒介的大众性与社会性的一致来。

　　同时，这一改变也是一个渐进的过程。早在1939年5月31日，周恩来应中央广播电台之邀，发表了题为《二期抗战的重心》的广播讲话，提出必须树立这样的战略思想："广泛开展游击战争"，"深入敌后，争取敌后，到那里去建立根据地，到那里去消灭敌人，以争取二期战争的胜利。"① 这一战略共识成为国共两党团结抗日的现实基石。

　　1941年9月21日，中央广播电台对我国有史以来第一次独立在甘肃进行日全食观测，首次进行现场实况广播报道，国际广播电台也以国语和英语即时广播了这一次的日全食观测。《中央日报》在9月22日的有关报道中称："在

---

① 《新华日报》1939年6月1日。

全民族以卧薪尝胆之精神，作团结抗日之奋斗时，中国在本土上进行的第一次有组织的日全食观测，其成功意义，已远远超出了'天文'范畴"。这不仅向全世界显示了中华民族艰苦卓绝的创作精神，同时也表达出中国人民之人心向背——正如一般长者感喟日全食为抗战接近胜利之预示——坚信抗战必胜。

进入1942年，从2月7日至15日，在重庆举行的国家总动员文化界宣传周中，广播更是以其即时直接的传播优越性成为普遍运用的媒介。从文艺界动员通过广播讨论文艺问题并进行诗歌朗诵始，无论是电影戏剧界、音乐界、美术界，还是科学界、新闻出版界、国际文化界、宗教界，在动员活动中，无一不使用广播演讲、演出或座谈等各种形式，从政府官员、国际人士、宗教人员到科学家、艺术家、文学家都纷纷走进播音室，形成了中国广播史上的空前壮观。这表明，广播对民众的开放，正是其实现大众性与社会性一致的有效途径。

尤其值得指出的是，2月13日是新闻出版界动员日，在这一天，重庆各报联合委员会与中国新闻学会举办了广播讲演，由冯有真讲述的《上海新闻界奋斗经过》，以孤岛新闻战士的英勇事迹来显示新闻工作者的抗日意志与决心；由彭革陈讲《新闻动员与新闻战》，强调了舆论工作与抗战之紧密关系来指出新闻工作者肩负的重大责任，从而促发新闻工作者在任重道远的全民抗战中做出应有的贡献。

果然，在2月14日下午2时举行的重庆记者联谊会成立大会上就迸发了团结战斗的呼声。当晚6时半，即对该会的成立及其意义迅速向海内外进行广播报道。重庆记者联谊会是在重庆记者座谈会的基础上，为适应新的战争与政治形势而成立的，阵容更整齐、目标更明确、更具代表性的新闻工作者团体之一，[①]由此可见重庆新闻界的团结精神与民主意识之高涨。

同时，重庆的对外广播，加强对日本公众与军队的"心理作战"，组织日本战俘作广播讲话，播出缴获的日军官兵的家信、日记，来揭露日本帝国主义的侵略罪行，来澄清事实使真相大白于天下，收到了较第一时期更大的成效。除此之外，更是对联合国家发起宣传攻势，介绍中国抗战的实际情况，以争取各国政府和人民对中国抗战的援助与支持。

---

① 该会有中国、外国记者一百多人，《中央日报》1942年2月15日。

1942年6月1日，蒋介石和宋美龄应美国陆军部邀请，为美国陆军纪念日作特别广播，在华美军代表也偕同参加广播，纵谈中国抗战与军备援华。中央广播电台为克服现场直播的时差，开播时间安排在当日凌晨2时54分，美国当地时间为5月31日下午3时，在美方的大力支持下，顺利完成向全美转播，引起强烈反响。美国陆军部长马歇尔来电称："此次贵台播送之特别节目，在美国转播结果十分良好，引起美国千百万听众之热烈兴趣和好感。"

6月7日，中央广播电台与国际广播电台对"美国祈祷日"的宣传报道更是别开生面。这是国民政府根据美国天主教联合会的请求而安排的，通过中国教友应邀为全美人民举行大规模祝福祈祷，加深并巩固中美两国人民之间的团结和友谊。

6月13日深夜，宋美龄以纪念自己毕业于美国卫斯理女子学院25周年的名义，在中央广播电台用英语对美进行现场直播讲演，高度强调了中国抗战对盟国的意义，她的母校及各地校友借机联名致电罗斯福总统，发起援华运动。

6月14日，是罗斯福总统倡议的"联合国日"，重庆处处张灯结彩，联合国旗帜迎风飘扬。这一天，中央广播电台与国际广播电台，除对有关庆祝活动进行不时报道外，组织了两次重大活动的现场直播：由新生活运动总会主办的联合国家代表讲演会，由13个国际文化团体主办的嘉陵宾馆晚餐会。在这些重庆有史以来的最大国际性盛会中，联合国家各国驻华使节纷纷发言，并同声传译成汉语向全国直接广播。同时，也在这一天，国民政府主要官员都通过电台发表演讲，林森对联合国家各国广播，戴季陶对印度广播，于右任对苏联广播，均以汉语演讲，外语译出的方式进行；而孙科、王宠惠以英语对英国广播，孔祥熙夫妇对美国作英语广播演讲。播出时间则根据各国时差，交错安排，以利收听。在此前后，中央广播电台与国际广播电台也同其他联合国家进行节目交流，收转美国副总统华莱士等同盟国政治家的一系列对华广播。[①]

这样，通过广播的传播作用，不但增进了联合国家各国政府和人民之间的相互了解与团结，而且更加坚定了中国政府和人民誓将反法西斯战争进行到底的必胜信念。这也是重庆在对外广播中所达到的前所未有的传播高峰，成为中国广播史上大书特书的一页。

---

① 汪学起等：《国民党中央广播电台史实简编》，《国民党中央广播电台概况》江苏省广播电视新闻研究所1988年编印。

"广播事业在抗战期中,施展了最大的力量,充分尽到政府喉舌的责任"。"至于广播事业的从业人员,在各自岗位上含辛茹苦,奋斗牺牲,屹立不摇的精神,即使与前方的战士相比,也无逊色"。"最近几年,物价高涨,生计日难,广播工作人员还是能够忍饥耐寒,勤奋不缀,毫不懈怠,……广播事业在获得胜利的进程中,是有其不可湮灭的贡献的。"①

同样也是在政府控制之下的电影事业,对于新闻纪录片的拍摄,虽然由于战时物质条件的困难,进入了一个相对萧条的时期。但是,仍然摄制了不少新闻纪录片。

1942 年 1 月 6 日成立以中方为主席的,中美英三国参加的反侵略国家联合宣传委员会,立即积极进行国际间宣传的联络交流与情报交换,研究增进宣传效果的有效措施。7 月中旬,中美英三国共同创立的联合国幻灯电影供应社正式成立。当年国民政府就送出《飞虎队》、《长沙三次大捷》、《我国入缅远征军御敌情形》、《英国议员团访华》等片去美英等国巡回展演,具体生动地表明"中国始终不屈",② 中国抗战是世界反法西斯战争不可缺少的重要组成部分。

随后,中央电影摄影场拍摄了新闻片《川省物产展览会》、《胜利公债》、《国宾华莱士》,纪录片《中国六年》、《新疆风物志》;中国电影制片厂也拍成新闻片《林主席入殓大典》、《林主席公祭》,纪录片《中国之抗战》。③ 这些弥足珍贵的影片留下了战时生活的真实记录。

在新闻摄影方面,由于各盟国驻华使馆此时相继在以重庆为中心的大后方纷纷设立了新闻处,提供了大量的新闻照片供各地民众教育馆及学校作经常性展出,同时也多次举办新闻摄影展览,内容包括战争场景与战时生活两方面,展示了各同盟国人民浴血奋战的顽强意志和不畏艰难的创造精神。而中国的有关机构也多次在欧美各同盟国举行中国抗战影展,进一步扩大了抗战中的中国的国际影响。

此外,在重庆还出版了以发表新闻照片为主的"画报",其中以由美国新

---

① 中央广播事业管理处处长吴道一于 1946 年 5 月 5 日在中央广播电台的讲话,《广播周报》复刊第 1 期。
② 《〈中国始终不屈〉,威尔基带回美国,全美将看银幕上的中国》,《新华日报》1942 年 10 月 10 日;该片由中央电影摄影场与美英使馆新闻处"合辑"。
③ 这是一个不完全的统计,系根据重庆各报上历年的电影消息综合。

闻处出资创办的周报《联合画报》发行时间最长，影响也最大，最高发行量达到 5 万份。该报报道以中国战场为主的反法西斯战争同盟国战况，不但通过建立发行渠道对大后方和各战区的抗日宣传和民众动员产生了有益影响，而且通过盟军飞机空中散发的方式在沦陷区引发了极大的震惊。①

可见新闻摄影在各国战时文化交流过程中越来越多地发挥其独特的传播作用。这既是各国政府重视和新闻摄影工作者努力的共同成果，也是新闻摄影的新闻性与直观性高度一致的结果。

值得注意的是，进入 1942 年来，国民政府又增开了大后方与国际间的直接通报的无线电路，随后又相继开辟了直通无线电话；同时在大后方也建立了有线电话和无线电路的通讯网络。②尤其是 1942 年 11 月，首次在重庆至洛杉矶开办无线电相片和真迹电报业务，1943 年 4 月，又首次开放重庆至昆明的无线电传真业务。③这些以重庆为中心的，功能多样而又强大的电讯网络的出现，对于新闻事业的发展无疑起到了直接推动的作用。

至此，可以说重庆的大众传播手段除了英美苏等国刚刚投入试播阶段的电视之外，已经与国际大众传播水平完全接近，从而提高了新闻传播的效率：新闻信息密度增大，新闻交流速度加快，新闻覆盖限度扩展。这就促动着重庆新闻事业向着更高的水平发展，尤其是对报业来说更是起到了大力推动作用。

抗战爆发以来，报业作为重庆新闻界的主体部分，发挥了极其重要的作用，同时，报纸的数量与通讯的数量都有所增加（鉴于报纸有复刊、改刊、创刊之分，发行时间也有长有短，为保持一致性，均以在重庆首次发行时间为准，而通讯社则以注册时间为准）。

重庆报纸发行状况统计表（1937.7—1945.9）④

年份	1937	1938	1939	1940	1941	1942	1943	1944	1945
数量	0	11	8	2	23	6	20	13	27

---

① 《中国大百科全书·新闻出版》，第 193—194、527 页。
② 《国民政府重庆陪都史》，第 397—398 页。
③ 《重庆大事记》，第 213、217 页。
④ 主要根据《重庆报纸一览表》(《重庆报史资料》第 11 辑）整理统计，时间未明确者不计。此外，《自由西报》系 1939 年迁渝复刊，《世界日报》在渝发行时间为 1945 年 5 月 1 日，而非 1945 年 11 月 14 日（此为注册时间），见《重庆新闻界大事记（抗日战争时期）》(《重庆报史资料》第 3 辑）。

重庆通讯社注册状况统计表（1937.7—1945.9）[①]

年份	1937	1938	1939	1940	1941	1942	1943	1944	1945
数量	0	3	6	3	2	1	8	4	4

这两个统计表粗略勾勒出抗战期间重庆报业的发展概况。

首先，重庆报纸数量的增加，以1941年底到1942年初为界，各有其特点。1938年呈现为第一个高点，主要是从南京、武汉、长沙等地的报纸迁渝复刊形成的。1940年落入低点，则表明在日机连续轰炸、市民疏散的情况下，所增加的报纸仅两家，其中包括从昆明迁渝的《益世报》。到1941年，日机轰炸渐成强弩之末，又再次跃上高点，出现了多家报纸面向社会以满足不同阶层的需要，如《卫生日报》、《重庆夜报》、《新闻日报》、《正气日报》（军中版）等。尤其是《千字报》，更是从小学教科书中选取常用汉字1000个为基本用字，以通俗白话报道新闻，适合识字无多的一般民众阅读。由此可见重庆报界在战时条件下为扩大报纸阅读面而做出的种种努力。

因此，可以说适应战时环境，满足社会需要，也就成为重庆文化运动第一时期中报纸发行的主导趋向。

1942年的低谷状态主要是受到国民政府进行战略与政略调整的影响所致。随着国际反法西斯战线的形成，中国新闻事业面向世界，出现了迅速回升的趋势，《大美晚报》于1943年在重庆复刊，成为继《自由西报》之后第二家英文报纸，到1944年又有《重庆新闻英文周刊》创办。到1945年，在民主浪潮的推动下，短短九个月内猛然上升到抗战以来的最高点，主要是由于各种政治力量急于发表自己的政见。因此，"创刊的周报特别多，因为花钱较少，两、三个人就可以办起来。还有的是为了组织新党，就要'宣传先行'。甚至有些周报迫不及待，连登记证还没有发下来，在本报报头下署名'正在申请登记中'，就开始公开发行了。"

所谓重庆周报联合会就是在这一背景下出现的，其18家会员中，在1945年9月前就出报的有《民间周报》、《社会报》、《天文台评论报》、《褒贬周报》、《远东周报》、《强者报》、《数字新闻》、《标准周报》等。"当时重庆周

[①] 根据《抗日战争时期各种报、社登记表（1937年到1945年）》（重庆市档案馆藏）整理统计，仅计入国内通讯社，外国通讯社驻华分社未作统计。

报总数在四、五十家以上，进步的也要占几十家，那时如《群众》、《生活》、《全民》，还有黄炎培办的《国迅》等组织了一个'陪都杂志联谊会'，这是代表进步力量的。属于国民党或党团员个人所办，包括民社党、青年党所办的周报，恐怕达到二十多家至三十家。所以我们这个'周联'会员只占到全市周报三分之一强！不能代表重庆市，甚至陪都的周报业"，"在1946年8月，各个会员报也各奔东西了"。①由此可见重庆报业在政治民主化进程中发挥了不容忽视的传播作用。

因此，紧随世界民主潮流，报纸趋于政党化，构成了重庆文化运动第二阶段报纸发行的主要特色。

其次，重庆通讯社数量的增加，导致了在1939年与1943年分别形成不同时期内的高点。这与报纸数量增加出现高点有相似之处，但也不尽相同，那就是通讯社更直接受到战时环境的种种限制。

1939年注册的通讯社半数注册时间为1月至3月，其中又以由外地迁渝者为多。自4月发生所谓的"国际间谍案"后，通讯社的注册就更为困难。4月8日，合众社和塔斯社的驻渝机构所聘用的中国籍记者，《星港日报》驻渝记者及一名留学德国的中国留学生，被重庆卫戍总司令部稽查处逮捕，并分别称之为美国间谍、苏联间谍、日本间谍和德国间谍。后由于美国大使馆出面抗议，被捕者才陆续给释放了。②尽管这一案件的内幕至今尚是个谜，但是，却能表明在战时环境下，新闻的采访与编发是很容易被当作情报的搜集与传递，从而引起对通讯社及其工作人员的严密监视和控制，因而直接影响着通讯社的创办。

1943年通讯社的明显增多，自然与战时通讯条件的改善相关，但更与国际形势变化所促成的国内局势变动有关。

1942年7月7日发表的《中国共产党中央委员会为纪念抗战五周年宣言》

---

① 陪都周报联合会中不少会员报无论是在《重庆报纸一览表》中，还是在《抗日战争时期各种报、社登记表（1937年到1945年）》里，均未收入其中，这直接与"正在申请登记中"即为"宣传先行"而出报有关，出现在同一时间的众多其他周报也存在类似情况。所以，通过抗战胜利前后出现的"周报热"，可以看到当时各派政治力量之间的纵横捭阖。陈兰荪：《陪都周报联合会始末》，《重庆报史资料》第15辑。
② 这一事件发生的时间当在1939年4月，而非1938年4月。这可能是由于当事者回忆中的失误所引起的时间差错，因为外国通讯社驻华机构最早也是1938年8月才迁渝的。《重庆报业大事记（1937.7—1945.8）》，《重庆报史资料》第14辑；舒宋侨《我做塔斯社中国记者的经历》，《重庆报史资料》第6辑；黄卓明《重庆全民通讯社的前前后后》，《重庆报史资料》第8辑。

中，就指出："世界战争中胜败谁属，已很明显，今年打败希特勒，明年打败日本，我们应有此信心，应为这个目标而共同奋斗。""中国共产党认为：全国军民必须一致拥护蒋委员长领导抗战。"为此，"必须按照三民主义与抗战建国纲领的原则改善内政，使人民更勇跃的为抗战而服务，才能战胜日寇，并为战后新中国的建立树立前提。"①

1942年8月，蒋介石即通过周恩来要求与毛泽东在西安相见，"谈谈问题"。毛泽东得知后一再表示"依目前形势，我似应见蒋"，且"见蒋有益无害"，而周恩来则认为会见的时机尚未成熟。结果由林彪代替毛泽东于10月到重庆来"谈谈"，一直待了八个月，而蒋介石不再旧话重提。这样，直到1945年抗战胜利之时才正式坐在一起认真地"谈谈问题"。②

尽管国共两党最高领导人的会谈此时未能如愿以偿，但由此可见国际和国内的形势，尤其是政治的因素，对于战时环境的改善与调节是起着决定性作用的。因此，1943年通讯社的增多应该归之于这一战时现实。

可以说，抗战时期重庆报业发展波澜起伏，高点频发。这表明随着抗战前途的渐趋明朗，来自战时环境的制约，已经逐渐从以战略需要为主转向以政治需要为主。同时，这也是与重庆文化运动从爱国主义到民主主义的大趋势相吻合的。

与此同时，重庆各报的副刊也渐趋规范化，这对于抗战文艺运动的发展无疑起到了推波助澜的作用。

一方面，减少副刊的政论性，增强副刊的文艺性。

《新华日报》创办之初的副刊《团结》即以政论为主，后改出包括文艺在内的不定期副刊专页，如《文艺专页》、《戏剧研究》、《时代音乐》、《木刻阵线》等，1942年9月18日创办《新华副刊》。"这一个改变并不只表示专刊减少和普通版的增加，因为跟随着新的名称的获得，这普通版也就得到了新的确定的内容，这就是如本报前两天的革新广告所说的，它将成为一个文化性的综合副刊"，注重文艺作品的发表，强调文艺批评的开展。③

《中央日报》自文艺副刊《平明》于1940年9月停刊后，所出《中央副

---

① 《新华日报》1942年7月7日。
② 韩辛茹：《毛主席在渝期间〈新华日报〉及重庆报界的一些重要活动》，《重庆报史资料》第16辑；《中国共产党抗日战争时期大事记》，第365、396页。
③ 《新华日报》1942年9月18日。

刊》，政论性有所增强，12 月开始以《每周电影》来作为其文艺性的补充，但 1941 年 2 月《每周电影》不再刊出，仅出 10 期。1942 年 6 月，《中央日报·扫荡报联合版》创办侧重文艺的副刊《艺林》。直到 1943 年 4 月 1 日，《平明》复刊，《中央日报》才再次出现文艺副刊。

另一方面，注意副刊的多样性，坚持副刊的连续性。

《新蜀报》自 1940 年 1 月 1 日创刊文艺副刊《蜀道》以来，于 1941 年又刊出《七天文艺》、《半月木刻》，1941 年另刊发《影与剧》，1944 年则出刊《新语》、《处女地》，其中《蜀道》与《新语》一直坚持到抗战胜利以后。这些副刊对于重庆抗战文艺运动的各个方面，从文学到艺术的各项活动，从理论到创作，从古典作品到现代作品，从知名作家到文艺新秀，无疑提供了相应的园地。《商务日报》自抗战爆发以来，除《山副》之外，随后又创刊《烽火》、《商副》，进行抗日救亡宣传。1938 年 11 月到 1939 年底副刊停发。1940 年相继出刊《中青副刊》、《绿洲》、《巴山》，发表了不少文艺作品，1941 年又停发。1942 年 8 月又开始刊出《锦城》，1943 年 9 月又停发。1945 年 6 月方始创办《茶座》，保持了与抗战文艺运动的某种联系。

《时事新报》自迁渝后，在 1938 年至 1939 年间短期刊出《戏剧》、《电影与戏剧》、《文座》等副刊，更是坚持文艺副刊《学灯》与《青光》出刊，一直到抗战胜利以后。《学灯》偏重于对文艺理论的探讨和对文艺历史的考察，《青光》侧重于文艺作品的发表和文艺创作的评论。它们作为在中国新文艺运动中发生过历史影响的文艺副刊，显然是同样有助于抗战文艺运动的自身发展的，《大公报》迁渝之后，除在 1941 年底到 1942 年初不长的时间内出刊《战国》之外，其文艺副刊《战线》从 1937 年 9 月 18 日创办以来，在重庆一直出刊到 1943 年 10 月 31 日，其出刊 995 期后停刊。但这"只算告一段落，不是夭折"，而是"每周改出《文艺》一次"，[①] 同样也出刊到战后，始终对抗战文艺运动，尤其是抗战文艺创作，尽可能予以积极的支持。

因此，重庆各报文艺副刊正是以其形象生动、灵活持久的大众传播效应，迅速而直接地促发着文艺大潮的汹涌澎湃。

"我国的新闻记者一向只有社会地位，而没有法律地位"，"新闻记者的职

---

① 《大公报》1943 年 10 月 31 日。

业组织，虽因为法规的不完备无法组成，但新闻记者并不散漫，他们也仍旧有组织，他们用学术团体的性质来发展了组织"。①

虽然中国青年新闻记者学会因种种原因于1941年4月24日被国民政府行政院社会部下命令停止活动，②但同年3月16日重建的中国新闻学会，以"在抗战宣传工作中建立中国新闻学"为己任，提出"唯有于工作实践中求学问"，"中国报人必须完成中国特有之新闻学，以应我抗战建国特殊之需要"。③

一方面，中国新闻学会与重庆各报联合委员会合作，首先于1941年5月15日为《大公报》获美国密苏里大学新闻学院荣誉奖章举行庆祝会，大公报社通过广播对美致辞中称："中国报纸在事业上是落后，但在精神上却不落后"，'中国相信反侵略势力最后一定胜利，中国将来一定奉行民主政治"。④随后两会又合作开展了包括排字比赛、球类比赛在内的各种活动，显示了重庆新闻界的朝气与活力。1943年9月2日，共同举行"九一"记者节纪念大会，引起社会广泛重视。自从1933年9月1日国民政府行政院令内政部、军政部这两部保护新闻从业人员以来，即开始的"九一"记者节纪念活动，⑤于1944年3月经国民政府行政院核定正式公布为每年一度的记者节。因此，在当年的纪念大会上，不但"检讨新闻界的现状和困难"，而且讨论了"对今后中国新闻事业应建立何种制度"，要求保障新闻事业自由权利。⑥

另一方面，中国新闻学会努力扩大其学术影响，于1942年1月15日和28日先后开会决定组织年刊出版，进行学术演讲。这样，从2月13日起在重庆市各区进行了长达数月的学术讲演活动，普及办报知识。⑦1942年9月1日，随着中国新闻学会年会的召开，《中国新闻学会年刊》出版，除了新闻理论的探讨之外，对"中国新闻界现势"，进行了总结："抗战以来，中国新闻事业经长时间之奋斗，发生剧烈之变化，与抗战形势相配合，成为阵容之主流。"⑧然而，

---

① 曹沛滋：《新闻记者职业组织与学术团体》，《中国新闻学会年刊》1942年版。
② 主要是由于该学会组织与体系方面不够严整，也受到外部政治因素的直接影响所致。参见曹沛滋：《新闻记者职业组织与学术团体》；熊明宣：《关于中国青年新闻记者学会的回忆》，《重庆报史资料》第8辑；《中国大百科全书·新闻出版》，第513—514页。
③ 萧同兹：《发刊缘起》，《中国新闻学会年刊》1942年版。
④ 宣谛之：《一年来中国新闻界大事记》，《中国新闻学会年刊》1942年版。
⑤ 《九一记者节之由来》，《中国新闻学会年刊》1942年版。
⑥ 《大公报》1944年9月2日。
⑦ 宣谛之：《一年来中国新闻界大事记》。
⑧ 陈铭德、周钦岳：《中国新闻界现势一瞥》，《中国新闻学会年刊》1942年版。

"近来很有人讨厌重庆的报多，其实世界七大都城的重庆有十家报馆，并不算太多，真正惹人讨厌的乃是这些报纸的单调。这需各报自己努力，把内容弄丰富，同时管理方面把检查尺度放宽，报的内容就不会单调了。"①这与此次年会决议要求政府中止制订《新闻记者条例》改颁《新闻记者公会法案》形成呼应。

1943 年 2 月 15 日，国民政府公布《新闻记者法》，首先界定"本法所称新闻记者，谓在日报社或通讯社担任发行人撰述编辑采访或主办发行及广告之人。"然后规定新闻记者证书领取资格及条件，以及新闻记者公会组织章程。②《新闻记者法》在给予中国新闻工作者以一定法律保障的同时，也对他们的新闻自由权利作了相当的限制，因而在 1943 年 10 月 1 日中国新闻学会年会上，就提请政府修订《新闻记者法》。③11 月 7 日，行政院核准新闻记者均应认为服任辅助作战勤务，不另动员召集服兵役。④

1944 年 5 月，由驻渝外国记者发起，并在驻华使团的支持下，国民党中央宣传部组织了中外记者西北参观团。该团包括美英苏三国记者 6 名，中国记者 9 名。中国记者分别来自《大公报》、《中央日报》、《扫荡报》、《国民公报》、《商务日报》、《时事新报》、《新民报》和中央通讯社。5 月 11 日乘飞机由重庆抵达宝鸡后，以当年慈禧太后的"花车"为专列，时走时停，沿途参观。到达西安后逗留 3 日与各界接触，路透社记者认为，"西安一切管制甚严，较重庆更缺乏自由空气"。⑤

随后改乘汽车，五天后到达第二战区司令长官阎锡山驻地"克难坡"，在长时间座谈会中，他大谈如何同共产党进行"革命竞赛"，搞"变法"和"新政"。5 月 31 日开始向延安进发。⑥

6 月 9 日，中外记者西北参观团抵达延安，10 日第二战区副司令长官朱德举行招待宴会。席间，中外记者代表分别在讲话中表示："将根据地的一切报道给全世界"，"一定要把见到的一切，忠实地报道给全国"。12 日，中国共产党主席毛泽东在与参观团座谈中，着重指出："远东决战快要到来，但是中国

---

① 王芸生：《新闻的选择与编辑》，《中国新闻学会年刊》1942 年版。
② 《国民政府公报》渝字第 545 号，1943 年 2 月 17 日。
③ 《大公报》1943 年 10 月 2 日。
④ 《大公报》1943 年 11 月 8 日。
⑤ 周本渊：《中外记者参观团访问延安》，《重庆报史资料》第 9 辑。
⑥ 谢爽秋：《我在〈扫荡报〉的工作，1944 年中外记者团延安之行》，《重庆报史资料》第 14 辑。

还缺乏一个推动战争所必须的民主制度,只有民主,抗战才有力量,才能取得胜利,才能建设新中国。"①

7月12日,参观团中的中国记者乘汽车离开延安,到西安后于25日飞抵重庆,途中商定29日起由各报同时报道延安之行,其中,《新民报》记者的长篇通讯《延安一月》以其新闻的真实性和报道的系统性产生了良好的社会反响。②与此同时,中央广播电台也将各报通讯进行了重复广播,迅速扩大了舆论影响。③这不但对于广大新闻工作者要求保障新闻自由是一个有力的支持,同时对于重庆的民主运动也无疑起到了强劲的推动作用。

重庆的新闻事业正是在中国走向现代的历史进程中不断发展,从而面向了世界。

二、出版事业多向度发展

太平洋战争爆发后,香港、上海等地的出版工作者陆续来到重庆,成为重庆出版界的生力军,因而重庆的出版事业进入了新的发展时期。

商务印书馆在1941年底成立了总管理处驻渝办事处,积极扩展业务。在编辑方面,除印行国定本教科书,翻印大学丛书及工具书之外,也注重新书的出版:"商务总处迁到重庆后,编辑人员少,力量薄弱,因此依靠馆外编辑力量,特别是依靠专家、学者及教授成了我们扩大出版品种、数量的最好办法。商务是当时一个历史悠久、出书数量最多的出版社,社会上和商务有投稿与出版密切关系的知名作者数以千计,具有组稿上非常有利的客观条件。来自专家、学者的稿件在质量上有保证,一般也不需要对来稿加工,就可以交工厂排印。这对提高工作效率是十分有利的。"在印刷方面,重庆分厂到1943年,"排字月可生产约四百万字,铅印月可生产两千令"。在发行方面,采取种种方式,避免图书积压,增加发行量,以保证资金的及时周转。④商务印书馆共

---

① 周本渊:《中外记者参观团访问延安》,《重庆报史资料》第9辑。
② 鉴于不同文章中对于中外记者西北之行在时间上略有出入,参照有关通讯暂时作此认定。参见周本渊:《中外记者参观团访问延安》;谢爽秋:《我在〈扫荡报〉的工作,1944年中外记者团延安之行》;邓季惺:《〈延安一月〉发表四十八周年——缅怀赵超构兄》,《重庆报史资料》第13辑。
③ 沈杰飞:《我与八年抗日战争中的〈扫荡报〉》,《重庆报史资料》第14辑。
④ 张毓黎:《商务印书馆总管理处迁渝时期的工作概况》,《重庆出版纪实·第一辑》。

出渝版图书1011种。①

中华书局总管理处亦于1942年初由香港迁来重庆，编辑部成立之后首先复刊《新中华》杂志，以后陆续复刊《小朋友》、《中华英语》等刊物，同时出版各种图书。②此外，还筹建中华书局印刷厂，投资华南印刷厂，开展书刊、钞票的印刷业务。③在发行工作中通过公平竞争的方式来与商务印书馆等对手一比高下，因为"当时重庆书店虽多，但有竞争力量的不多，只有几家大书店才有竞争力量，都在课本上竞争，图书上竞争很少。小书店与小书店之间无所谓竞争。小书店与大书店之间更无什么竞争，他们不但不竞争，反而是互相依靠，互相利用。小书店依靠大书店供应其货源，大书店利用小书店代其推销书，小书店是大书店争取经销书的对象，双方不存在竞争问题。"④中华书局共出渝版图书679种。⑤

商务印书馆、中华书局这些老字号大型现代出版社出现在重庆，在编辑工作社会化、印刷技术现代化、发行方式商业化三方面做出表率，这对于重庆出版事业的发展无疑起到了直接的推动作用，并且成为重庆出版中心地位的确立标志："出版业规模较大者，仍推商务印书馆，自沪港各厂被毁迁渝，扩充原有分馆后，现每周固定出新书一种，重印旧版书一种。其资格甚老之《东方杂志》，亦已复刊。中华书局亦赶印新出版物，并将《新中华》杂志复刊，惟教科书，仍供不应求。期刊杂志，新创甚多，蔚为全国中心"，出现了一批较著名的出版发行机构。⑥到1942年9月，重庆共有书店出版社114家，杂志社193家，印刷所122家。⑦

"国定本中小学教科书七家联合供应处（简称'七联处'），是抗日战争时期原教育部为解决大后方中小学校教科书的供应问题，特指定在重庆的商务印书馆、中华书局、世界书局、大东书局、开明书店、正中书局、文通书局七家出版单位组成的联合机构，承担印行国立编译馆主编国定本中小学教科书的任务。造货资金由教育部介绍向四联总处（战时中央、中国、交通、农民四个国

---

① 唐慎翔：《抗战期间重庆的出版发行机构及图书业》，《抗战时期西南的文化事业》，成都出版社1990年版。
② 吴铁声：《对中华书局在重庆的片断回忆》，《重庆出版纪实·第一辑》。
③ 沈谷身：《渝厂忆旧》，《重庆出版纪实·第一辑》。
④ 李介菴：《回忆中华书局重庆分局》，《重庆出版纪实·第一辑》。
⑤ 唐慎翔：《抗战期间重庆的出版发行机构及图书业》。
⑥ 《陪都工商年鉴》第6编，第10—11页。
⑦ 《国民政府年鉴·地方之部》，1943年印发，第15页。

家银行的联合机构）贷款，并为之作保。""关于各家应承担供应教科书的数量是按各家的资历和资金协商分配的。"①

七联处各出版社出版状况对照表（1937.7—1945.9）②

名称	注册资本（万元）	渝版书（种）	教科书份额（%）
商务印书馆	500	1011	23
中华书局	500	629	23
正中书局	5000	826	23
开明书店	30	38	7
大东书局	400	53	8
世界书局	300	不详	12
交通书局	45	8	4

七联处各出版社是重庆出版机构中闻名全国者，其渝版书约占整个抗战时期渝版书的一半左右。③

这表明，出版事业的发展同时也是从编辑、印刷到发行三个向度上的全面发展。至于出书种类的多少跟资本的多少并无直接相关性：中国文化服务社，自1938年12月25日在重庆成立到抗战结束，总资本高达3000万元，仅出书151种；而"三青团"书店，资本为50万元，1942年创办至抗战胜利，共出书148种。如果官方出版机构还难以令人信服，那么民间出版机构则更能予以充分证明：上海杂志公司自1938年4月迁渝后，注册资本为19万元，共出渝版书48种；五十年代出版社，1941年3月开办，注册资本为5万，共出渝版书52种。④

---

① 张志毅：《谈谈抗战时期的七联处》，《重庆出版纪实·第一辑》。
② 此表据唐慎翔《抗战期间重庆的出版发行机构及图书业》一文统计制作。又：世界书局在抗战时期出版了《大时代文艺丛书》、《罗曼·罗兰戏剧丛书》、《莎士比亚戏剧全集》等（《中国大百科全书·新闻出版》，第284页），其渝版书当在百种以上。
③ 据重庆市图书馆编《抗战时期图书书目（1937—1945）第一辑》，就所收书目共11752种进行统计，渝版书4386种。虽然是不完全统计，因为"本书目编完后，在馆藏旧书当中又清理出该项图书约数千余种，准备作为本书第二辑编印"。但是，《抗战时期图书书目（1937—1945）第二辑》"所收图书共计5481种，全部为我馆入藏的图书，凡第一辑上收有的书而后面未注'C'字者（表明当时我馆未入藏），也多在本辑内。另外，凡著录项中有一项与第一辑所列之书不同者，亦一律编入此辑。"另据唐慎翔《抗战期间重庆的出版发行机构及图书业》一文称：经有关机构注册行文审批的出版发行机构共404家，再加上未登记注册者，出版书刊的单位共有644家，出书8000余种，出期刊2000余种。由上述可见，抗战期间正式出版的渝版书当在4000至8000册之间。
④ 唐慎翔：《抗战期间重庆的出版发行机构及图书业》。

可见，出书数量固然受到资本总额的限制，却也并非总是要形成某种正比的，尤其是对非官方出版机构而言，在更大程度取决于实际的出版活动，而这一活动则与抗战的现实变化有着直接关系，1942年后对于实际的出版来说，战时环境的限制已经开始有所减退。1944年8月7日，国民政府主席兼行政院院长蒋介石就发布了《废止战时图书杂志原稿审查办法令》，[①] 即表明审查管制的相对松动，这也是在世界民主潮流冲击下，重庆民主运动掀起中，必然如此的正常现象。

"最近一年以来，文化界颇有一种蓬勃的气象，刊物不断的增加，新书争先恐后的出版，出版社的纷纷成立；虽然书刊的价格逐月高涨，而书铺子里却整天挤满了顾客，印刷所日夜开工，仍然应付不了出版界的要求，新书一出，旋踵即罄，真有所谓'洛阳纸贵'的气势，据出版界的人说，近来书刊的销路，不仅数量上较战前扩增三四倍，即流通的速度也增加了几倍。这种现象，不管怎么说，总是可喜的，至少这里是显示出一个事实，即国民文化水准一般的提高，因而对文化的要求也更迫切。"

以重庆为中心的出版事业虽然保持着与战时文化的现实发展之间的天然一致，来促进历史的伟大变动中民族意识大觉醒与国民思想大进步，"但是由于现实发展的不平衡，这种进步还不能普遍渗入到全国国民生活和文化中间，一般国民的思想还未能应和着这种进展而前进，特别是在大后方所谓文化中心的都市中间，文化思想显示非常空虚和混乱"。因此，"除了一些时髦的政论，除了一些讲义式的学术著作，除了一些公式主义的或单纯描写现象的文艺作品以外，我们是否有一二部可以作为这个时代思想的记录或指路碑的著作呢？这答案怕难以满意罢。"

同时，"持久抗战中，需要的那种韧性的战斗精神，在文化上表现非常薄弱"。"这还不过是说明文化上健康情感的衰退，而尤甚的，在这大敌当前国难方殷的时候，竟有人泰然地在高谈明哲保身的道理，咀嚼宋明理学的残渣，那种无动于衷的冷漠态度和太平观念，实在叫人惊心。据出版界的人说，目前销行最盛的正是这种市侩意识与奴隶思想的处世哲学底书籍，在民族抗战的艰苦途径中，这种消散群体意识的毒素底流播，不能不说是一种可怕的现象。这种现象的发展，不但会使文化萎缩，而对于民族的德性尤可能发生危险的影响。"

---

① 《国民政府公报》渝字699号，1944年8月7日。

这表现为出版事业商品化的消极倾向："商业势力控制了文化生产，利润的追求成为文化生产事业的主要目标，出版界成为小市民低级欲求的尾巴，处处讲究'生意眼'，讲究迎合市民阶级读者的脾胃，这样便产生了投机，盗版，翻版，乱编书籍，剥削作家，种种恶劣作风。市场的评价掩盖了文化的评价，于是浅薄无聊的小册子和低级趣味的刊物到处风行，而学术巨著反因产销的困难而为出版商所冷视。即使比较有意义的书籍的出版，也大多陷于散漫无计划的状态。商业势力不仅支配了文化的市场，并且也影响了文化人的创作活动，于是粗制滥造的风气渐渐养成，甚至有出版商出题目，著作家写文章的怪现象，这好比急火烧饭，非生即焦，那里能收获什么好的东西。这种现象的发展，自然也就影响到一般文化创作水准的低落。"[1]

在历史促进的社会大变革中，出版事业作为大众传播事业，虽然应该商业化，但不能够商品化，否则不只是降低了民族文化的创造水准，更为可虑的是阻碍了民族文化的正常发展，甚至造成某种程度上的倒退。历史是惊人的相似。出版事业走向市场并不是为了控制文化生产，而是为了面向大众进行传播，为民族文化的健康发展提供必要的传播手段。然而，出版事业在走向市场的过程中，过分追求经济效益，就必然会造成商品化的负面效应。这可以说是具有普遍性和规律性的。

所幸的是，在1942年开始抬头的这一"以市场的评价掩盖了文化的评价"的出版怪现象，随即遭到了重庆文化界的反击，开始由文化工作者自己起来创办出版社，出版文化品位较高的各类丛书以促进文化创造水准的提高，推动战时文化的发展。此外，国民政府也颁布了《修正著作权法》等一系列法令，来保护著作者的合法权益，显然是有助于重庆文化工作者抵制出版中的恶劣倾向的。

同样也是对"这一年来的文学活动，如果站在书店商人所持有的'赚钱第一'的角度来观察，那么，据他们的经验，科学书刊的销行数远不如文学；文学之中，诗歌不如小说，小说不如剧本，而以文学的技术所写出的'处世经验'，'成功秘诀'，'恋爱哲学'……这一类的杂书，其行销之速，实尤在剧本之上。"

而文学的园地，除文艺期刊及各报文艺副刊之外，"还有一件值得提起的事，就是公私出版界都竞相从事于文艺丛书的发行。这一个风气的开端，是起

---

[1] 荃麟：《对于当前文化界的若干感想》，《文化杂志》第2卷5号，1942年7月25日。

于三年前商务印书馆大时代文艺丛书的出版。该丛书的执笔者，在文学上都有较好的素养，而表现的技术，又因为经过长时间的训练已是相当的纯熟，所以，每一部印成的作品，无论是诗歌、小说、戏剧、报告文学、散文和杂文，均得着读书界的重视，公认为大时代的最忠实的记录。本来是在香港的商务分馆印行的，自港埠沦陷，即在商务的驻渝办事处继续出版。"

"这以后，丛书风行了，在重庆，就有上海杂志公司出版的《每月文库》，文林出版社发行的《文学丛书》，文艺奖助金保管委员会主编的《中国文艺丛书》，此外，互生书店，国民图书出版社，独立出版社，正中书局均有成套的文艺丛书先后出版。"[1]

重庆出现的"丛书热"表现出这样的走向：从公办官方出版机构转向私营民间出版机构，从偏重政治性的丛书转向注重文艺性的丛书。

1942年以前开始印行的丛书，大多与重庆党、政、军各部门及其所属出版机构有关，如中国文化服务社的《中国国民党丛书》，独立出版社的《国民精神总动员会丛书》，正中书局的《县政丛书》，青年书店的《三民主义丛书通俗读物》等。[2]

1942年以后出版的文艺丛书，据不完全统计，至少在120种，而此时新创办的出版机构的数量也与之不相上下，其中由作家、学者等文化工作者组建机构并自行出版的文艺丛书占了这两者的大多数。[3]

文化生活出版社渝处1942年4月由巴金、吴朗西等人建立后，除继续出版战前就开始印行的《文学丛刊》、《文化生活丛刊》、《译文丛书》之外，相继出版了《现代长篇小说丛书》、《文季丛刊》、《文学小丛书》、《翻译小文库》。

群益出版社于1942年8月由郭沫若创办，出版了《群益现代剧丛》、《群益创作文丛》、《群益文艺小丛书》、《诗家丛刊》及《创作新丛》。

作家书屋于1943年10月由老舍、姚蓬子、顾颉刚合办，出版了《当代文

---

[1] 王平陵：《展望烽火中的文学园地》，《抗战五年》军事委员会政治部编印，1942年10月。互生书店由吴朗西的夫人柳静主持，本身未出版过书。王平陵显然是将文化生活出版社渝处误认为互生书店了。

[2] 这里的青年书店即1938年设立于"三青团"中央团部的青年出版社，而非"三青团"书店，参见唐慎翔《抗战期间重庆的出版发行机构及图书业》。

[3] 重庆市图书馆编《抗战时期出版图书书目（1937—1945）第一辑》，《抗战时期出版图书书目（1937—1945）第二辑》。

学丛书》、《法国文学名著译丛》、《儿童文库》、《文心丛书》、《中国文学史丛书》和《鲁迅研究丛刊》。

美学出版社于1942年8月，由冯亦代、袁水拍、徐迟创建，出版有《海滨小集》、《现代英美小说译丛》、《美学戏剧丛书》等。

此外，春草诗社出版了《春草诗丛》，诗焦点社出版了《诗焦点丛书》，骆驼社出版了《骆驼文艺小丛书》，突兀社出版了《突兀文艺丛书》。

在文艺丛书的出版方面，以上出版机构可以说是具有一定代表性的。

首先，从这些出版机构可以看出，无论是从外地迁渝重建，还是在本地直接创办，无论是以作家个人名义，还是由文学团体出面，都各尽所能地组织丛书的出版，其目的在促进抗战文艺创作以推动战时文化的向前发展，从而在出版这一环节上对出版商品化的恶劣倾向起到了不可小看的抑制作用。同时，它们也在出版界发挥了表率作用，促成了重庆的新出版业的尽快形成。

1943年12月，由作家书屋、群益出版社等13家出版发行机构联合发起成立新出版业联合总处，到1944年4月，共有成员19家。5月1日，又设立联营书店，作为联合发行机构。到1945年5月，参加联营的出版机构共32家。

其次，从所出版的文艺丛书也可以看到，这些丛书中的一大类系推出国内新老作家的作品，形成强有力的创作群体，坚持文化阵地，从而促进了艺术上较为成功的作品不断问世，并且迅速地产生较大的社会影响。同时，这些作品本身也成为中国新文艺发展过程中具有文学史地位的代表作品，如文化生活出版社渝处出版的《现代长篇小说丛书》，就包括了老舍的《骆驼祥子》，沙汀的《淘金记》，靳以的《前夕》，巴金的《憩园》等优秀之作。

这些丛书中的另一大类是译介美英法俄等国的优秀文学作品，既有经典性的世界文学名著，又有反法西斯主义的代表作品。通过评介，不仅有助于国人视野的开拓，对异域文化的把握，进行民族与民族之间的精神交流，从而确认提高文化素质的必要性；而且有利于增进中国人民与坚持正义与和平的各国人民之间的团结，坚信最后的胜利必将到来，完成民族意识的自觉转换，从而确立民族文化发展的未来方向。这样，就逐步奠定了中国走向世界的现实起点。

更具现实重要性的是，通过译介，激发起广大文化工作者进行文化创造的热情高涨，并为抗战文艺注入新的营养，使之不仅更有效地服务于抗战，同时也促进抗战文艺自身的发展。抗战文艺在本时期所取得的前所未有的进步，外来文学作品所产生的巨大影响也是重要原因之一。

　　文艺丛书的大量出版与文艺期刊创刊激增是同步的。1942年后重庆创刊的文艺期刊共33家，较之1942年以前的17家，增加了将近一倍。[①]这说明本时期重庆的出版事业发展确实是今非昔比了。一叶落而知秋，但整个图书出版状况更能全面地证明这一点。

抗战时期重庆图书出版状况对照表[②]

类别 \ 时期	1937.7—1941.12	1942.1—1945.9	合计
总类	65	122	187
哲学	75	173	248
宗教	4	22	26
自然科学	41	57	98
应用科学	98	245	343
统计	2	7	9
教育	65	121	186
礼俗	6	15	21
社会	68	109	177
经济	157	268	425
财政	46	94	140
政治	188	346	534
法律	33	113	146
军事	133	113	246
中国史地	42	124	166
世界史地	62	203	265
传记	69	175	244
考古	0	5	5
语文学	156	398	554
小说	59	308	367
艺术	30	69	99
总计	1299	3087	4386

---

① 重庆市图书馆编：《抗战期间重庆版文艺期刊篇名索引》。
② 据重庆市图书馆编《抗战时期出版图书书目（1937—1945）第一辑》统计。所统计者均注明重庆出版，凡未注明出版日期者均归入1942年以前统计；所统计者以"种"计算，重版、再版者均算为一种，不以"册"为计算单位；以刘国钧原编《中国图书分类法》为准。

有人认为"文化中心以编辑出版事业为标志",[①] 而事实上抽掉三位一体中的印刷与发行,也就去掉了出版事业的传播可能性,所以难以令人信服。较为准确的表述应该是文化中心同时也是出版中心,出版中心的形成与出版事业作为大众传播事业所达到的文化信息交流水平直接相关;文化中心控制着文化信息,出版事业传播着文化信息,正是出版物使二者统一起来。因此,出版物既是信息源的物化形式,又是信息传播的现实手段,出版物的质与量就具体地决定着文化信息交流的水平。在这样的意义上,可以说只有出版物才是文化中心的标示,因为它能反映出文化发展的变化来。

从《抗战时期重庆图书出版状况对照表》中可以看到,图书出版种类数量呈上升的总趋势,这表明中国抗战形势发生了有利于战时文化发展的变动。唯一看起来反常的是军事著作反而有所减少,与此同时,教育、政治、法律、世界史地、小说方面的图书则异乎一般地激增,这统统不过证实战时文化的需要从偏重军事转向多方面的发展,不但要求提高国民的文化素质,而且也要求培养国民的政治法律意识,从而形成民主运动开展的必要前提。

不可否认的是,重庆出版的图书质量一般往往被归之于其内容蕴涵,加之战时环境的影响,更加强化了审查过程中的意识形态色彩以及政治倾向性,因而导致对言论自由与出版自由进行种种干扰。通过战时审查制度控制图书的编辑出版成为普遍的现象,审查者与被审查者都将彼此的注意力执着于其上。1944年5月和9月包括出版界在内的重庆文化界,一再提出要求取消战时审查制度。但是,当局由于显而易见的政治原因而坚持预先审查,这一要求实际上只能再次被拒绝。

然而,图书质量还包括印刷与发行的因素在其中,否则就会导致类似"言之不文,行之不远"的现象发生。但这并非是言文之争,而是出版三要素的整体调适的问题。从传播功能的角度来讲,固然编辑是第一位的,但只有经过印刷与发行,图书才从手稿转变为进入市场的商品,可见三者的不可或缺。同时,印刷与发行更容易受到政治经济的限制,在种种变相的压制中失去了出版事业的自由权利。

1945年6月,联营书店所下属的29家出版社,联名以广告的形式在《大

---

① 姚福申:《中国编辑史》,复旦大学出版社1990年版,第410—411页。

公报》和《新华日报》上刊登《出版业的紧急呼吁》，并呈报国民政府行政院和国民党中央宣传部。《出版业的紧急呼吁》中提出了四项要求：平价供应纸张，限制印刷费用上涨，取消对邮寄书刊的限制，设立出版业文化贷款。由于这些要求是从改善出版的经济条件的角度提出来的，国民党中央宣传部于是召开座谈会，使出版界得以与财政部、交通部、社会局、印刷工会进行对话，用实际的行动来争取民主权利和自由权利。

当然，战时审查制度本身就意味着对于出版自由的限制，而战时环境又使之具有一定的合理性。因此，不在于去争论对于出版自由是应该限制还是不应该限制的话题，关键在于将这种限制保持在什么样的程度上，也就是审查者与出版者双方都能接受的最低限度。正是在这一点上，由于审查者运用手中掌握的权力来剥夺出版者所应拥有的权利，自始至终双方处于尖锐的冲突之中。中央图书杂志审查委员会"自廿七年十月至卅二年十二月列表取缔之书刊共一千六百二十种"，其中"一千四百一十四种中，经各地查获没收者仅五百五十九种，其余八百五十五种，则虚有取缔之名，而毫无所获"。[1]

尽管有人称抗战期间重庆被查禁的图书达2000多种，期刊200余种[2]。然而，随着抗战胜利的到来，重庆出版界仿法成都同仁，采取了自动拒检不送审的行动，遂使整个在抗战中建立起来的审查制度及有关机构徒具虚名。国民政府于1945年10月1日宣布，即日起废除战时新闻检查和书刊检查制度，原审查人员全部转移到收复区[3]。这样，困扰重庆出版界7年之久的审查梦魇终于消退了。

---

[1] 张克明：《国民党中央图书杂志审查委员会》，《重庆文史资料》第27辑。
[2] 唐慎翔：《抗战期间重庆的出版发行机构及图书业》。
[3] 《重庆大事记》，第244页。

第八章　文艺运动蓬勃开展

一、为自由生活而创造

太平洋上侵略战火突然蔓延，一贯坚守"保卫文化和创造文化的岗位"的中国文艺工作者，[1]又一次经历血与火的考验，怀着坚韧不拔的抗战意志与坚定不移的必胜信念，开始了更加猛烈的呐喊与无畏的求索。

1941年12月12日，中华全国文艺界抗敌协会举行诗歌晚会，依然按照事先的安排有条不紊地进行：郭沫若报告《中国音乐之史的检讨》，安娥、方殷朗诵藏云远的诗剧《雾海》，江村、陈天国朗诵方殷的诗《平凡的夜话》。[2]

这令人难忘的"平凡的夜话"，显示了处变不惊的自信与冷静，烈火真金般的英雄本色，因而具有异乎寻常的意义，它预示抗战文艺运动即将进入一个新的艺术创造时期。果然，在1942年的元旦后不久，中华全国文艺界抗敌协会举行新年第一次诗歌座谈会，纵谈新诗的用字和造句、音韵和情调、结构和表现方式。[3]于是，时代的歌者与战斗的鼓手，将以心灵的吟唱铸就艺术的利剑，在新诗的创作中披荆斩棘。抗战文艺将面对现实的挑战，更好地承担起历史的使命。

与此同时，中华全国电影界抗敌协会、中国木刻研究会、中华全国戏剧界抗敌协会、中华全国文艺界抗敌协会，先后以各种形式引导广大文艺工作者去认真思考："如何加强文化界总动员"？在团结抗战的大前提下，可能的回

---

[1]《致全世界反法西斯侵略战争的作家电》，《抗战文艺》第4卷2期。
[2]《新华日报》1941年12月12日。
[3] 苏光文：《抗战文学历程》，西南师范大学出版社1986年版，第125页。

答就是保障生存权利和创作自由。①

这样,抗战文艺不但是抗战现实的形象反映,也是个人体验的独特表现,抗战文艺运动将由此而走上民主之路。在这新的时代中,文艺工作者正是在理想与现实之间创造那自由的境地:

从远古,灰色的山城
便哺育着灰色的鹰

山城衰老了
城角流水里的影子啼泣着……

山城衰老了,而鹰在高天仍漫飞
天蓝色的梦里滑下嘹亮的歌音

鹰飞着,歌唱着
"自由,便是生活呵……"

于是山城在罪恶的雾中
哭泣着远古的生命底悲哀

以后,山城都在鹰底歌声的哺育下
复活了,而鹰是山城生命的前哨……②

1942年1月31日,两个月前刚成立的中国实验歌剧团,③与中国电影制片厂合作,在重庆公演了由陈定编剧,臧云远、李嘉作词,黄原洛作曲的"大歌剧"《秋子》,参演人员中演唱人员102人,演奏人员32人,以声乐和器乐的

---

① 文天行:《国统区抗战文学运动史稿》,第271—272页;《抗日战争时期国统区文艺大事记(续)》,《重庆师院学报》1981年第3期,第11—12页。
② 牛汉:《诗星》2集4—5期合刊,1942年4月。
③ 《新华日报》1941年12月1日。

艺术手段来塑造人物与展开剧情。①这是重庆抗战音乐运动中具有划时代意义的演出盛事。

首先，《秋子》一剧是取材于《群众》周刊所载报道《宫毅与秋子》，经过剧、词、曲创作人员的精心创作，与重庆音乐、舞蹈、戏剧、电影、舞台美术等方面的专业人员的通力合作，在舞台上展现了一对日本新婚夫妇的悲惨遭遇（在侵华战争中，宫毅应征作炮灰，秋子被迫充当军妓），以及他们的觉醒反抗，揭示了侵略战争对中日两国人民均造成了巨大的灾难，赞扬中日两国人民共同反对法西斯的牺牲精神，因而产生了艺术上的轰动效应，剧中《秋子的心》一歌随即在社会上广为传唱。1943 年 1 月，再次上演《秋子》一剧时，连演 16 场，场场爆满，真是盛况空前。②更为值得注意的是，《秋子》一剧的推出促发了关于"今后歌剧路向"的讨论。这是《秋子》一剧的执行导演、舞蹈家吴晓邦在《谈今后歌剧的路向问题》一文中提出来的，特别强调了在艺术上大胆创新的重要性。③《音乐月刊》等一些报刊上纷纷发表有关文章进行讨论。

其次，《秋子》一剧的演出确立了以"大歌剧"为代表的现代歌剧在重庆抗战音乐运动发展中的地位。从 1937 年 6 月，现代歌舞剧团、艺化旅行歌剧团、蝴蝶歌剧团相继在重庆演出歌剧开始，④到 1941 年 11 月，孩子剧团公演歌剧《农村曲》，⑤现代歌剧与传统的"歌剧"（即戏曲）相比较，无论在表演水平上，还是在演出规格上，都处于落后状态。此次《秋子》演出的成功，不但表明现代歌剧作为外来艺术形式同样能够服务于抗战，更说明抗战音乐即将转入一个艺术发展的新时期。1943 年 2 月，由中国实验歌剧团演出的第二个"大歌剧"《苗家月》，其中就包括了 70 余首具有少数民族特色的歌曲，并插入少数民族舞蹈，在载歌载舞的场面中歌颂加强民族团结，发扬抗战建国精神。⑥此外，还陆续上演了《大海之歌》、《女骑士》、《塞外春晓》、《荆轲》等现代歌剧。⑦这样，就开始了现代歌剧中国化和民族化的艺术尝试，不但对抗战音

---

① 《重庆市市中区文化艺术志》第 257 页。
② 同上。
③ 《新华日报》1942 年 3 月 16 日。
④ 《重庆大事记》，第 153 页。
⑤ 沈惠：《〈农村曲〉观感记》，《新华日报》1941 年 11 月 28 日。
⑥ 《新华日报》1943 年 2 月 9 日。
⑦ 《新华日报》1942 年 11 月 6 日。

乐运动，而且对抗战文艺运动都产生了不可低估的深远影响，创作自由的根基正是文艺工作者的艺术个性的独特表现需要。

1942年3月，国民政府行政院教育部音乐教育委员会在重庆从3月5日至4月5日开展音乐月活动，在歌咏运动的现有基础上进一步促进抗战音乐运动的全面发展。在这一空前盛举中，重庆音乐界举行了各种类型的演唱，演奏音乐会。值得注意的是，在这次活动中，是以专业人员的演出为主，既有军事委员会政治部抗敌歌咏团、国民党中央训练团军乐队、中华交响乐团等专业音乐团体，又有杨仲子、蔡绍序等演奏家、歌唱家，分别举行大型或个人的演奏、演唱音乐会。①

4月5日，中国音乐学会的成立更是将音乐月活动推向高潮，进而要求国民政府"明定音乐活动为正当社会教育活动"。②同时，4月5日也成为中华民国音乐节，每年4月为音乐月。这样，从3月初开始的音乐月在重庆一直延续到4月底，参加演出的专业音乐团体和个人也大为增多，特别是首次举行了室内乐演奏会、国乐演奏会。公演曲目中也出现了《木兰从军》、《海滨吹笛人》、《中国人》等一些具有民族特色的现代音乐作品，在大力倡导西洋音乐与民族音乐的同时，进行了将西洋音乐与民族音乐相融合的艺术探索。③

自此以后，随着一年一度的音乐节的到来，音乐月活动的积极进行，重庆抗战音乐运动得到较为迅速的发展，中国音乐界开始出现具有世界水准的音乐家与音乐作品，而重庆民众的音乐素质与音乐欣赏水平均有所提高。

重庆不仅是抗战音乐运动的中心，同时也为20世纪的中国音乐的发展做出了应有的贡献，尤其是在民族音乐方面，由中央广播电台音乐组发展成的"新型国乐队"，就是"我国近代第一支专业新型民族管弦乐队"；④国立音乐院的山歌社、中国音乐社等音乐社团，一方面收集、整理、出版民歌，推行民歌运动，以尽快提高民族音乐的地位，⑤另一方面通过对西洋音乐的学习，借鉴和转化，来进行创作，以促进民族音乐体系的建立。⑥

---

① 《新华日报》1943年3月11日、12日、14日、19日、20日、24日、26日、28日；4月2日。
② 《重庆市市中区文化艺术志》，第258页。
③ 《新华日报》1942年4月7日、24日、25日、26日、27日、29日；《重庆市市中区文化艺术志》，第257—258页。
④ 郑体思：《我国第一支新型民族管弦乐队的诞生与发展》，《重庆文化史料》1992年第2期。
⑤ 伍雍谊：《国立音乐院的"山歌社"》，《重庆文史资料》第27辑，西南师大出版社1993年版。
⑥ 余尚清：《忆"中国音乐社"》，《重庆文化史料》1990年第1期。

1945年2月，马思聪在重庆举行个人音乐会，演奏了自己近年来所创作的《绥远组曲》、《西藏音诗》等一系列作品，并以其高超精湛的音乐造诣和独特多样的演奏风格征服了广大听众。[①] 开始显示出现代中国音乐融通古今中外艺术境界的无穷魅力。这表明中国音乐只有在个人自由创造的艺术实践中来不断发展，才有可能走向世界，实现人类心灵的直接沟通。

1942年1月1日，国立中央大学各美术会主办的元旦画展开幕，11日，育才学校又举行图画展览，掀起了美术展览的热潮，显示了"艺术的新生命"。[②] 随后，从1月到3月，一方面是陆俨少、吴一峰、周圭、陆传纹、陈之佛、陈忠萱、许士骐等画家举行了个人画展，[③] 一方面是中国木刻研究会的木刻展览会、中华全国美术会的春季美术展览会、军事委员会政治部的第三次长沙大捷历史画稿展览会。[④] 在重庆各界人士大饱眼福的同时，也进行了学术活动，宗白华就进行了《中国艺术之写实、传神与造境》这样的专题讲座。[⑤] 这种浓郁的审美文化氛围显然有助于重庆抗战美术运动的进一步发展。不过，这种展览热的现象，却有着更为深刻的现实原因，之所以能够热起来，就在于美术界大家的云集山城和国民政府有关机构的空前重视。

首先，在中华全国美术界抗战协会、中华全国美术会、国立中央大学嘉陵美术会、蜀山美术会等美术团体中，荟萃了不少全国美术界的精英，而太平洋战争爆发后，更有大批美术界名人来到重庆，从而使重庆拥有了于右任、傅抱石、李可染、潘天寿、林风眠、徐悲鸿、丰子恺、叶浅予、廖冰兄、吴作人、刘开渠等中国美术界的一代翘楚，以之为核心形成了庞大的创作群体，囊括了书法、篆刻、国画、油画、漫画、版画、宣传画、雕塑、摄影等各个门类。

在欣欣向荣的创作与展出活动的同时，特别注重在中西艺术取长补短的前提下融会贯通。

徐悲鸿主张在国画创作中，"西方绘画可采入者融之"，创作了《穷妇》、《洗衣》、《抬举》等作品，重现了重庆的芸芸众生及街头小景，在刻意挥洒□不乏热情的踊动与冷峻的审视，把握住了市井生活后面深埋着的辛

---

① 《新华日报》1945年2月11日、12日、13日、16日、18日。
② 《新华日报》1942年1月3日、12日、19日。
③ 《新华日报》1942年1月22日、27日；2月21日；3月1日、8日、16日。
④ 《新华日报》1942年2月13日、21日；3月21日。
⑤ 《新华日报》1942年3月10日。

酸与严酷。①

丰子恺在漫画的信笔写意之中，不但有着辛辣明快的犀利，也有着诗情画意的温馨，留下了《粒粒皆辛苦》、《蜀江山碧水更青》、《草草杯盘供笑语，昏昏灯光话生平》这些韵味悠长的作品，显露了身在战时生活的重负之下仍不失一份雍容与自得的处之泰然。②

1942年10月14日举办的全国木刻展览会，其艺术水准已经在开始"渐渐地接近世界水平"。③这才形成了自此以后一年一度的检阅木刻创作成就的展览盛会，从而推动了木刻运动的发展，同时，在国民党中央宣传部的支持下，选送作品出国，在美国、英国、印度展出，得到各国人民的好评。

抗战美术，正是扎根于战时生活，在美术家的个人创作与展览之中展现其特有的风采，奠定了中国现代美术走向世界的基础。

其次，在全世界反法西斯阵线团结战斗气氛的影响下，国民政府进一步加强了抗日宣传和对外交流，美术无疑成为最佳的战时文化传播手段。教育部设立抗战美术制作委员会、美术教育委员会、美术采访团、敦煌艺术研究所，而国民党中央宣传部、军事委员会政治部、后方勤务部、兵役署及励志社等机构，"凡与政治宣传有关机关，大都均有美术组科设立。"④在国内，确定每年3月25日为美术节，每年举行两次大型美术展览，此外，个人展览会几乎每周都有，在国外，举办了在英国的纯艺术的美术品展览与在美国的抗战美术作品展览，"都博得了不少的赞誉，并加深欧美人士对中国和中国美术的认识"。⑤

中央文运会于1942年9月18日举办联合国艺术展览，展品达600余件，其中有林森、罗斯福的巨幅画像，蒋介石、宋美龄、陈纳德三人并立的巨幅油画，中英美苏各国战时摄影照片，吸引了重庆民众"甚为勇跃"的参观，以至展出时间由原定的3天延长到5天。⑥

教育部在1942年12月25日举办了第三届全国美术展览会。这是重庆有史以来规模最大的一次美术展览，也是八年抗战中唯一的一次，展品包括现代

---

① 《重庆市市中区文化艺术志》，第239—240页。
② 魏仲云：《丰子恺抗战时期在重庆》，《重庆文化史料》1990年第1期。
③ 毓林：《漫谈全国木刻展》，《新华日报》1942年10月15日。
④ 汪日章：《一年来的艺术》，《抗战五年》军事委员会政治部1942年编。
⑤ 张道藩：《抗战八年来陪都文化界概况》，《正言报》1945年11月29日。
⑥ 《新华日报》1942年9月19日。

类计 600 余件和古代类计 274 件，从古代艺术文物到现代美术创作，真是琳琅满目，美不胜收，所以参观者日逾万人，各报均用"拥挤不堪"加以形容。[①] 继国民政府主席林森"莅临参观"之后，[②]1943 年 1 月 11 日，于右任等人"均抽暇前往参观"。[③] 由此足见第三届全国美术展览会水准和规格之高，并且达到了相当的艺术品位。尽管因有关抗战题材的作品较少而受到舆论界的非议，但在民众的美术的欣赏能力与水平均有所提高的情况下，更加有必要提高美术创作的艺术标准，抗战美术必须以其艺术质量为其生命的保证，抗战美术运动更应该是中国美术向现代迈进，与世界美术不断缩小差距的自由创造运动。

重庆的抗战音乐运动和抗战美术运动的持续高涨，可以说是具有代表性的。它表明本时期抗战文艺运动之所以能兴旺发达，其主要原因之一就在于：随着文艺工作者对现实把握的程度与内心体验的深度都已经不同于抗战初期，在文艺服务于抗战的前提下，对于文艺自身的发展有着更自觉更执着的追求，从而成为推动抗战文艺运动迅速发展的巨大内驱力。

无论是从抗战音乐美术所达到的艺术创作高度来看，还是从抗战文学戏剧艺术复现水平来看，抗战文艺已经真正成为中国抗日战争时期的文艺。特别是在 20 世纪的中国文艺向现代形态过渡的历史进程中，通过战时环境的考验，更加证明服务于抗战的文艺，其立命安身之处依然只能是坚持自身的发展。此时，中国化与民族化对于抗战文艺来说，是决定其发展的必经之路：[④] 没有对现代文艺营养的汲取，抗战文艺就会缺乏盎然的生机，没有对传统文艺基因的承传，抗战文艺就会失去生长的根基。因此，在古今中外文艺的交融中坚持个人自由创造，是抗战文艺发展的唯一方向，而这正是每一个文艺工作者的职责与使命之所在。专业文艺工作者与各阶层民众，随着他们的文化素质和艺术修养的水平在实际上已取得程度不等的提高，同样也呼唤着抗战文艺向艺术的高度上升。

这一上升正是以对个人的自由创造的确认为前提的：现代舞蹈在重庆的开拓者吴晓邦就是以其"新舞蹈的表演"，通过民众对"个人舞蹈作品欣赏"

---

① 《新华日报》1942 年 12 月 26 日、27 日、28 日；《中央日报》1942 年 12 月 26 日。
② 《新华日报》1942 年 12 月 29 日。
③ 《中央日报》1943 年 1 月 12 日。
④ 从文化变迁的角度看：中国化是横向的以外来文化为主的交融；民族化是纵向的以本土文化为主的交融。

来逐渐扩大这一艺术样式的影响;而谐剧的创始人王永梭,正是以其个人艺术风格的形成奠定了这一崭新的艺术形式的基础,不但使谐剧得到了不断的发展,①同时对提高整个民间曲艺的文化品位也做出了有益的尝试。②

本时期抗战文艺运动以个人的自由创造为基点。从自由创造的个人方面来讲,就是对于文艺自身发展的自觉追求;从自由创造的社会方面来看,就是必须确保个人的一切自由权利,而这正是个人自由创造的首要前提。没有这样一个前提,抗战文艺就只能胎死腹中,抗战文艺运动也将走向末路。

在个人自由权利中,对文艺工作者来说有两方面的要求是最为迫切的:一是保障生存权益,一是取消审查制度。

由于战时经济的需要,通过加强税收来充实国力以坚持抗战,是在所难免的。但同时也给文艺工作者维持日常生活造成一定困难,如美术展览的展出税,音乐会的演奏税,戏剧电影的上演税,直接影响着抗战文艺的创作,甚至抗战文艺运动的顺利开展。

为此,重庆文艺工作者要求当局从维护生存权利以推进文艺服务于抗战出发,要求进行税收减免,③特别是反对以娱乐税的名义变相地损害文艺工作者的合法权益:

"戏剧事业在我们的国家已被承认为建立民族文化的主力之一,并且,政府是正企图以种种方法来推进它,扶植它,使它发展,使它巩固的。""然而事实使我们不能不怀疑,为什么政府一方面认为戏剧是一种文化事业,一方面却又把它当作消遣娱乐的东西来看待呢?在我们演剧的时候,为什么国家的征收机关又要向我们征抽'娱乐捐',而且是这样重的——百分之五十的'娱乐捐'呢?就我们常识来说,'娱乐捐'的征收,其意义与一般的完粮纳税不同,顾名思义,实含有'寓禁于征'的意思。如果是这样,那么,无异于是:政府一面在提倡戏剧,一面却又是限制戏剧了。"

"我们认为,为了正视听,为了戏剧真正能得到政府的积极的扶植,更为了解除那种不合理的矛盾事实,我们有权利向政府呼吁:戏剧不是娱乐!演

---

① 《重庆市市中区文化艺术志》,第95、268页。
② 文化品位是文艺的社会品位、艺术品位、文化品位中层次最深者,参见郝明工:《文学的雅与俗》,《重庆师院学报》1993年第4期。
③ 《新华日报》1943年8月27日。

剧不应该征收娱乐捐！"①

相对音乐界、美术界、戏剧界的同人而言，无税可征的文学界笔耕者更加勉为其难，他们必须通过出版发行的环节才能够从经济上得到生活的起码收入。所以，在所有的文艺工作者中，作家的日子是最难过的。

早在1940年就说过"我是一个诗人，做诗人实在苦得很"的高兰，②在他6岁的爱女因贫病夭折，永远离开他的时候，也许是诗人那敏锐的思绪长于捕捉时代的足音，也许是诗人那炽热的激情易于熔铸滚烫的诗句，也许是诗人那冷静的目光善于透视现实的根底，也许是诗人那坚韧的意志急于化为愤怒的霹雳，促使他在一年后将所有的这一切都化为"哭亡女苏菲"的如杜鹃啼血般的诗句：

"你哪里去了呢？我的苏菲！
去年今日，
你还在台上唱'打走日本出口气'！
今年今日啊！
你坟头已是绿草萋迷！"
……
"告诉我！孩子！
在那个世界里，
你是否还是把手指头放在口里，
呆望着别人的孩子吃着花生米？
望着别人的花衣服，
你忧郁的低下头去？"
……
"写作的生活呀！
使我快要成为一个乞丐！
我的脊背有些佝偻了，
我的头发已经有几茎斑白，

---

① 马彦祥：《为演剧征捐呼吁》，《中央日报》1944年2月15日。
② 《新蜀报》1940年1月31日。

在这个世界里，依旧是：
富贵的更为富贵，
贫穷的更为贫穷。"
……
"夜更深，
露更寒，
旷野将卷起狂飙！
雷雨闪电将振撼着千万重山！
我要走向风暴，
我已无所系恋！
孩子！
假如你听见有声音叩着你的墓穴！
那就是我最后的泪滴入了黄泉！"[①]

这首诗在一次又一次的朗诵会上激起听众的强烈共鸣，[②]如泣如诉的心声酿成了催人泪下的气氛，无论是广大民众，还是文艺工作者，都发出这样的叫声：维护作家的生存权利！[③]

1942年10月11日，中华全国文艺界抗敌协会举行茶会，商讨提高作家稿费及版税的办法，[④]并由理事会于28日通过《保障作家稿费版权版税意见书》，以"保障作家生活发扬文化运动"。[⑤]

这一保障作家生活权益的要求，得到了社会各界人士的响应与国民政府的支持。

1943年3月27日，在中华全国文艺界抗敌协会成立五周年纪念会上，"通过取缔任意编选偷印、救济贫困作家、筹募文艺基金等要案多起，及向主席、委员长及前方将士致敬电三通"；[⑥]并于1944年7月发起"募集援助贫病作家

[①] 《哭亡女苏菲》，《高兰朗诵诗》建中出版社1949年版。
[②] 魏仲云：《高兰与朗诵诗运动》，《重庆文化史料》1991年第2期。
[③] 龙钻：《作家劳动保障问题》，《新华日报》1942年4月17日。
[④] 文天行：《国统区抗战文学运动史稿》，第275页。
[⑤] 《抗战文艺》第8卷4期。
[⑥] 同上。

基金运动","测量而且加强文艺工作和社会人士的联系","我们不但看到了响应者这样的广泛，同时还看到了响应者的真诚","本会认为，从文艺运动以及民主运动的立场说，是一个令人感奋的胜利"。①1944年11月5日成立的中国著作人协会，也通过了关于稿费，著作人权益的议案多起。②与此同时，国民政府于1944年4月27日颁布了《修正著作权法》，9月5日又颁布了《著作权法施行细则》，通过立法来予以更具体的法律保障。③

战时审查制度的建立应该是有益于抗战建国的进行，特别是要根据战时客观条件来制订有关法规以进行必要的审查。否则，将直接影响到抗战文艺的创作与出版，不利于文艺服务于抗战。

无独有偶，品尝审查甘苦的仍然是以作家为最。特别是进行原稿审查，在太平洋战争爆发后，由图书杂志扩展到剧本，仅1942年，当局就颁布了《剧本出版及演出审查监督办法》、《演出剧本审查办法》。到1943年7月23日，中央图书杂志审查委员会规定：从8月1日起，中央机关及文化团体出版不公开发售的中英文刊物，不论适合免审规定与否，一律将原稿送重庆市图书杂志审查处审查。④这实际上有违《中国国民党抗战建国纲领》中有关言论出版自由的承诺，较大地限制了创作的自由。

为了争取自由权利，一方面在重庆各界人士的支持下，文艺工作者通过为洪深、老舍等人举行祝寿或创作周年纪念活动，来发扬"敢说、敢写、敢做"的精神，⑤"以文艺创作为终身事业，矢志不贰"，⑥因为，"扫除法西斯细菌须赖笔杆"。⑦借此强调了给予作家创作自由的必要性。

另一方面，文艺工作者以个人联合的方式团结其他文化界人士，多次要求取消原稿审查，保障创作权利。1944年5月3日，孙伏园、曹禺等共50余人，集会商讨言论出版自由等问题，一致要求取消对新闻图书杂志及戏剧演出的审查，尤其是要废止原稿审查。⑧这就表现出要求保障合法权利的积极性。

---

① 《为宣布结束募集援助贫病作家基金运动公启》，《抗战文艺》第10卷2—3期合刊。
② 《大公报》1944年11月6日。
③ 《国民政府公报》渝字第677、707号。
④ 文天行《国统区抗战文学运动史稿》，第279页。
⑤ 曹禺：《洪深先生五十寿辰贺词》，《新蜀报》1942年12月31日。
⑥ 《新华日报》1944年4月18日。
⑦ 郭沫若《文章入冠——祝老舍先生创作生活廿年》，《新华日报》1944年4月17日。
⑧ 《大公报》1944年5月4日。

在强大的社会舆论的压力下，国民政府也相应作出对策，于1944年7月1日明令公布《修正中央图书杂志审查委员会组织条例》，8月7日明令《战时图书杂志原稿审查办法》即行废止，[①]对审查机构与原稿送审进行具有针对性的调整，使这一限制有所松动。

1941年5月30日，诗人节的正式设立就是为了要效法屈原的伟大爱国精神，"诅咒侵略，讴歌创造，赞扬真理"，因而得到重庆各界人士和文艺工作者的一致响应，这正如老诗人于右任先生所说的那样："诗人也应该是战士啊！"[②]这同时也是对前一个阶段重庆抗战文艺运动的一个形象的总结：为争取中华民族的独立自由而歌唱，并成为重庆抗战文艺运动在后一个时期的发展起点。

这样，到1945年5月4日，第一次文艺节的举行，就是在四年来抗战文艺运动为争取民主生活而奋斗的基础上，坚持科学与民主的斗争方向，发扬新文艺的光荣传统——"文艺是人民的心灵的声音"，"文艺是人民的事业"，"文艺的对于民族、对于人民的服务，非通过文艺本身的发展力量不可"，[③]从而预言着一个文艺属于人民的时代的终将到来。

二、并非是文艺的贫困

战争无非是政治的继续，政治的冲突最终以战争的方式来解决，从而成为政治冲突双方之间力量的较量。因此，战争的正义性正是基于政治的合理性，即是否体现出人类社会在特定时代的发展趋势。正义战争的胜利将促进合理政治的进步，力量对比成为政治稳定的首要前提。太平洋战争提供了力量重组的契机，正义之战将迎来民主政治的普遍出现。

"指环就是力量"——"假如你问我什么是四年来奋勇抗战的中心意义，我以为莫过于借敌人的'不正义'，来硬铸出我们的'指环'，先有了指环，然后才配谈正义。"陈铨在《指环与正义》一文中作如是说。也许是该文的意志哲学面纱太重，难免引发种种的揣测与误解，应该予以再阐释。

[①]《国民政府公报》渝字第688、698号。
[②] 老舍：《第一届诗人节》，《宇宙风》第119—120期合刊。
[③]《为纪念文艺节公启》，《抗战文艺》第10卷2—3期合刊。

首先，"一个国家或民族，图谋自全以至发展，第一步办法就要取得指环。没有指环，只渴望正义来救，它的生命和自由必被断送。德国狂飙时代有一部著名的小说，名叫《马丁黑罗》。里面讲一尊蜡做的神，立在烧陶器的炉火旁边，陶器烧好了，蜡神却烧坏了。蜡神埋怨火太无正义，偏爱陶器。火的回答很简单：你应当埋怨自己没有抵抗的能力，我呢，无论在那里我都是火！""我所望于中国出版界与作家，也就是一点'马丁黑罗'的看法。少作些蜡神的抱怨，多提倡些陶器的精神。莫要怨火无情，因为到处都是火。"①

其次，"政治理想要崇高，但是理想政治却要切实。""崇高的政治理想，是政治生命的源泉，它可以教人生，它可以教人死，因为它追随了历史演进的进程。""但理想政治并不是要抛弃政治理想，乃是要把实现政治理想的步骤，清楚划分出来，依次实行，以达到理想的境界。"

"抗战以来，中国最有意义，最切合事实的口号，莫过于'军事第一，胜利第一'，'国家至上，民族至上'，'意志集中，力量集中'"。"孙中山先生虽然讲世界大同，他同时更提倡民族主义，世界大同是他的政治理想，民族主义才是他的理想政治"。"辽远的政治理想，外交官的辞令，暂时不必对民众宣传，先实行能够应付时代环境，争取中华民族独立自由的理想政治。"②

从上述引文中可以见出在大敌当前之下要求进行精神总动员，特别是文化界总动员的一种强烈而迫切的愿望，应该说这正是与抗战的现实发展和需要保持着一致。③

独及（林同济）在《寄语中国艺术人——恐怖、狂欢、虔恪》一文中提出了"你们要开辟一个'特强度'的崭新局面吗？"——"猛把恐怖，狂欢与虔恪揉着一团画出来！"《大公报》的编者在按语中指出："抗战以来，中国艺术，由绘画，雕刻，以至诗歌，戏剧，音乐，是不是确有崭新的发展——这是文化再造中的一个绝笃重要的问题。工具，取材，技术，这都是枝节，关键尤在企图一种精神上心灵上的革命。"

三大母题的提出，就是针对"兄弟们"那"一味的安眠"，"数千年的

---

① 《指环与正义》，《大公报》1941年12月17日。
② 《政治理想与理想政治》，《大公报》1942年1月28日。
③ 所谓"战国派"的意志至上论哲学，文化形态学史观是否具有一个法西斯主义的"实质"，显然是应该予以科学的讨论，决非是攻击一点而不及其余，甚至冠以骂名以收借钟馗打鬼之效所能盖棺论定的。

'修养'与消磨","四千年的圣训贤谟"所造成的"虚无"这样的精神状态进行疗救。[①]因此,"恐怖,狂欢,虔恪,煞是生活奋斗的三部曲。恐怖是慑服,也正是醒觉的开始,狂欢不是醉生梦死,而是情绪的奔放,能予胜利途中的迈进者以其所必须而应有之勇气。至于虔恪的境界,倒超出寻常成败得失的心理以外,古往今来大圣大贤,以及肩荷天下重任而成就百代的大事业者,庶几近之,所谓与造化同其功也",从而"启发中国新文化"。[②]

这实际上已经认识到抗战文艺运动与中国文化的现代转型之间的直接联系,尤其是在抗日战争走向最后的胜利的过程中,文艺工作者更应该承担起重塑中国文化人格的时代使命,促进由传统向现代的意识转换。

陈铨于此时倡导"民族文学运动",企图将抗战文艺运动引向民族主义的轨道。在这里,民族主义正是在"大战的世纪"中成为"个人意识的伸张与政治组织的强化"的"调人",既"富于自觉性,自动性",又"富于组织性,实力性","不仅仅是一个概念,乃拥有一个社会制度以为其执行意志的机关的"。在国际上,民族主义的出路"有待于联合国家的政治家"。在国内,由于"在二千年大一统皇权下,我们的民族意识未得充分发扬,年来刚露新芽,实不容中辍。我们的问题是必须在继续发展强烈的民族意识里求一个与世界合作之方"。于是乎,民族文学运动将成为反对"希特勒东条的武力威胁",解除那民族主义"空前的危机"的增进民族意识的具体运动。[③]然而,事与愿违。

首先,民族文学运动在理论倡导上的失误,致使其成为纸上的运动。尽管陈铨认识到"文学是文化形态的一部分","各时代有各时代的文化","各民族有各民族的文化",因而"时代的精神"和"民族的性格"对文学"有伟大的支配力量"。

但是,正确的认识而结出自相矛盾的果实:一方面是"一个人要认识自我,才能够创造有价值的文学,一个民族也要认识自我,对于世界文学然后才有真正的贡献";强调"没有民族文学,根本就没有世界文学;没有民族意识,也根本没有民族文学。"另一方面是"政治的力量支配一切,每一个民族都是一个严密组织的政治集团。文学家是集团中一分子,他的思想生活,同集

[①] 独及:《寄语中国艺术人——恐怖、狂欢、虔恪》,《大公报》1942年1月21日。
[②] 沈来秋:《读〈寄语中国艺术人〉后》,《文艺先锋》第2卷5—6期合刊。
[③] 林同济:《民族主义与二十世纪》,《大公报》1942年6月17日、24日。

团息息相关，离开政治，等于离开他自己大部分的思想生活，他创造的文学，还有多少意义呢？所以民族意识的提倡，不单是一个政治问题，同时也是一个文学问题。"这样就将民族意识等同于政治意识，民族文学囿于政治文学，成为政治的时代传声筒与民族号角，从而有悖于文学是崭新的自由创造，使时代精神无从表现，民族性格也难以重建。①

同时，陈铨认为："在某一个时代，民族意识还不够强烈，时代精神把一般作者领导到另外一个方向，使他们不能认识他们自己。在这种时候，真正的民族文学就不容易产生，它对于世界文学的贡献，因此也不能伟大。文学的情状既然这样，政治的情状当然也陷于一种苦闷的境界。全国民众意见分歧，没有中心的思想，中心的人物，中心的政治力量，来推动一切，团结一切。这是文学的末路，也是民族的末路。"② 显然，这是偏离了"时代精神有转变，民族特性表现的方式也有转变"的正确认识基点，过于注重民族意识与时代精神之间的冲突，坚持民族意识的形成与中心的思想、中心的人物，特别是中心的政治力量的确立直接有关。

这样，以文学即政治，民族意识即政治力量的视角来考察20世纪的中国新文化的发展，无论是学术思潮，③还是文学运动，④都是由个人主义经社会主义达到民族主义，"不以个人为中心，不以阶级为中心，而以全民族为中心。中华民族是一个整个的集团，这一个集团，不但要求生存，而且要求光荣的生存。在这样一个大前提之下，个人主义社会主义，都要听它的支配。"显然，由于忽视20世纪的中国新文化是一个具有连续性和一致性的发展过程，而进行三阶段的分割与超越的推演，其结论只能是——"我们可以不要个人自由，但是我们一定要民族自由，我们当然希望全世界的人类平等，但是我们先要求中国人和外国人平等。"⑤ 然而，真正的自由正是源于个人自由的确立，真正的平等是基于人类的平等。如此本末倒置，以至于所谓"中华民族第一次养成极强烈的民族意识"竟然带有反民主主义的倾向，与这一时期中时代与民族的需要是背道而驰的。在这样的民族主义感情中是不可能产生真正的民族文学，在

---

① 《民族文学运动》，《大公报》1942年5月13日。
② 同上。
③ 林同济：《第三期中国学术思潮——新阶段的展望》，《战国策》第14期。
④ 《民族文学运动》，《大公报》1942年5月13日。
⑤ 《民族文学运动》。

这样的民族主义范畴中也不能形成所倡导的文学运动。

其次，民族文学运动在进行尝试中的含混使其成为无人响应的运动。陈铨认为："民族文学运动的提出，在中国还只是一种尝试"。"这次抗战发生后，由于民族意识的普遍觉悟，正是中华民族感觉到自己是一个特殊民族的时候，也正是民族文学运动应运而生的时候。"

从民族文学运动倡导者所提出的关于民族文学的原则来看，"否定的三点"是：民族文学运动不是口号的运动，"一定要埋头苦干，多多创作出示范的作品"；不是排外的运动，对外来文化采取"批评的接受，把它好的部分，经过选择消化，补充自己的不足"；不是复古的运动，"前人的遗产固应该继承，但总以独出机杼为本"。至于"肯定的三点"是：民族文学运动要发扬固有精神，固有道德，民族意识，然则抱"仁者见仁，智者见智"的态度，于含糊其辞中语焉不详。① 就否定的三点与肯定的三点而言，前三点不过是民族文学运动的方法论，而后三点却正是民族文学运动的本质论，对这些原则阐释的明确与含混的不协调，是与所谓中国20世纪文化及文学发展三阶段论的理论主张直接相关的。自然会受到这样的批评："陈铨先生虽然口里说着'民族文学运动'，然而却不知道抗战文艺，就正是中国民族解放斗争的英雄史诗的真实的文学表现；而且抗战文艺运动，也就正是继承了五四以来的新文学的历史传统，更向前发展的中国新文学运动，陈铨先生居然无视了这一点，实令人大惑不解。"②

正是由于对民族文学运动的本质未能进行认真的把握与阐述，杨华在当时就指出："在'民族主义文学'这笼统的称号之下也包含着两种完全不同的内容。一种是帝国主义者、侵略主义者、独裁主义者宣扬黩武，鼓吹侵略弱小民族的文学（例如这一次世界大战前鼓吹'第三帝国'的德国文学和今日宣传'大亚细亚主义'的日本文学之类），另一种则是被压迫的弱小民族以及侵略国阵营内部的反侵略份子所致力的宣扬民族解放的文学。前者以帝国主义的侵略为中心，后者则以民族主义的解放、民主主义的自由为基干。"然后指出"民族主义文学"作为"官家文学"，"早在十年前就已'应运而生'了"！③

---

① 《民族文学运动试论》，《文化先锋》第1卷9期；《民族文学运动的意义》，《大公报》1942年6月20日。
② 戈矛：《什么是"民族文学运动"》，《新华日报》1942年6月30日。
③ 《关于文学底民族性——文艺时论之一》，《新华日报》1943年2月16日。

尽管陈铨所倡导的"民族文学运动"主张虽然因其含混被人误认为官家文学之流，并指责其"中华民族感觉到自己是一个特殊民族"之说是提倡"法西斯式的侵略精神"。①但是，陈铨使用"特殊民族"一语是用来讨论民族文学运动的必要性，关于"特殊"的理解也只能在这样的语境中进行："一国的文学，如果不把握到当时的特殊性，或者光跟着别人跑，是不会有成就的。中华民族有中华民族的特殊环境与特殊环境下所形成的特殊条件，一定要运用自己的语言和题材去创作，才能成为真正有价值的文学"。②因此，"特殊"，对于民族来说是空间性，对于时代来说是时间性，对于文学来说是形象性，对于作家来说是个体性……由于民族文学运动的性质不明确，难以引发社会性的反响，结果只能进行在以《民族文学》为阵地的范围内，成为少数人的活动。③

尽管民族文学运动本身停顿于理论倡导之中，但是，它以其特有的方式提出了有关抗战文艺运动发展的两个至关重要的问题：一个是抗战文艺与现实政治的关系，一个是文艺工作者与战时文化的关系。这两个问题如何解决，将直接影响到抗战文艺的自身发展与文艺工作者的创作方向，实际上也就是如何从社会与个人两方面来保证文艺自由的实现。

此时，在重庆已经开始对这两个问题进行讨论。

艾青认为："在为同一目的而进行艰苦斗争的时代，文艺应该（有时甚至必须）服从政治，因为后者必须具备了组织和汇集一切力量的能力，才能最后战胜敌人。但文艺并不就是政治的附庸物，或者是政治的留声机和播音器。文艺和政治的高度的结合，表现在文艺作品的高度的真实性上。""真实的形象，只能产生于文艺作者对于客观世界更紧密地关照中。所谓艺术价值，既是指那作品所包含的形象的丰富与真实——这是每一个真正的艺术家所曾经使自己痛苦和快乐的东西，也是他用来使自己效忠于他的政治理论的东西。"

这样，从真实性原则出发，就必须遵循"时代的政治方向"，坚持"抗日的立场"，"忠实地反映现实（不是现象），客观地描写现实"；"写抗日战争所带给社会的变化，和各个阶层的变化，这些变化不仅表现在日常生活的习惯改变上，同时也表现在人与人之间相互的心理关系变化上"；"提倡新颖，提倡创

---

① 《关于文学底民族性——文艺时论之一》，《新华日报》1943年2月16日。
② 陈铨：《民族文学运动试论》。
③ 1943年7月7日，陈铨主编的《民族文学》月刊创刊于重庆，1944年1月终刊。

造,用新的思想、情感、感觉,去和新的事物、新的世界拥抱"。

在这里,真实性不再局限于抗战文艺的创作层面上,而是扩张到抗战文艺的运动层面上去:"假如说,革命的理论是从思想上去影响人朝向革命,组织人为革命而行动;那末,革命的文艺创作则是从情感开始到理智去影响人走向革命,组织人为革命而生,为革命而死。"[①]

同时,抗战文艺运动也是战时文化发展过程的主要运动形态之一。正如郭沫若所指出的那样:"一般说来,反侵略性的战争,便和人类的创造精神,或文艺艺术的活动合拍,人类的文艺艺术活动,在他的本质上,便是一种战斗,是对于丑恶的战斗,对于虚伪的战斗,对于横暴的战斗,对于破坏的战斗,对于一切无秩序无道理无人性的黑暗势力的战斗,因此在进行着反侵略性的保护战的国家中,即在战争的期间,必然有一个文艺艺术活动的高潮,战争要集中一切力量,而这些活动根本就是战斗机构的一体,战争即是创造,创造即是战争,两者相得益彰,文艺艺术便自然有一段进境。"

"这种战争的艺术性或创造性,集中了人民的意志和一切的力量,特别是对于文艺艺术家们,使他们获得了一番意识界的清醒,认清了自己所从事的文艺艺术的本质和尊严,在和平时期对于文艺艺术的曲解或滥用,冒渎了文艺艺术的那些垃圾,在战争的烈火中都被焚毁了。"这就是正义战争中的创造性原则。

因此,"抗战对中国的文艺界起了一番净化的作用"——"中国的新旧文艺,在抗战前可以说都是和生活现实脱了节,旧的文艺局限于古代作品的摹拟,老早封闭了它的生命;新的文艺也局限于外国作品的摹拟,都是一些纸糊泥塑玩具,新旧的作家们同样也和生活现实脱了节,他们不是集中在上海北平等少数近代化了的都市,便是锢闭在书斋画室保守着自己的'象牙之塔',无论新旧左右,一律都是高蹈,一律都在卖弄玄虚,然而抗战的号角,却把全体的作家解救了,把我们吹送到了十字街头,吹送到了前线,吹送到了农村,吹送到了大后方的每一个角落,使他们接触了更广阔的天地,得以吸收更丰腴而健全的营养,新的艺术到这时才生了根,旧的艺术到这时才恢复了它的气息,新旧的壁垒到这时才逐渐的化除了。"

[①] 《对于目前文艺上几个问题的意见》,《文艺阵地》第7卷1期。

尽管可以说郭沫若对抗战前中国文艺无论"新旧左右"的"一律"贬低未免太过绝对（这也许是他留居海外多年对这期间的国内文艺状况不够熟悉的缘故），但他依据创造性法则作出如下判断："为文艺而战斗，为战斗而文艺，成为了一而二、二而一的东西，作家仍增进了他们的自信自觉，这些精神便是可能产生高度艺术作品的母胎"。这无疑是很有见地的，跟他积极投入推动战时文化发展的各种运动直接相关。文学艺术展示了形象化的第二自然，通过真实地创造而创造出真实的仅属于人的世界，以适应正义之战"肃清魔鬼，扫荡兽性，美化人生"的紧迫需要。①

1942年9月1日，张道藩发表了《我们所需要的文艺政策》，其文称："未讲新的文艺政策以前，得先解除一个障碍。这个障碍就是文艺与政治怎样发生关系问题。如果这个问题不解决，不仅使文艺作家不能接近三民主义，且使三民主义的信徒无从确立自己的文艺理论。"他认为三民主义既然是抗战建国最高指导原则，而文艺运动又必须配合政治经济的需要，因而抗战建国的文艺运动必然是三民主义文艺运动，抗战建国的文艺也必然是三民主义文艺。于此前提下，提出了具体的"六不"和"五要"的三民主义的文艺政策："六不"即"不专写社会的黑暗"，"不挑拨阶级的仇恨"，"不带悲观的色彩"，"不表现浪漫的情调"，"不写无意义的作品"，"不表现不正确的意识"；"五要"即"要创造我们的民族文艺"，"要为最苦痛的平民而写作"，"要以民族的立场而写作"，"要从理智里产作品"，"要用现实的形式"。②

丁伯骝就此文艺政策发表"读后感"，首先考察世界各国，发现"本世纪来，能确定一个文艺政策而且行之有效——确能有助于整个国策之运用的，自然要数苏联。这个国家对文艺政策的重视，证明了这话的正确——'一个具有完整建国理论的国家必需有一个与那理论一致的文艺政策'。"其次指出"六不政策"，"可以说是在消极方面树立一个不违背三民主义意识的写作准则；而'五要政策'，则是从积极方面树立一个有建设性的写作依据。"最后提出三民主义文艺政策的意义在于："文艺可以达成辅佐政治完成国民革命和新中国社会建设的任务"；"在消极方面无形阻止了再有不正当作品的产生"；"在

---

① 《中国战时的文学与艺术——二十七日在中美文化协会演讲词》，《新华日报》1942年5月28、29日连载。
② 《文化先锋》创刊号。

积极方面因为有正确的写作标准,健全了作家的意识,故易于产生为时代所需要大众所欢迎的伟大作品"。①

仅从这些有关文艺政策的论述来讲,似乎并没有对抗战文艺进行多少限制,但问题却在于,对于作为文艺政策意识形态基础的三民主义作了垄断性的规定:以"谋全国人民的生存"、"事实定解决问题的方法"、"仁爱为民生的重心"、"国族至上"这"四种基本意识"为"文艺所要表现的意识形态",②实际上从思想上对文艺创作进行了限制,不利于抗战文艺的全面发展,由此而引发了对这一文艺政策的讨论。

梁实秋在《关于"文艺政策"》一文中指出:"站在文艺的立场上看,现今世界各国只有两个类型,一个是由着文艺自由发展,一个是用鲜明的政策统治着文艺活动。"这样,"在英美,各种各样的文艺作品都可以自由的创作,自由的刊印,自由的销行,政府不加限制";而在苏联、德国和意大利,作为"他们的文艺政策应有的结果","不合于某一种'意识沃洛基'的作品是不能刊行的,有时还连累作者遭受迫害,不能在本国安居,或根本丧失性命",从而提出保障自由权利的要求。③

欧阳成方(欧阳凡海)在《关于"文艺政策"与"文艺武器论"》一文中认为"梁先生这篇文章所表现出来的自由民主主义的精神,我个人起码是觉得很宝贵的。他那种反对站在文艺之外来干涉文艺的主张是可以同意的",不过,他表示并不苟同梁实秋的文艺超功利观点,坚持"中国新文艺在理论上所指出的文艺的宣传和组织作用,是文艺本身的客观性能,理论家即使不指出来,客观事实不是一样存么?现在明确的把这种性能指出来了,我们有了明确的认识,就可以有目的有意识地把这种性能予以发挥。这是顺水推舟,而不是硬把文艺拿来做什么工具。"④

与此同时,沈从文发表了《文学运动的重造》,要求文艺"从商场和官场解放出来,再变成为学术一部门",强调要抱住这样的创作态度不放:"写作不苟且,文章见出风格和性格,对人生有深刻理解而又能加以表现。"他又反

---

① 《从建国的理论说到文艺政策——〈我们所需要的文艺政策〉读后感》,《文化先锋》第 1 卷 8 期。
② 张道藩:《我们所需要的文艺政策》。
③ 《文化先锋》第 1 卷 8 期。
④ 《新华日报》1943 年 1 月 4 日。

对"由'表现人生'转而为'装点政策'","用一种制度来消极限制作品",以及"先用金钱抢作家,再用作家抢群众",从而指出了文艺工作者始终应该在政策与金钱面前保持清醒,以保障精神自由的必要性。①

杨华在《文学底商业性和政治性——文艺时论之二》中,一方面赞同沈从文的正确看法,另一方面也指出他所主张的局限性:"总之,我们认为:以政治权力从外面去限制作家写作,固然得不到好结果;而作家在自己底作品之中表现政治见解,使自己底政治观念成为作品底骨干,作品底血肉,不是附加上去的赘疣或尾巴,却是当然也是必然的";同时,"纵在将作品当作商品的社会条件之下,也不会完全妨碍了忠实的作家产生比较优秀的作品,及这些作品在读者之中引起'爱好与敬重'。"②

为了推行三民主义文艺政策,《中央日报》于1942年11月14日转载了《我们所需要的文艺政策》,国民党中央宣传部及文化运动委员会又通过召开文艺政策座谈会,出刊文艺政策讨论专辑或专栏等形式,来扩大其社会影响;同时,国民党中央组织部制定《全国高中以上三民主义文艺竞赛办法》,通过各地学校党部执行,以实施其创作效应,企图由此形成全国性的三民主义文艺运动。

然而,"凡是文艺运动,不能单有运动而无文艺","如果不以作家底自发的要求和文学的现实的作品做基础,而以文学以外的力量(不论是政治力量或经济力量)来发动一种文艺运动,它的结果必须是落空的。因为一国的文学自有它本身底发展法则,自有它自己底历史轨道,如果违反了这种法则、逸出了这种轨道,而向它提出应急的要求,是必然不能兑现的"。抗战文艺运动正是以广大文艺工作者的行动和作品来"实证"的,决非是拿不出货色来的"文学贫困"的运动。③由此而进行具有针对性的批评。

其实,施蛰存发表《文学之贫困》,既非发怀古之幽情,"我并不主张文学观念之复古",也非专在指责抗战文艺的贫困,而是指出"显然可见文学愈'纯',愈贫困"。他不过是要求文学作为文化的表达方式应该充分展现文化内涵的丰富,并由之而提高个人文化素质:"历史、哲学与政治应该与小说诗歌

---
① 《文艺先锋》第1卷2期。
② 《新华日报》1943年2月17日。
③ 杨华:《"拿货色来看"和"文学贫困"——论文学时论之五》,《新华日报》1943年2月27日。

戏剧同样地成为一个有文学修养的学者底表现。"并且,"文学家也不应该仅仅是小说诗歌戏剧散文底写作者的尊称。甚至,文学家也不应该是一种职业。"这样就会促进抗战文艺文化品位的提高,"因为文学家的知识和生活丰富起来,文学的内容自然也充实起来了"。①这种呼吁看起来在此时颇有点不合时宜,难免"隐士们优游在云端"之讥。②实际上他已提出了文艺工作者必须更严于解剖自己才能承担起以先觉觉后觉的使命,同时也触及到了文艺工作者的学者化的文化走向。

1943年3月,在中华全国文艺界抗敌协会成立五周年之际,已经产生了这样的共识:"我们的能力终很有限,我们的路子可是走对了"——"建设起民族高度的新文艺来。"③"但是我们的努力还不够,我们还须得继续奋斗,增进发扬蹈厉的精神,争取自由平等的实质",④"必须表现生活的整体,而不是片面,人生现实是光明与黑暗交错的,生活的每一角莫不是光明与黑暗交错着,单写了光明,不现实,单写了黑暗面,也不现实。"⑤"今天,除专用我们的笔来动员民众打击敌人外,解放文化上的缠脚,戒绝精神上的鸦片,从千百年的封建压迫和一百年的帝国主义侵略下恢复我们民族健全自由的体魄和精神,已经是无可旁贷地加在我们肩上的责任了。"⑥由此可见抗战文艺运动依然保持着向前发展的势头,任何外来的干扰都不可能阻挡它的不断进步。

但是,"既然战争变成了持续的日常生活,文艺家就要在经营一种日常生活的情况下从事创作,或者为了从事创作而勉力地经营一种日常生活。"然而,它"并不是能够诱发创造力的广大的战斗生活,而是能够麻痹创造力的狭小的沉滞生活,这就有了被这种日常生活包围、疲乏、腐蚀、俘虏的可能。再联系到思想限制和物质困苦这双重的重压,这个可能就更大了。结果当然会引起主观战斗精神底衰落,主观战斗精神底衰落同时也就是对于客观现实的把握力、拥抱力、突击力的衰落。"因此,只有提高"人格力量或战斗要求","深入并

---

① 《文艺先锋》第1卷3期。
② 白尘:《读书随笔——文学的衰亡》,《文艺先锋》第1卷6期。
③ 老舍:《五年来的文协》,《抗战文艺》文协成立5周年纪念特刊。
④ 郭沫若:《新文艺的使命——纪念文协五周年》,《抗战文艺》文协成立5周年纪念特刊。
⑤ 茅盾:《抗战以来文艺理论的发展——为"文协"五周年纪念作》,《抗战文艺》文协成立5周年纪念特刊。
⑥ 社论:《祝"文协"成立五周年》,《新华日报》1943年3月27日。

且献身到现实生活",① 才能达到战时文化及抗战文艺发展所必需的真实性与创造性。

这样,"置身在为民主的斗争里面","从对于血肉的现实人生的搏斗开始",鞭挞"几千年的精神奴役的创伤","引起了深刻的自我斗争",在"精神扩展"中去进行"现实主义的斗争"。于是,在抗日战争中,"旧的人生底衰亡及其在衰亡过程上的挣扎和苦痛,新的人生底生长及其在生长过程上的欢乐和艰辛,从这里,伟大的民族找到了永生的道路,也从这里,伟大的文艺找到了创造的源泉。"②

三、古树的花朵

1942年1月13日,一场无情的大火在中国电影制片厂内猛烈地燃烧,损失达30万元之巨。③ 这就使得该厂本来就经费拮据的状况犹如雪上加霜,直接导致这个当时大后方最大的制片厂的拍摄工作陷于停滞,直到1942年10月底才开始续拍《日本间谍》,开拍《还我晴空》及《祖国之恋》,④ 逐渐走上了正轨。到1945年,已拍成《日本间谍》、《气壮山河》、《血溅樱花》、《还我故乡》和《警魂歌》等5部故事片。

此外,中央电影摄影场在1944年赶拍《建国之路》的外景时,整个外景队让湘桂大撤退中的难民潮一冲即散,摄影器材及胶片也随之全部损失,从而使原先在各方面条件均远逊于中国电影制片厂的中央电影摄影场,⑤ 实难为继,在本时期中未能拍出一部故事片。

《日本间谍》一片是根据报告文学《"神明的子孙"在中国——一个日本情报人员的自述》改编成电影的,展示了一个加入中国国籍的意大利人,在"九·一八"之后的东北,在被迫为日本人工作的同时又积极进行反日活动的

---

① 《文艺工作底发展及其努力方向——"文协"理事会推举五位理事商讨要点,由研究部执笔草成在第六届年会上宣读的参考论文》,《抗战文艺》第9卷3—4期合刊。
② 在这里,现实主义早已超出了所谓创作方法的概念范畴,从而引发了一场关于现实主义的论争,直接影响着抗战胜利后中国文艺的发展。胡风:《置身在为民主的斗争里面》,《希望》第1期。参见唐弢、严家炎主编《中国现代文学史(三)》,人民文学出版社1980年版,第461—478页。
③ 《新华日报》1942年1月17日。
④ 《新华日报》1942年10月7日。
⑤ 罗学濂:《抗战四年来的电影》,《文艺月刊》第11期8月号。

内心历程。① 未完成的《还我晴空》则是以重庆为背景，再现一个辗转来到大后方的普通中国家庭，在日机的狂轰乱炸中益发坚定了抗战到底这一信念的变化过程。②

这表明，本时期的抗战电影开始向着揭示人物的意识活动的方向发展。

《祖国之恋》在拍摄时即更名为《还我故乡》。这部影片如实描写了生活在沦陷区的主人公由受骗作日军顺民，终于在严峻的现实面前觉悟，加入了抗战的行列的全过程；并将这一过程置于侵略者与爱国者的你死我活的针锋相对的激烈搏斗中，着重揭示主人公意识深层所受到的传统文化负面的影响："中国人的心理，只要能够不离开家乡，能够太平过活，就满足了"，"中国人不多管闲事，不随便乱动，这些，日本人知道得很清楚，是中国人的最美的德性"。从侵略者的不怀好意的赞颂中足见这一影响的危害性。果然，主人公颇为得意地宣称："顺民？我们祖上不也做过两次顺民？元朝、清朝，打进关来做了我们的皇帝。到头了，还不是都给我们汉人同化了。"这样，合群的自大与十足的奴性就冠冕堂皇地混合为亡国奴的心安理得。但是，主人公在委曲求全中保持一点尊严的企图一次又一次地破灭，正是在老友惨死的愤怒与游击队袭击的兴奋中，主人公认识到："当国家在受敌人欺侮的时候，老百姓要各顾自己是万万不能的！"③

《还我故乡》的意义并不只在于完成了对"这一个"的较为完满的展示，更为重要的是，它揭示了战时文化发展的内在需要：通过抗战文艺的心灵化，进行文化意识的剖析与再造。这样，抗战文艺将展现出中华民族新旧嬗变的心灵史，抗战文艺运动将成为中华民族意识更新的心灵探索。所有这一切，都要求着文艺工作者在形象地表达战时文化的过程中必须更加开阔深入，更加丰富多彩地再现抗战现实生活，大力促进抗战文艺自身的发展，从而使之成为20世纪的中国文艺不可缺少的关键性的一环。

由于纪念性与正面性的审美特征对抗战文艺的发展具有自我的约束，就导致了抗战诗歌出现了散文化的趋势和展望胜利的趋势。

---

① 阳翰笙：《日本间谍》，《中国抗日战争时期大后方文学书系·电影》第18卷，重庆出版社1989年版。
② 苏怡：《还我晴空》，《天下文章》第2卷4期。
③ 史东山：《还我故乡》，明华出版社1946年版。

所谓散文化，也就是以民间化的明白晓畅的大众接受效果为前提，形成了诗歌体式上的"复沓"和"铺叙"，"现在的诗多用复沓，却只取其接近歌谣，取其是民间熟悉的表现法，因而可以教诗和大众接近些。还有，散文化的诗用了重叠，便散中有整，也是一种调剂的技巧。详尽的铺叙是民间文艺里常见的，为的是明白易解而能引起大众的注意。简短的含蓄的写出，是难于诉诸大众的。"老舍先生的《剑北篇》即以大鼓调进行景物的铺叙。

所谓展望胜利的趋势，也就是以抗战必胜这个全民族的情绪要求为中心，只不过"一般诗作者所熟悉的，努力的，是在大众的发现和内地的发现。他们发现大众的力量的强大，是我们的抗战建国的基础。他们发现内地的广博和美丽，增强我们的爱国心和自信心，像艾青先生的《火把》和《向太阳》，可以代表前者，臧克家先生的《东线归来》以及《淮上吟》，可以代表后者。《剑北篇》也属于后者。"[①]

这些长诗绝大多数（除《向太阳》外）都是所谓"报告长诗"，即诗体访问记或诗体通讯，主要是因为"纯粹出于要把长途旅行的见闻作成有诗为证。那么，也许有人要问：为什么不用散文写呢？回答是：行旅匆匆，未能做到每事必问；所以不敢一板一眼的细写。我所得的只是一些印象，以诗写出，或者较为合适。"[②] 显然，这就意味着抗战文艺的发展必须进入更高的阶段，有所突破，有所创新，以更深刻更鲜明地揭示新形势下全民族的情绪，而不是停留在某一个层面上，进而从整体上显现出民族的灵魂。

然而，这不是通过抗战诗歌散文化、甚至小说化就能解决的问题，相反，应当扩大诗歌作为一种文学样式的艺术功能，"中国四年来争取民族解放英雄的史实，必然要求着英雄史诗的产生。同时中国在抗战中可歌可泣的事情与日俱增，而这些悲壮的史实，不是抒情诗一个门类所能包容，且必须简切而更热情的，更强烈的反映了它，作为诗歌的另一门类的叙事诗，它的存在和提倡也是必要的。同时，在亟求反攻的今日，我们更应动员艺术部门的所能动员的门类，集中力量，为中国抗战，为整个世界反法西斯而服役也是必要。叙事诗的充分的使用，当然更有必要。"

因此，一方面要进行"叙事诗与小说的区别"："小说家在处理故事的时

---

① 朱自清：《抗战与诗》，《新诗杂话》三联书店1984年版。
② 《附录·致友人函》，《老舍文集》第13卷，人民文学出版社1988年版。

候，他创造了故事中的人物个性，把他自己的情感寄托于故事中的人物身上，使他们全人格化，他自己是多置身于故事之外的；使人们每当叙述一桩故事，我们不是在看见这作者在讲述，即看见他与这故事相适而不可分的。""小说注重在细节、描绘，连细节动作都弄得有声有色，它是侧重故事，且很客观的冷静的述说。诗歌呢，它的故事不过发一个引子，是一个骨骼，作者并不重视它，也不重视细节，即使注意了这些，他也是用他的热情专注于他要反映的点上面，并夸张他的某一点，而且是用的更精炼的语言。"

另一方面，要克服诗歌的散文化，反对"胡乱杂凑成篇，乱分章句，而自己也并不下苦功，虚心习作，去向活生生的生活里探求"的恶劣诗风；更要认真体验生活，造成散文化的最终根源就在于"诗人们太急于成名了。诗人们对现实隔着相当的距离，有的甚至还未'下凡'呢！至于有一些人，不敢面对现实甚至有意歪曲现实，忝列诗林，而把诗歌作为'敲门'，'登记'的工具。"①

抗战诗歌的发展要求着深化对文艺基本原理的认识，更要求着强化对抗战现实生活的体验。实际上这一事实表明，由于抗战现实的变化，本时期抗战文艺必须加快自身的发展才能在民主主义的潮流中完成把握生活、复现现实的文化使命。

诗人王亚平提出不但要"写抒情叙事诗"，②而且还要写政治讽刺诗，以便"诗人为了抒发自己的、民众的，以及民族的悲苦、仇恨，而不能或不愿用正面讴歌的创作方式的时候，于是就采用了从侧面、背面给予锐利的讽刺。这样产生的作品，便是政治讽刺诗。""之所以能发生艺术的政治效果，是因为他们在'诗歌与人生'，'诗歌与政治'合而为一的理解下，创造了具有讽刺性的作品"。因此，称"当前是'讽刺诗'的时代呵！"固然重点是在反法西斯与争取民主的政治层面上，③但从战时文化发展的角度来看，这还是不够的，更准确地讲，还应包括对于人生与社会的更为广泛更为全面的讽刺。

同时，政治讽刺诗正是通过讽刺来加强诗歌的政治性倾向的，对于文艺讽刺的审美本质的把握，是创作一切形式的讽刺文艺的必不可少的前提，那就

---

① 柳倩：《中国新诗歌的检讨及其前途》，《新华日报》1942年1月1日、6日。
② 《写抒情叙事诗》，《新蜀报》1942年3月4日。
③ 《论政治讽刺诗》，《新华日报》1942年3月20日。

是鲁迅先生所主张的"讽刺的生命是真实"。因此,"在创造这类作品的时候,或写政治风刺诗的时候,要从真实出发,同时要触到所写的最本质的东西,这是不可不注意的。"①

至此,坚持抗战文艺发展的创造性与真实性原则的必要性已经从理论上予以了阐释,从而构成了考察如何消解抗战文艺既存的纪实性和正面性相一致的审美格局,去发现并描述适合本时期抗战文艺运动需要的审美追求的一个支撑点。

随着1942年6月18日第二届诗人节的来临,臧克家创作了"平生最卖力气"的叙事长诗《范筑先》,这是"抗战以来第一篇试验的五千行的英雄史诗",②歌颂了中华民族"一个新的英雄,他以惊人的老龄和毅力推开过去,用战斗为国家民族和自己另辟一个崭新的生命。"范筑先这样的英雄是"古树的花朵"——抗战以来,以轰轰烈烈的死,表现了中华民族的气节与人格的英雄——"人的花朵,先后开放了许多,而范筑先,是这些人花中灿烂的一朵"。③

范筑先,不仅是现实中的抗日民族英雄,④也是"艺术上的人的人型",因之而成为中华民族在20世纪的"人花"——"古树的花朵"。这不但说明英雄史诗也是从生活真实经过艺术创造而成为艺术真实,从而形象化为中华民族战斗精神的个性之花;更加强调了战时文化需要确立理想文化人格,使之成为文化追求的楷模。

在叙述英雄业绩的同时,身居歌乐山麓的臧克家也以抒情的方式吟唱着"泥土的歌",这是"从我深心里发出来的一种最真挚的声音,我昵爱,偏爱着中国的乡村,爱得心痴、心痛,爱得要死。"这同样也是来自心灵里的关于中华民族的吟唱:"土气息"、"人型"、"大自然的风貌"组成了追忆文明古国的怅惘三部曲,镂刻出新旧交替时代中挣扎着的中国良心。⑤

---

① 柳倩:《论政治讽刺诗——诗歌通信之一》,《新蜀报》1942年9月22、23日连载。
② 臧克家:《我的诗生活》,《学习生活》第3卷5期、6期,第4卷1期连载。
③ 《范筑先》从1942年6月到8月在《诗创作》第12、13、14期上连载,后于12月底在重庆改名《古树的花朵》由东方书社出版,上述引文即自其序。
④ 范筑先,1881年生,山东馆陶人。1936年冬任国民政府山东省第六区行政督察专员、保安司令兼聊城县县长。抗战爆发后,坚持联合抗日,建立以聊城为中心的根据地进行敌后游击战,于1938年11月5日,在日军侵犯中壮烈殉国,时年57岁。参见黄美真、郝盛潮主编《中华民国史事件人物录》。上海人民出版社1987年版,第668—669页。
⑤ 《序句》,《泥土的歌》今日文艺社1943年版。

与臧克家由叙事而抒情相映成趣的,则是力扬在创作中由抒情转叙事,进行着同样的关于中华民族心灵的咏唱。这就是从《我底竖琴》要唱出"对于寒冷的仇恨",[1] 到《射虎者及其家族》中用笔复仇:写出了一代又一代冤屈所淤积成的仇恨,一代又一代汗血所灌溉成的好梦。[2]

这仇恨是深埋在心底的冤屈酿成的,但却依然一代又一代地深埋;这好梦是萦绕在脑海的虚荣织成的,但却仍旧一代又一代的萦绕:

"这是被压迫得过久的人们,
在仇恨的日子,
哭泣得太久,哭泣得太久,
想用这温暖的梦来拭去泪痕。

这是被鞭打得过久的人们,
有冤屈无处可伸,
想用那微末的虚荣,
来洗涤心头上的悲愤。"[3]

这就展示了古老民族精神上的负面:在"忍辱负重"中进行生存的苟延,在"造反有理"中挥霍刀剑的余威,在"奋发图强"中追求富贵的流转,在"善良宽厚"中迎来死神的降临。所有这些令名装饰之中的怯懦、麻木、势利、愚昧,足以使人战栗,"复仇"于是就拥有了更深刻的时代意义:重建中国文化。这就是为什么诗人要发出这样的叩问:

"可是,当我写完这悲歌的时候,
我却又在问着我自己,
'除了这,是不是,
还有更好的复仇的武器?'"[4]

---

[1] 《诗垦地》第10期,1942年6月20日出版。
[2] 《射虎者及其家族》,《文艺阵线》第7卷1期;《射虎者及其家族续编》,《诗文学》第1辑。
[3] 《射虎者及其家族续编》。
[4] 《射虎者及其家族》。

对于中华民族心灵的艺术探索，可以借助叙事和抒情的诗歌形式来进行。前者如《问妈妈》,[①]《爸爸杀日本强盗去了》,[②]《卖唱的盲者和一个流浪的孩子》,[③]《渔夫和渔妇》,[④]《这里的日子莫有亮》,[⑤]《白庙子》[⑥]等；后者如《晨歌》,[⑦]《嘉陵江夜曲》,[⑧]《高粱熟了》,[⑨]《海路历程》,[⑩]《火雾》,[⑪]《白鸟颂》[⑫]等。从这些出现在重庆的长篇诗作来看，无一不尽情地描绘或倾诉了战时生活的方方面面在不同个人心中所引发的种种震动，从时间与空间两个向度上构成了关于中国战时文化的诗意概观。

从这个激情澎湃的诗歌世界里，可以抽绎出这样的两方面的发展：从纪实性生成为史诗性，它以真实性为前提，通过对个体性形象内心世界的揭示，来描述民族文化心态的现实；从正面性生成为重构性，它以创造性为前提，通过对典范性形象主体意志的高扬来建立民族文化人格的理想。在人的基点上，真实性与创造性融为一体，于个体性与典范性的互补之中，达到现实与理想的协调一致。

在这里，民族文化意识构成中的形而下的文化心态与形而上的文化人格，将在民族个体以英雄典范为具体目标进行追求的过程中最终完成民族文化意识向着现代阶段的转换，这就是抗战文艺运动——以形象表达来实现以先觉觉后觉的历史使命的文化运动——的具体目标。因此，史诗性与重构性也就成为本时期抗战文艺的审美特征。

由于无论在时间跨度和空间广度上，还是在群体关系和个体性格上，小说对人及其生活的复现，较之其他文学样式及艺术门类，是最具整体性的。早在19世纪20年代，黑格尔就曾预言小说将成为现代史诗："史诗以叙事为职

[①] 胡来，《国民公报》1942年11月3日。
[②] 罗泗，《航程》文艺周刊，1943年9月23日。
[③] 白岩，《文艺杂志》新1卷第2期。
[④] 王采，《诗月报》之二。
[⑤] 沙欧，《文哨》第1卷1期。
[⑥] 夏渌，《春草诗丛》第3辑《钟声》。
[⑦] 屈楚，《新蜀报》1943年1月11日。
[⑧] 禾波，《新蜀报》1943年2月25日。
[⑨] 鲁丁，《文艺先锋》第3卷6期。
[⑩] 胡风，《希望》第1辑。
[⑪] 1944年作，《王亚平诗选》。
[⑫] 程铮，《文艺先锋》第4卷4期。

责，就须用一件动作（情节）的过程为对象，而这一动作在它的情境和广泛的联系上，须使人认识到它是一件与一个民族和一个时代的本身完整的世界密切相关的意义深远的事迹。所以一种民族精神的全部世界观和客观存在，经过由它本身所对象化成的具体形象，即实际发生的事迹，就形成了正式史诗的内容和形式。属于这个整体的一个方面是人类精神深处的宗教意识，另一方面是具体的客观存在，即政治生活，家庭生活乃至物质生活的方式，需要和满足需要的手段。史诗把这一切紧密地结合到一些个别人物身上，从而使这一切具有生命"——"关于现代民族生活和社会生活，在史诗领域里有最广阔天地的要算程度不同的各种小说。"①很显然，作为现代史诗的小说将成为从整体上表达一种民族文化的艺术方式。

同时，从小说创作来看，对于新时代中急剧发展的民族生活进行艺术的把握，需要经过较长时间的酝酿与较大范围的观察，才能够在揭示生活的底蕴的基点上进行总体上的现实观照，从而进入形象的塑造之中，最终完成艺术的复现。这就是说，小说的创作必须要保持一定的审美距离。

首先，这是小说作为现代史诗的需要。从小说在人类文明史上出现的时间来看，它是人类文明较高阶段中才出现的文艺表达手段，因而小说对文化的呈现，不可能意在即事而发，直接将生活事变迅速转换为艺术形象，而是一个渐进的深入拓展的创造过程。如果不这样，就会使小说失去反映生活的整体性，从而也就不再成其为现代史诗，重庆文化运动第一时期中的抗战小说对战时生活的描写多拘束于某一层面，与缺乏与现实保持审美距离是有着极大关系的。

其次，这是小说作为个人创作的需要。从创作的起点看，小说要求着作者更为长期地进行人生的体验和思考，因此，作者通常是在其艺术个性的前提下，对特定的生活领域反复挖掘来完成题材的选择，进入独立而艰苦的写作过程。这样，通过创造出来的小说世界形象生动地展现民族生活，特别是民族精神的现实状态，小说也就成为名符其实的史诗，重庆文化运动第二阶段中的抗战小说注意到了对现实保持应有的审美距离，开始对战时文化进行较为全面而又深入的反映。

---

① 〔德〕黑格尔：《美学》第 3 卷下册，商务印书馆 1981 年版，第 107、187 页。

1980 年，巴金在《关于〈火〉——〈创作回忆录〉之七》中写道："《火》一共三部，全是失败之作"，主要原因之一"就是考虑得不深，只看到生活的表面，而且写我自己并不熟悉的生活。我动笔时就知道我的笔下不会生产出完美的艺术品。我想写的也只是打击敌人的东西，也只是向群众宣传的东西，换句话说，也就是为当时斗争服务的东西。"[1]

巴金无疑是真诚的。当年他写作的动机和目的即在于："我写这小说，不仅想发散我的热情，宣泄我的悲愤，并且想鼓舞别人的勇气，巩固别人的信仰。我还想使人从一些简单的年轻人的活动里看出黎明中国的希望。老实说，我想写一本宣传的东西。但是看看写完的十八章，自己也觉得这工作失败了。也许我缺少充足的时间，也许我更缺少充分的经验和可以借用的材料。"[2] "为了宣传，我不敢掩饰自己的浅陋，就索性让它出版，去接受严正的指责。"[3] "它的罪名应该是'发展不够'。但我想，我的企图是不坏的。倘使我再有两倍的时间，我或许会把它写成一部比较站得稳的东西。"[4]

这表明遵循小说的创作规律与否是艺术上成功与失败的分水岭。然而，这已成为一个具有代表性的普遍现象。

茅盾在小说创作中也有着类似的感觉。他在创作《腐蚀》时有意拉长就主要是出于"宣传策略"的需要。[5]1942 年写成的关于香港脱险的中篇小说《劫后拾遗》，就是通讯报道式的"特写"。[6]至于被他无意中腰斩了的《霜叶红似二月花》，[7]与《走上岗位》，[8]虽难以揣度全豹，但由"从那天报上的形形色色中采取一小小插曲来作为题材"的《清明前后》发表后[9]所引发的争议来看，[10]还是可以看出他对战时生活的把握是立足于某一现象层面上的。

即使如老舍，在抗战已五年多后写成第一部长篇小说《火葬》，"它要关

---

[1] 香港《文汇报》1980 年 2 月 24 日。
[2] 《〈火〉第一部后记》，《火》第一部，开明书店 1940 年版。
[3] 《〈火〉第二部后记》，《火》第二部，开明书店 1941 年版。
[4] 《〈火〉第三部后记》，《火》第三部，开明书店 1943 年版。
[5] 《〈腐蚀〉后记》，《腐蚀》人民文学出版社 1954 年版。
[6] 《新版后记》，《劫后拾遗》，学艺出版社 1942 年版。
[7] 《文艺阵地》第 7 卷 1—4 期连载。
[8] 《文艺先锋》第 2 卷 2—6 期，第 4 卷 1、3、5 期，第 6 卷 1—2 期合刊，3、4、5 期连载。
[9] 《〈清明前后〉后记》开明书店 1945 年版。
[10] 《新华日报》1945 年 12 月 19 日。

心战争,它要告诉人们,在战争中敷衍与怯懦怎么恰好是自取灭亡。可是,它的愿望并不能挽救它的失败。它的失败不在于它不应当写战争,或是战争并无可写,而是我对战争知道得太少。我的一点感情象浮在水上的一滴油,荡来荡去,始终不能透入到水中去!"在这样的自我反省中,老舍认为出路就在于:"我应当写自己的确知道的人与事。但是,我不能因此而便把抗战放在一旁,而只写我知道的猫儿狗儿。"①

1943年元旦,有人就提出小说创作应该挖掘工人和农民的灵魂深处的变化,揭露社会中依然存在着的腐烂层,写出真实的战时生活来。②这样,在抗战小说,特别是中长篇小说的大量涌现之中,对新作新人的及时评论也是前所未有的,促进了小说影响的不断扩大。

1943年3月,《鸭嘴涝》的出版引起了一定的反响。③这是因为它"叫我们看到不少活生生的人,也看见一个活的社会","便见出那社会的经济、文化形态来。"同时,它如果对"礼教与生活力量写得更深厚强烈一些",这样,乡民们"由怕战争到敢抗战——才显着自然有力。"④这就将对民族文化负面的揭示与抗战直接联系起来的要求提了出来。因此,这部小说不仅是"表现抗战初期江南农村的蜕化过程",还较深入地揭示了乡民们逐渐觉醒的内心历程,在一定程度上反映出小农意识的消极影响。⑤

与此同时,穗青的《脱缰的马》中的主人们在时代的变革、民族的抗战中打开了眼界,通过这位农民士兵的心理变化来预示中国农村已经开始的由旧而新的变化:"不问这一点新觉醒的东西是多么微弱,多么模糊,他说不出来,甚至有时不自觉意识到,但是这东西确是生了根了,使他再也不能和两年前的自己一样了。"⑥于是,这位北方的农村小伙子,在新旧意识的冲突中更加坚定了信念:"只有赶走了鬼子,消灭了坏人,一切才会好起来。"⑦

从江南到西北,农村的变动和农民的变化,都程度不等地显现出战时文

---

① 老舍:《我怎样写〈火葬〉》,《火葬》重庆出版公司1944年版。
② 碧野:《对小说创作的一点期望》,《新华日报》1943年1月11日。
③ 吴组缃著,建国书店出版。
④ 老舍:《读〈鸭嘴涝〉》,《时事新报》1943年6月18日。
⑤ 以群:《〈鸭嘴涝〉读后》,《抗战文艺》第9卷1—2期合刊。
⑥ 茅盾:《关于〈脱缰的马〉》,《脱缰的马》自强出版社1943年版。
⑦ 以群:《评〈脱缰的马〉》,《抗战文艺》第9卷1—2期合刊。

化发展的趋向。然而，在《淘金记》中，①在大后方的乡镇上，作为权势者的士绅们卑鄙无耻与阴险毒辣都达到极点，在唯利是图中互相倾轧，堪称无恶不作，暴露了中国封建社会残留下来的最黑暗的一面。这样的一伙人居然还成为政权柱石，就从否定的方面强调文化重建的必要。

这阴森森的画面与1943年重新修改出版的《边城》中的明丽温馨的景象形成强烈的对照。②在那充满朴质、勤俭、和平、正直的人性氛围的湘西世界中完全是礼让与仁爱的世外桃源。在这别样天地中，怀古之幽情油然而生，或许使人平添些许生活的勇气甚至奋斗的信念，但恐怕面对现实时，仍然会做出噩梦来。因为此时湘西早已不是"中国的瑞士"，而是充满了血腥和杀戮的人间地狱。③

因此，必须开辟生路，以顽强的意志力冲破和克服种种有形与无形的束缚。这对于一个传统的中国女性来说，常常是燃烧"原始的强力"；这对于一个现代的中国女性来说，常常是献身于崇高的理想。

当精神的饥渴甚于肉体的需求的"饥饿的郭素娥"狂呼"我是女人，不准动我"的时候，④她的呼声"充满着那么强烈的生命力！一种人类灵魂里的呼声，这种呼声似乎是深沉而微弱的，然而却叫出了多少世纪来在旧传统磨难底下中国人的痛苦、苦闷与原始的反抗，而且也暗示了新的觉醒的最初过程。"⑤

与之相对应的是罗维娜，⑥"她唾弃那两人厮守着的狭小的自私的爱，她的爱是扩大了，而且在扩大的爱人民爱祖国的事业中她再不能允许自己把一个从这大事业中脱逃的人作为私情的爱的对象。然而这一升华，却需要代价。"取代内心痛苦的是"醇厚深远的对于人生的热爱，对于崇高的理想的执着"，这就为"这伟大时代的新型的女性描出一个明晰的面目来了。"⑦

同时出版于1944年的《风砂之恋》与《春暖花开的时候》都试图塑造新

---

① 沙汀，文化生活出版社1943年版。
② 沈从文，开明书店1943年版。
③ 〔美〕金介甫:《沈从文传》，时事出版社1991年版，第235—236页。
④ 路翎:《饥饿的郭素娥》，生活书店1943年版。
⑤ 邵荃麟:《评〈饥饿的郭素娥〉》，《青年文艺》第1卷6期。
⑥ 郁茹:《遥远的爱》自强出版社1944年版。
⑦ 茅盾:《关于〈遥远的爱〉》，《青年文艺》第1卷1期。

女性形象。前者"一方面是指那在陇海线弥漫的风砂中迷失了道路的一些青年，他们的眼睛有些被风砂打瞎了，因此徬徨而堕落；另一方面是指那奋斗的一群，勇敢地踏上了征途，投奔到那大风砂的地方去。"[1]后者要表达"春天是青年人的春天，未来是青年人的未来。我们不怕一切挫折、打击，跌倒了爬起，从荆棘中踏出一条路。将来的胜利者是我们，我们是未来世界的主人！"[2]对这二者茅盾以"潦草"一言以蔽之，[3]其根源则在于那过度浪漫的情调而显得不真实。较之同样是由二人分别所作的《没有花的春天》[4]及《牛全德与红萝卜》中[5]所塑造出来的粗犷而真实的农民战士形象，所谓的新女性竟似温室里娇弱的花，形成截然不同的形象对比。

至此，似乎抗战小说关于战时文化的描写应该画上一个完满的句号，但还不能。《四世同堂》中将人放到沦陷区的放大镜下来见出"北平人"与"道地中国人"的巨大人格差异：前者苟安、忍隐、麻木，后者敢为一个信念而杀身成仁。这样，老舍就通过他对于自己的确熟悉的生活的描写，展示了"真正中国的文化的真正力量"。[6]同时，《憩园》中不无同情地揭示了新旧园主必然没落的病根，[7]《第四病室》里生命的危崖边缘透出人性之光，[8]巴金也同样选择了他所习惯的题材进行创作，显示出战时文化发展在纵横两个方向上的局限所造成的社会心理缺陷：惰性与压抑。

本时期重庆以中长篇小说为主的抗战小说已经能够对战时文化进行整体性的表达，不但展示了战时生活，建立了各阶层诸色人等的形象画廊，更为重要的是揭示了文化心态的负面，塑造了理想的文化人格，简言之，显示出中国文化发展的方向来。

在这样的前提下，可以说《财主底儿女们》是可以称作具有代表性的小说的。首先，正如路翎所说的那样："我不想隐瞒，我所设想为我的对象的，

---

[1] 碧野：《前纪》，《风砂之恋》，群益出版社1944年版。
[2] 姚雪垠：《春暖花开的时候》，现代出版社1944年版。
[3] 茅盾：《读书杂记》，《文哨》第1卷1期。
[4] 碧野：《没有花的春天》，建国书店1946年版。
[5] 姚雪垠，文座出版社1942年版，1944年重新修订版。
[6] 老舍：《四世同堂·惶惑》，《扫荡报》1944年11月10日开始连载，良友复兴图书公司1946年版。
[7] 巴金：《憩园》，文化生活出版社1944年版。
[8] 巴金：《第四病室》，《文艺复兴》第2卷1期。

是那些蒋纯祖们。对于他们，这个蒋纯祖是举起了他底整个的生命在呼着。我希望人们在批评他底缺点，憎恶他底罪恶时候记着：他是因忠诚和勇敢而致悲惨，并且是高贵的。"其次，正如胡风所指出的那样："在这里，作者和他底人物们一道身在民族解放战争底伟大的风暴里面，面对着这悲痛的然而伟大的现实，用惊人的力量执行了全面的追求也就是全面的批判。"① 这样，在宏大的结构中充分体现史诗性与重构性的和谐统一，《财主底儿女们》不仅复现了民族的心灵，而且还肯定了民族文化发展的方向。

四、祖国在呼唤

　　戏剧的艺术综合性，将其他文学样式与艺术门类之所长集萃于一身，并通过二度创作在舞台上直接诉诸观众，造成了当时涵盖面最大的社会传播效果。特别是话剧，更是通过重现活生生的人生而产生着广泛影响，较之传统戏剧的"高台教化"更有过之，以致成为进行文化启蒙的有效途径。抗战戏剧更是显示出进行抗日宣传和民众动员的巨大作用，以至陈诚在抗战初期任职军事委员会政治部部长时，曾有十个演剧队能"当作十个师使用"之说；值此反法西斯战争全面展开之机，田汉进而赞成将演剧队扩充为一百队，即"一百个'文化师'"来"有效地争取抗战胜利"。②

　　因此，抗战戏剧运动实际上成为抗战文艺运动中社会影响最大，而创作成绩也最为丰富的中坚性运动，重庆抗战话剧运动就完全而充分地证明了这一点：据不完全统计，仅上演的多幕剧即共约120部，③ 其中三分之二以上在1941年10月后上演；④ 所见到的戏剧文学作品约1200余种，绝大多数是话剧剧本，⑤ 重庆出版者为数甚多。⑥

---

① 路翎于1944年上半年即完成《财主底儿女们》，1945年8月与1948年2月，分别由南天出版社、上海希望社出版上卷与下卷。引文见张以英：《路翎的生平、小说和书信（代序）》，《路翎书信集》，漓江出版社1989年版。
② 田汉：《响应黄少谷先生的号召——扩充演剧队到一百队》，《戏剧春秋》第2卷4期。
③ 田进：《抗战八年来的戏剧创作》，《新华日报》1946年1月16日。
④ 参见石曼：《抗战时期重庆雾季公演剧目一览（1941年10月—1945年10月）》，《抗战文艺研究》1983年第5期。
⑤ 廖全京：《中国戏剧启示录——大后方演剧的总体历史把握》，《抗战文艺研究》1987年第4期。
⑥ 仅重庆市图书馆编《抗战时期出版图书书目·第一辑》中即为百种以上，不包括仅在报刊上发表者。

重庆的抗战话剧演出活动，由于战时环境的限制，特别是为避免敌机轰炸，相对集中在当年秋末到来年夏初的所谓雾季。从 1937 年 10 月 1 日首演《保卫卢沟桥》始，到 1938 年的"五月抗敌宣传大会"，演出的话剧剧目即达 30 余种，其中多幕剧计 17 个。从 1938 年 10 月 10 日第一届戏剧节到 1939 年 5 月，与第二届戏剧节到 1940 年 5 月，演出的多幕剧剧目也在 10 个以上。从第三届戏剧节到 1941 年 2 月，上演的多幕剧达 10 余个。①

有鉴于此，国民政府军事委员会政治部于 1941 年 2 月 20 日向部属戏剧各单位发出训令称："为指导部属各戏剧团体业务，并推进一般剧运起见，特设立戏剧指导委员会。主任委员由部长张治中自兼。并派何厅长浩若，郭主任委员沫若兼任副主任委员。田汉、洪深、郑用之、熊佛西、马彦祥、王瑞麟、应云卫、鲁觉吾为常务委员。"同时，拟特设部立戏剧学院，孩子剧团并入该院；又拟合并中国"三青团"所属中央青年剧社与重庆卫戍总司令部政治部抗敌剧团，成立话剧实验剧团，然终未成。②此后，其所下属的中国万岁剧团为增加演员舞台实践，繁荣话剧演出，发起星期公演，并组成星期公演委员会，于 5 月 24 日首次公演，③实开雾季公演之嚆矢。

从 1941 年的第四届戏剧节到 12 月 8 日太平洋战争爆发时，就演出多幕剧《陌上秋》、《北京人》、《愁城记》、《范筑先》、《反间谍》、《棠棣之花》、《天国春秋》、《美国总统号》，包括了喜剧、悲剧、正剧的戏剧类型，及现代剧和历史剧的题材形式。这表明抗战话剧的创作与演出开始形成完备的艺术体制，直接推动着重庆的抗战话剧运动在本时期中的进一步繁荣。

从 1941 年 12 月到 1942 年 1 月，重庆的话剧舞台上出现了《闺怨》、《遥望》、《钦差大臣》、《杜玉梅》、《表》、《大雷雨》等外国话剧（其后又陆续上演了《天网》、《黄金时代》、《生财有道》），④一方面通过这样的演出，特别是改编演出，来提高编剧与演出水平，另一方面是根据战局的变化和政策的变动，来进行话剧创作的调整。

随着 1942 年 2 月 7 日国家总动员文化界宣传周的开始，当天即上演《原

---

① 石曼：《重庆抗战剧坛纪事》，《重庆文化史料》1991 年第 1 期。
② 石曼：《重庆抗战剧坛纪事》，《重庆文化史料》1991 年第 1 期，第 43 页。
③ 《新华日报》1941 年 6 月 1 日。
④ 石曼：《重庆抗战剧坛纪事》，《重庆文化史料》1991 年第 1 期。

野》一剧，又相继推出《面子问题》、《重庆二十四小时》等喜剧新作，历史剧《忠王李秀成》，现代剧《江南之春》、《战斗的女性》。[①]

但是，2月28日出版的《教与学》杂志，刊登教育部训令，要求各教育厅转饬各学校暂停上演曹禺所著剧本《雷雨》，其理由亦如1941年9月国民党中央直属重庆市执行委员会公函所称："不独思想上违背时代精神，而情节上有碍于社会风化，此种悲剧自非我抗战所需，即应暂禁上演，剧本不得准其再版。"不过，曹禺的《日出》一剧仍于4月3日上演，共演出13场，观众5560人。[②] 由此可见，对于上演话剧及其剧本出版的审查，虽然坚持主要是以政治标准为取舍，但也不乏道德伦理方面的考虑，采取了保守的文化姿态。

自2月16日，国民党第五届中央常务委员会通过《剧本出版及演出审查监督办法》以来，由于该办法规定所有戏剧剧本之出版或演出审查，重庆市统归中央图书杂志审查委员会办理，经过3月31日、4月11日的两次会议，确定了重庆市剧本审查的具体措施，于4月15日起，由中央图书杂志审查委员会和重庆市社会局分别主持审查并联合进行监督抗战戏剧活动的进行。这样，3月21日，童话趣剧《秃秃大王》经修改并另名《猴儿大王》，通过重庆市图书杂志审查处审查后再次上演。到5月17日，五幕喜剧《结婚进行曲》由于作者不同意中央图书杂志审查委员会的代为修改，因而在连演12场后停演。[③] 这表明，在中央机构直接控制的双重审查体制下，对重庆抗战话剧演出进行日益强化的审查监督，显然是不利于抗战话剧活动的正常开展的。

值得注意的是，这一审查制度由于此时并没有相应的文化思想体系及文艺政策作为现实依据，对于法令条文的解释还带有因人而异的相当大的随意性。这就导致了第一次雾季公演中掀起高潮的竟是伴随着《野玫瑰》和《屈原》两剧先后上演后出现的评价对抗。

1942年3月5日，《野玫瑰》在抗建堂上演，共演出16场，观众10 200人；4月3日，《屈原》在国泰大戏院上演，共演出22场，观众达32 000人。（首轮演出3日至17日，第二轮演出从5月13日至15日）[④]

---

① 石曼：《重庆抗战剧坛纪事》，《重庆文化史料》1991年第1期。
② 同上书，第53页。
③ 同上书，第53—57页。
④ 同上书，第54—57页。

两剧的演出均产生了轰动效应，引起了毁誉参半的激烈争论。

有人认为《野玫瑰》是鼓吹"汉奸也大有可为"的"糖衣炮弹"，"企图篡改观众读者的抗战意识"。[①]同时也有人认为《屈原》不真实，"与历史相差太远"，"牵强"、"滑稽"、"草率"、"粗暴"、"所表现的完全是'恨'"。[②]从而形成了互不相让的对攻局面。

到4月下旬，由于教育部学术审议会评定《野玫瑰》一剧为学术三等奖，重庆戏剧界200余人联名致函中华全国戏剧界抗敌协会，要求向教育部提出抗议，撤消奖项。5月16日，中央文运会和中央图审会联合举行招待戏剧界同人茶会，戏剧界同人再度提出严重抗议，要求撤消奖励，禁止上演。教育部长陈立夫称审议会奖励《野玫瑰》乃投票结果，给予三等奖，自非认为"最佳者"，不过"聊示提倡"而已。文化运动委员会主任委员张道藩称"抗议是不对的，只能批评"。中央图书杂志审查委员会委员潘公展则说《野玫瑰》不惟不应禁止，反应提倡，倒是《屈原》剧本"成问题"，这时候不应鼓吹"爆炸"[③]——说什么"什么要把黑暗劈开，要爆炸，要把一切烧毁，这就是要造反！"[④]不久，《解放日报》以"获得教育部学术审议会奖励的为汉奸制造理论根据之《野玫瑰》一剧"为导语，报导了上述内容，并称"《野玫瑰》现在后方仍到处上演"。[⑤]

在这首次的雾季公演中，特别是进入1942年以来，上演的剧目基本上都是着眼在服务于抗战的。国内作者创作的剧本都能从不同角度来反映抗战现实的需要，较为完整地展现出从前线到后方，从普遍民众到抗战英雄，从行动到思索，这样的抗战全景，即使是在演出外国话剧时，也力图通过改编使之与抗战有关。同时，在表演中克服了形式主义倾向，舞美设计开始了风格化的探索；但是，话剧演出质量的参差不齐，显示出话剧演出走向正规化的必要性。[⑥]

重庆第一次雾季公演，"在短短五个月中，竟演出了将近四十出戏、创造

---

① 方纪：《糖衣毒药——〈野玫瑰〉观后》，《时事新报》1942年4月8日、11日、14日连载。
② 王健民：《〈屈原〉、〈孔雀胆〉和〈虎符〉》，《中央周刊》第5卷28期。
③ 潘公展：《戏剧界茶会速记》，《时事新报》1942年5月20日。
④ 张瑞芳：《舞台·银幕生活回顾》，《戏剧艺术》1980年第2期。
⑤ 《〈野玫瑰〉一剧仍在后方上演》，《解放日报》1942年6月28日。
⑥ 刘念渠：《重庆抗战剧运第五年巡礼》，《戏剧月刊》第1卷1期。

了从未有过的成绩。如果我们细细回想过去造成那种盛况的原因,除了部分应该归功于"戏剧工作者的努力与成就之外","很重要的条件是当时的客观环境助长了剧运的发展"。由于适应了国民总动员的现实需要,发挥了抗战话剧运动的社会传播作用,不但引起了"政府的重视与统制",更提示了在艺术上再上一层楼的前景:"当时为了推使剧运经更正确的方向迈大步这是完全有可能的,我们要求,在可能范围内应该选择更有积极教育意义的剧本,提高演出的艺术技巧。同时为了巩固阵容,齐一步伐,我们要求克服粗制滥造的赶场现象,并且反对那种把演戏当作商业的买卖。"[①]

这样,就奠定了继续进行一年一度的雾季公演的现实基础:在客观环境既定条件的前提下,有意识地推动抗战戏剧运动的向前发展。

尽管在1942年9月三民主义文艺政策的出台,对包括话剧在内的文艺创作从意识形态方面进行了规定,如《北京人》就被当作"表现不正确意识"的作品。[②]同时,国民政府社会部以"戏剧节未便与国庆节合并举行"为由,宣布撤消每年10月10日的戏剧节。但是,这对于已经成为常年性戏剧活动的雾季公演来说,并未造成实质性的影响,10月17日,即以夏衍新作《法西斯细菌》一剧的上演,拉开了1942年至1943年度的第二次雾季公演的序幕。

《法西斯细菌》的演出虽然引发了一场关于抗战话剧真实性的争论,[③]然而该剧以太平洋战争爆发为契机,来揭示"法西斯与科学势不两立"的现实命题,却能充分展示出从学者到战士的人的意识自觉,从而建构了同类题材作品的反法西斯主义的时代主题。在于伶新作《长夜行》一剧于11月24日上演后,"人生有如黑夜行路,失不得足!"竟成为人人传说的警句,[④]表明了人的意识自觉应该立足于现实与时代的共同需要之上。

特别是在1943年2月4日,主要由太平洋战争后从香港、上海等地来重庆的戏剧工作者于1942年12月29日成立的中国艺术剧社,首次演出了宋之的新作《祖国在呼唤》一剧,更是将人的意识自觉与反法西斯战争紧

---

① 章罂:《剧季的过去和现在》,《新华日报》1943年10月21日。
② 张道藩:《我们所需要的文艺政策》,《文化先锋》第1卷1期。
③ 黄芜荑在《谈夏衍底〈法西斯细菌〉》(《新华日报》1942年12月30日)一文中指责作者的"前线主义",夏衍作《公式,符咒与"批评"》进行反驳(《边鼓集》美学出版社1944年版);《法西斯细菌》,《文化生活》第3卷3期。
④ 于伶:《长夜行》新知书店1942年版。

密地联系起来，深刻地揭示出在高昂的爱国热情促动下，人的心灵的复甦与思考，不仅有着对于法西斯侵略者残暴行为的憎恨，而且有着对于固有的生命价值观念的重估，并统一到对于个人进行重新的自我反省之中："不管我堕落到什么程度，我总还是一个中国人。老实说，这次打仗叫我懂得了许多事情，要是不打仗，我还不知道敌人是这么可恨，祖国是这么可爱呢！"[①] 这就充分显示了正义战争对于文化人格重塑的巨大驱动力，在以生命的奉献来回报祖国的呼唤中，实现了心灵的净化，情操的升华，意识的自觉。

1942年，《蜕变》在重庆再次演出，取得了较之1940年首次演出大为不同的演出效果。[②] 这是令人不难理解的：随着抗战现实的发展，《蜕变》中展现的"我们民族在抗战中一种'蜕'旧'变'新的气象"，开始为愈来愈多的人所认同。[③] 这正如巴金在《蜕变·后记》中所写的那样："一口气读完了《蜕变》，我忘记夜深，忘记疲倦，我心里充满了快乐，我眼前闪烁着光亮。作家的确给我们带来了希望。"[④] 显然，中华民族"蜕旧变新"已成为抗战现实的必然。1941年10月10日，孤岛戏剧运动在上海演出《蜕变》，每天日夜两场，连续35天客满（后遭公共租界工部局的禁演），每次都在"中国中国，你是应该强的"所唤起的同仇敌忾中达到群情激奋的高潮。[⑤]

1942年12月21日，抗建堂改建后由860座增至1000座，中国万岁剧团上演《蜕变》，达28场。其间引发了强烈的而又广泛的社会反响，不但报刊上一片盛赞之声，而且中国万岁剧团也因演出该剧，"抗战建国增加莫大效果"，荣获张治中颁发的奖状与"力争上乘"立轴一幅。与此同时，中央图书杂志审查委员会于1943年1月决定对《蜕变》"颁发荣誉奖状及奖金1000元"，"分别函请中央宣传部及教育部，通令各剧团、学校奖励上演。4月21日，蒋

---

① 宋之的：《祖国在呼唤》，远方书店1943年版。
② 沈蔚德在《新文化史料》1979年第1辑上发表的《回忆〈蜕变〉首次演出》称首次在渝演出为1939年"秋冬之际"，显然有误。这说明对于史实的把握不应仅凭个人回忆，而应查寻与史实有关的报刊与档案材料，才能减少主观性的失误。参见石曼：《重庆抗战剧坛纪事》，《重庆文化史料》1990年第1期第54页。
③ 曹禺：《关于〈蜕变〉二字》，《蜕变》文化生活出版社1941年版。
④ 巴金：《后记》，《蜕变》文化生活出版社1941年版。
⑤ 柯灵、杨英梧：《回忆"苦干"》，《中国话剧运动五十年史料集》第2辑，中国戏剧出版社1959年版。

介石观看《蜕变》后也予以称赞。"①

《蜕变》一剧所获得的巨大成功，已经说明对于"蜕旧变新"的必要已经成为举国一致的共识。这样，《蜕变》所着力赞美的主人公也就为战时文化的发展树立了人格楷模。

可见，对于重塑文化人格的呼声正是发自处于"蜕旧变新"状态之中的全民族的心声，同时也是来自开始走上强国之路的祖国母亲的呼唤。在这里，历史的必然性与现实的可能性，通过时代的纽带紧密地联系在一起，将产生如同《蜕变》所显示出来的铁一般的事实："抗战非但把人们的外形蜕变了，还变换了他的内质。"

1943年2月15日，重庆各报均发表了国民党中央宣传部新闻处提供的《抗战以来的话剧运动》一文，它强调抗战话剧的根本性质在于"一直是现实主义的艺术，是服务于革命的艺术"，并由于"差不多每一个剧本都是指向着这一目标的"，"显然已有极大的成就与贡献"，最主要的是体现在对于中国抗战进行了全面的不断深入的动态反映：坚持"正面的反映了英勇抗战"，"揭发敌寇罪行"，"暴露了汉奸的丑态"，"描写了后方工业的建设"，进而"尽着加速摧毁封建残余的作用"，素描了"沦陷区人民生活及其艰苦斗争"，特别是"太平洋战争爆发以来"，"这一过程的发展"。

这样就揭示出抗战话剧新的审美趋向：从纪实性和正面性开始转向史诗性和重构性。同时，对于如何促进这一审美趋向的不断发展，也开始了有益的探讨。

1942年12月来重庆的《纽约时报》驻中国特派员、戏剧评论家爱金生，于1943年3月发表了《一个外国人论中国戏剧》，他综述了两个月来自己在重庆所看到的戏剧演出，认为搬上舞台的话剧都有宣传意义，显示了集体向共同目标努力，因而成为抗战戏剧运动中的最佳活动；同时也承认"中国戏剧界是有技能和天才的"，但由于战时条件的限制，即使如《蜕变》这样的"杰出"之作，也还是存在着种种不足，结果"不是戏剧表现出来思想，只是剧

---

① 石曼：《重庆抗战剧坛纪事》，《重庆文化史料》1991年第1期第62页。1943年6月22日《新华日报》刊出《蜕变》暂时禁演的消息，实际上是蒋介石要求对该剧进行修改。田本相等人编著的《曹禺年谱》（南开大学出版社1985年版）第54页至55页对此亦有所介绍，但在时间上显然有误，不是1939年而是1943年，因为所称导演与演员均系再次演出成员。显然又一次证明回忆之不可靠。

本对观众影响的测量",进而指出"假如他们有较现在更适宜而自由的工作条件,显然他们是有灿烂的未来。"①真可谓旁观者清。

然而,当局者也并非总是谜。刘念渠在《一九四三年的重庆舞台》一文中指出:第二次雾季公演进入 1943 年,话剧演出"主要的,依然是由五个剧团在三个剧场里表现着它的成就的。"这五个剧团是国营的职业剧团中国万岁剧团、中电剧团、中央青年剧社和民营的职业剧团中华剧艺社、中国艺术剧社。②三个剧场是抗建堂、银社、国泰大戏院。

"五个剧团各有其自己的作风,不能强同也不必强同。从演出次数上,从演出目录的选择上,从舞台的成就上,从各个份子的生活和思想上,我们不难分辨各种作风之间的差异与距离。"

"尽管艺术上的成就有高下低劣之别,舞台上的表现正直接的或间接的向广大的观众尽其教育的作用,从而完成了演剧的社会任务。"

"历史剧提出了民族英雄的典型(《正气歌》与《金凤剪玉衣》),汲取了历史的教训(《孔雀胆》与《石达开》);现代剧展开了多方面的生活场景与人生形像,或为沦陷区的(《杏花·春雨·江南》与《还乡记》),或为大后方的(《大地春回》与《繁菌》),或揭开了大家庭的悲剧(《家》与《金玉满堂》),或表现了某一部门事业的艰苦奋斗(《桃李春风》与《戏剧春秋》),或涉及了战时儿童教育(《小主人》),外国剧《复活》控诉着旧的社会并指示着未来的道路,《安魂曲》更号召人类为着幸福而搏斗。"③

"积极的主题,现实的题材,正确的启迪,响亮的号召——这一切,是通过了艺术形象来完成的。而效果的宏伟有无,永远与艺术的高下优劣成正比。"而"编剧,导演,演技与装置,同样的,还存在着种种或大或小的弱点。原因呢?不是主观上才力不足,就是客观上限制太多,或者两项兼俱。才力不足可能在不断的学习和研究中弥补",一方面是"新人的出现,给重庆舞台带来了新的力量与新的光辉",另一方面是"在实践中提高一般的技术水准与文化水

---

① 《风云》第 1 卷 2 期,转见石曼:《重庆抗战剧坛纪事》,《重庆文化史料》1991 年第 2 期,第 45 页。
② 中华剧艺社于 1943 年底离开重庆去成都演出。
③ 该文是就 1943 年全年演出而论的,所以也提到了第三次雾季公演中演出的若干剧目,如《杏花·春雨·江南》、《还乡记》、《桃李春风》、《戏剧春秋》等,但仍以第二次雾季公演为重点进行探讨。

准"。"客观的限制可能随着时间推移而逐渐减少",要进行"节约运动"、"免除捐税运动"、"保障剧人生活福利运动"。"不管怎样艰辛,依然为了演剧运动与演剧艺术而战斗,是戏剧工作者的义务,为了演剧运动与演剧艺术而要求改善环境与生活,是戏剧工作者的权利!"

可见,抗战话剧的发展与争取创作和生存的自由权利是互为依存、互为促进的,它是戏剧工作者一身而二任的历史使命,更是抗战戏剧运动的现实需要:"这需要人,这需要战斗,这需要人的战斗,这需要战斗的人。历史传统加诸人的精神与生活的枷锁必须粉碎,人得是自由的人,是堂堂正正的人。"① 无论是在舞台上,还是在现实中,都呼唤着这样的"人"的出现。

1943 年到 1944 年度的第三次雾季公演,就是在这样的时代氛围中拉开序幕的,走向了更加贴近生活描写现实,更加注重个人塑造形象的艺术道路。这就是以重庆的人和事为艺术复现对象的《山城故事》与《重庆屋檐下》的创作演出,较之《雾重庆》和《重庆二十四小时》,对生活揭示的深度与反映的广度都有所提高,尤其是《重庆屋檐下》不但引起一次又一次的入号入座者的干涉,以至发展到对簿公堂的地步,而且引发了关于该剧是否具有真实性的激烈争论。②

中国艺术剧社于 10 月 8 日上演于伶新作《杏花·春雨·江南》,展示了沦陷区人民在 1942 年新战争局势的驱动下终于走向战斗的艰苦历程。为此,中央图书杂志审查委员会以演出该剧,提倡人伦气节,激励捐输报国,特颁以荣誉奖状。

中电剧团于 10 月 10 日上演袁俊新作《万世师表》,塑造了老中青三代教育工作者敢于为民族独立解放献身的忠勇无畏的形象,激起强烈反响;在 10 月 30 日又上演的老舍、赵清阁合作《桃李春风》一剧,则因合于提倡教育的宗旨,且艺术造诣亦深,中央文运会文艺奖助金管理委员会奖给该剧作者及导演与演出者各 4000 元,中央图书杂志审查委员会也予以奖励。

中央青年剧社继 10 月 13 日在新建剧场青年馆演出吴祖光的《少年游》之后,又于 10 月 21 日在银社上演朱彤根据《红楼梦》改编的《郁雷》,对不同时代中国青年命运进行形象的揭示,对各界青年产生了不小的影响。③

---

① 刘念渠:《一九四三年的重庆舞台》,《时与潮文艺》第 2 卷 5 期。
② 石曼:《重庆抗战剧坛纪事》,《重庆文化史料》1991 年第 2 期,第 52 页。
③ 同上书,第 52—53 页。

此时，夏衍在 11 月 11 日创刊于重庆的《戏剧时代》上发表《论正规化》一文，主要针对重庆的戏剧工作者已经从"业余"逐渐转向职业化，话剧运动因此而处于"转型期"，提出应该着重技艺的提高，为将来的正规化剧院作准备；应该养成职业道德，端正做人态度和工作态度，从而使话剧运动走上正轨，推动抗战戏剧运动的向前发展。①

但是，职业化固然使戏剧工作者走上戏剧艺术正规化的道路，同时也使戏剧演出成为商业化的活动。因此，有必要解决好这两者之间的关系：适度的商业化是有助于加快正规化的进程的，而过度商业化则会造成适得其反的后果，特别是在战时经济体制下，更容易走向反面，走向"市侩化"——"为了维持经常演出的组织和开支，就不得不把演出本身来牺牲。"②

这表明，重庆的话剧运动已经面临着怎么办的问题。

《戏剧春秋》两度演出的成功则表明，③中国话剧运动既是中国社会发展的缩影，又是中国戏剧工作者个人成长的过程。这样，戏剧工作者就通过对自身生活的艺术加工，展现了对于"人"的重塑。可以说抗战话剧的确开辟了中国戏剧发展史上的新时代。

国民政府社会部于此时明令确立每年 2 月 15 日为戏剧节，中华全国戏剧界抗敌协会于 12 月 24 日组成 1944 年戏剧节演出委员会，筹备戏剧节的庆祝演出，由此促进雾季公演的进行。1944 年 2 月 14 日，中华全国戏剧界抗敌协会在重庆通过广播电台向全国发出"携起手来，更勇敢地前进"的号召，表示要"永远永远站立在中国民族中国人民的立场，为民族自由，民权平等，民生幸福的新中国而工作，而创造，而奋斗。"④

鲁觉吾在《抗战七年来之戏剧》一文中，主要是根据中国话剧运动在抗战时期的发展状况，从"量、质、用三方面作一个概况的总检讨"。该文对"量"和"用"分别进行了简单的介绍：一方面是为着抗战宣传与民众动员，就产生了"全力利用戏剧的必要"，全国"至少有五六千个"各类剧团，创作了"两千五百种左右的独幕剧及多幕剧"；另一方面是反映人生的抗战剧，"在时代的

---

① 石曼：《重庆抗战剧坛纪事》，《重庆文化史料》1991 年第 2 期第 54 页。
② 焦菊隐：《扩大抗战戏剧的领域》，《新华日报》1944 年 2 月 15 日。
③ 石曼：《重庆抗战剧坛纪事》，《重庆文化史料》1991 年第 2 期，第 54、55、58 页。
④ 《携起手来，更勇敢地前进——中华全国戏剧界抗敌协会三十三年戏剧节广播词》，《戏剧时代》第 1 卷 4—5 期合刊。

使命上有大用",“即使是与抗战无关的戏,也多数是间接有助于抗战的"。

该文以主要篇幅对"质"进行了重点检讨,指出大后方,特别是重庆,"大剧团因为剧艺水准的提高规模一天天的扩大,从戏剧本身讲是一种进步",即使是灯光道具化装诸部门也进步多了。至于"剧本的重要性是不可否认的",出现了对战时生活进行较为深刻与广泛的反映的艺术趋向。但是,"大部分演员是不合符客观要求的","半路出家的太多",以致"优秀的停滞而退步,后起的又没有几个人接得上"。关于导演,"多数还是勉强的","不得已而登台拜师,结果许多好剧本,往往给他弄糟,许多可以将就的演员无法够水准。"①

这样,编、导、演的脱节势必造成舞台演出质量的降低,对雾季公演构成潜在的威胁。果然,在1944年至1945年度的雾季公演,就因为众多话剧在上演过程中,"没有能够达到最完美的创造",难以在"整体的完美中得到真实的意义",从而使这一次的雾季演出"乃是歉收的一季"。要从根本上改变这种状况,当务之急,就是要有这样的认识:"小之整个戏和园的动静,大之整个国家与世界的变化,无一不影响着每一个人所从事的艺术创造。不去正确的理解这一串相互关联相互影响的大事小事,剧作者写不出好剧本,演员创造不出人物,就是戏剧行政负责人也将无法筹划并推进他的演出工作。"

"不能只是一个希望,而是再进军的目标;不能只是你等我待,而要并肩携手的战斗与争取。再接再励的实践将保证着在一片清新的天地里从舞台上响起人民戏剧的宏亮的声音!"②

在这里,走向自觉的人将把握住生活的真实,创造出完美的天地,实现文化意识的转换,走进现代。抗战话剧、抗战文艺……都同样展现了这一文化重建的全过程。

---

① 《文化先锋》第3卷23期。
② 刘念渠:《歉收的一年——论抗战第八年重庆演剧》,《时与潮文艺》第5卷4期。

余论　中国文化转型与重庆战时大学

尽管战争给遭受侵略的中国及世界各国带来民族劫难，但是，国家与民族在承受战争种种危机的同时，也迎来种种生机——固有的本土文化秩序在战争进程之中一边被破坏，一边又促成了前所未有的文化秩序的战时重建，而抗战时期以重庆为中心的大后方高等教育体系正是在重建之中成为战时的摇篮，所谓抗战时期大后方以大学为主体的文化四坝——沙坪坝、夏坝、白沙坝、华西坝——前三坝都先后归属于重庆的行政区划。

抗日战争全面爆发之前，全国包括国立、省立、私立在内的专科以上的高等学校108所，"大都集中在都市及沿海省份，例如上海就有25校，北平14校，河北省8校，广东省7校"。自从1937年7月7日卢沟桥事变之后，到1938年8月，短短的一年间，"在108校中，有25校事实上不得不因战争而暂行停顿，继续维持者尚有83校"，"其中37校被迫迁移于后方"。与此同时，抗战全面爆发前高校教师、职工、学生三者的人数分别为7560人、4290人、41900余人；抗战全面爆发后，教职工的总人数在一年间起码减少了五分之一，学生则更是缩减了一半以上；而"我国高等教育机关之损失，就其可知者，已达3360余万元之巨"，"关于中国各方面所搜集之材料"，"均为极足珍贵之物，今后亦无重行收集之可能，故不能徒以金钱数字为之表现"。总而言之，高等学校"关系我国文化之发展，此项之损失，实为中华文化之浩劫"。[①]这就无可辩驳地证实，在这一中华文化浩劫之中，损失最大者在事实上就是作为现代青年主体之一的大学生群体的迅速流失，从而直接威胁到抗战时期中国高等教育的生死存亡，更是动摇着建设现代中国的文化根基。

---

① 顾毓琇《抗战以来我国教育文化之损失》，《时事月报》19卷5期，1938年10月。

这是因为，无论是校园，还是教室，都可以在短时间内恢复，而大学生从在校到毕业的人数恢复则需要长达数年的周期，更不用说，在战火纷飞之中失去学习机会，甚至失去生命的众多莘莘学子。所以，为了保护建设现代国家的青年栋梁，更为了保存中华文化的青春血脉，抗战时期的大学，不得不开始由东向西的迁徙。这首先是中华民族为了持久抗战而进行的战略大转移，在抗战时局的急剧变动之中，尽可能地保护战火摧残之中的各类高等学校，为其发展保留一线生机；其次是中华民族为了抗战到底而进行的战略大调整，在战时体制的不断改进之中，尽可能地重建硕果仅存的各类高等学校，为其发展提供现实契机；最后是中华民族为了文化复兴而进行的现代大转型，在抗战建国的意识引导之中，尽可能地布局举国一体的各类高等学校，为其发展促成良机。因此，在整个抗战时期，只有通过各类高等学校不断地进行由东向西的战时转移，才有可能使中国的大学在战争阴霾的危机重重之中，开辟出一条走向抗战胜利的生机盎然的发展之路来。

中国的大学在抗战时期是如何走出这样的生路来的呢？首先，取决于战争态势的风云变幻，最先遭受日本侵略者铁蹄践踏的地区，被迫率先向大后方的中国西部撤离。此时，距离卢沟桥事变最近的平津地区，诸多高校随即遭到了日军的暴力摧残——在北平，北京大学、清华大学等高等学校的校园纷纷被日军抢占为兵营、伤兵医院，北京大学的红楼甚至成为日本宪兵队的驻地，而其地下室则成为关押抗日人士的地牢，与此同时，北京大学的图书、仪器、教具被日军破坏与焚毁；① 在天津，南开大学更是遭到了日军的大肆蹂躏，据中央通讯社报道，从1937年7月29日至30日，"两日来，日机在天津投弹，惨炸各处，而全城视线，犹注意于八里台南开大学之烟火"，与此同时，7月29日，"日炮队亦自海光寺向南大射击，其中四弹，落该院图书馆后起火"，7月30日，"日方派骑兵百余名，汽车数辆，满载煤油到处放火"，最终导致整个校园成为一片废墟。②

正是在日本侵略者残暴扩张战争阴影的紧逼之中，平津两地的诸多高校在有关当局的统筹下陆续开始撤离。在这一撤离过程之中，平津两地的高校分为两个方向随着战局的进展而逐渐转移：一个转移方向是长沙，然后转向昆

---

① 顾毓琇《抗战以来我国教育文化之损失》。
② 《申报》1937年7月31日。

明；另一个转移方向是西安，然后转向汉中。

1937年7月底北平沦陷之后，国民政府教育部指令国立北京大学、国立清华大学、私立南开大学迁往长沙，成立长沙临时大学。随即在南京成立长沙临时大学筹备委员会，以教育部部长王世杰为主任委员，以北京大学校长蒋梦麟、清华大学校长梅贻琦、南开大学校长张伯苓为常务委员，湖南省教育厅厅长朱经农、湖南大学校长皮宗石、教育部代表杨振声为委员。随后，长沙临时大学筹备委员会致函中英庚款董事会商借 100 万元作为开办费，先借得 25 万元。9月13日，长沙临时大学筹备委员会在长沙举行第一次会议；11月1日，长沙临时大学正式开课，全校共有教师 148 人，学生 1459 人。[①]1937 年底，随着上海、南京的相继沦陷，长沙临时大学奉命迁往昆明。1938 年 5 月 4 日，长沙临时大学在昆明正式开学，更名为国立西南联合大学。

与此同时，国民政府教育部指令国立北平大学、国立北平师范大学，国立北洋工学院迁往西安，成立西安临时大学。西安临时大学筹备委员会以教育部部长王世杰为主任委员，北平大学校长徐诵明、北平师范大学校长李蒸、北洋工学院院长李书田、教育部特派员陈剑为常务委员。9月10日，在西安举行西安临时大学筹备委员会第一次会议；11月15日，西安临时大学正式开课，全校共有教师 159 人，学生 1553 人。[②] 由于日机连续轰炸西安，1938年3月，西安临时大学不得不迁往陕西城固，4月3日，国民政府教育部颁令称："为发展西北高等教育，提高边省文化起见，拟令该校院逐渐向西北陕甘一代移布，并改称国立西北联合大学。"[③]

在这里，可以看到的就是，从临时大学到国立联合大学，由东向西的高校转移，不再仅仅是应对战局激变的临时措施，而更应该是政府主导之下的高等教育与文化建设的西部扩张，承载着培养一代青年的中国使命。当然，必须看到的是，同样是由东向西的高校转移，出现了区域差异——与平津地区将私立高等学校纳入国立高等学校体系进行战略大转移不同的是，在上海地区的私立高等学校则是以政府倡导的方式展开。

1937 年 8 月 13 日，日本侵略者悍然在上海发动淞沪战役，国民政府教育

---

① 清华大学校史编写组《清华大学校史稿》，中华书局 1981 年版，第 290 页。
② 《西安临时大学概况》，《教育杂志》第 28 卷第 3 号，1938 年 3 月 10 日。
③ 西北大学校史编写组《西北大学校史稿》，西北大学出版社 1987 年版，第 5 页。

部指令私立复旦大学、私立大同大学、私立大夏大学、私立光华大学组建临时联合大学西迁。可是因为经费原因，只有复旦大学与大夏大学分别组成临时联合大学第一部与第二部，联大第一部以复旦大学为主体，迁往江西庐山；联大第二部以大夏大学为主体，迁往贵州贵阳。1937年12月初，联大第一部师生500余人再度随校西迁，拟与联大第二部在贵阳合校，但是，最终乘轮船至宜昌候船半月后，分为三批陆续出发，于12月底到达重庆聚齐，遂以复旦大学名义在重庆复校。

复旦大学在重庆复校时，办学经费十分困难，不仅学生因战乱无法及时缴纳学费，而且政府补贴的每月1.5万元也只能到账70%。尽管如此，仍然能克服经费困难，在恢复了原有的4个学院16个学系之外，还适应战时需要，先后增设了史地、数理、统计、园艺、农艺等专业。[①]显而易见的是，复旦大学之所以最终选择重庆作为复校之地，主要是因为无论是从办学资源来看，还是从办学环境来看，至少这两方面都是适应了私立大学的基本需求的。这也是私立大学与国立大学在西迁过程中，对于办学之地的最终选择权存在着明显不同的一个客观原因。

相对于平津地区和上海地区的高校西迁，中央大学在西迁重庆中表现出与众不同的明显特征，其正如南开大学校长张伯苓的幽默之语："抗战开始后，中央大学和南开大学都是鸡犬不留"。[②]事实上，这幽默之语内蕴含的意思就是——南开大学被日本侵略者的暴虐战火摧残到鸡犬不留的地步，成为当时中国东部大学饱受日本侵略者践踏的鲜明缩影；而中央大学在西迁过程中所受到的损失却能够减少到最小，连鸡犬等实验动物也全部运抵重庆，成为中国东部高校西迁最为成功的一个典范。这是为什么呢？从客观原因来看，不仅在国民政府的主持下，能够随同国民政府及相关行政、教育、科研等机构一起西迁重庆，得到统筹安排；而且还获得西迁途中从安全到交通的种种保障，尤其是能够利用西部后方支援东部前线的大量返程交通工具。

更为重要的是从主观原因来看，中央大学的校长罗家伦早在1937年春，就预见到中日之间必有一战，一方面要求将用于学校扩建的木料制成550个大

[①] 邓登云编著《中国高等教育史》，华东师范大学出版社1994年版，第258—259页。
[②] 刘敬坤《中央大学迁川记》，中国人民政治协商会议西南地区文史资料协作会议编《抗战时期内迁西南的高等学校》，贵州民族出版社1988年版。

木箱，在木箱外钉上铁皮使其更为牢固，以备长途搬运物资之用。卢沟桥事变刚刚爆发，担任中国国民党中央执行委员的罗家伦随即向蒋介石建议，将东南沿海的几所主要大学和科研机构西迁重庆，蒋介石接受了这一建议，要求教育部指令中央大学、浙江大学等大学立即迁往重庆。8月13日淞沪战役爆发以后，正值暑假师生离校，罗家伦立即发出函电，催促师生立即返校，准备西迁重庆。与此同时，所有的图书仪器和教学设备，也开始装进早已做好的大木箱，时刻等待起运。

8月下旬，罗家伦在教授会上正式提出迁校重庆的方案，强调迁往重庆的理由有三：首先，抗战是长期的，文化机关与军事机关不同，不便一搬再搬；其次，迁校的新校址应以水路运输能够直达为宜；最后，重庆地处军事要地，再加上地形复杂，有利于防空。因此，迁校重庆的方案得到教授会的一致通过，会后罗家伦再向蒋介石提出迁校重庆的请求，再次得到了允准。与此同时，四川省刘湘主席率大批川军请缨抗敌，其中一路主力乘坐民生公司提供的轮船，由重庆经武汉赶赴淞沪战场，罗家伦请求民生公司总经理卢作孚将返回重庆的运兵轮船，提供给中央大学装运早已装箱的图书仪器及教学设备。卢作孚不仅同意无偿提供轮船，而且派员工打通舱房，以便装运大件设备。到10月中旬，中央大学师生及图书仪器已经陆续抵达重庆，而位于嘉陵江畔的沙坪坝松林坡新校舍也同时建成。12月1日，中央大学正式开课，在校学生共1072人。①

更让人喜出望外的是，中央大学西迁重庆时本来打算放弃的农学院牧场的大批良种牲畜，历经一年辗转以后，在1938年11月抵达重庆，罗家伦是这样表达自己激动的心情的——"在第二年的深秋，我由沙坪坝进城，已经黄昏了，司机告诉我说，前面来了一群牛，很像中央大学的，因为他认识赶牛的人"；只见赶牛的人"须发蓬松，好像苏武塞外归来一般，我的感情振动得不可言状。就是看见牛羊亦几乎看见亲人一样，要向前去和它拥抱。"② 于是乎，便成就了"鸡犬不留"却一个都不能少的幽默意味。

1938年，国民政府成立全国战时教育协会，推进东部、中部各个高等学校的西迁。随着中央大学迁入沙坪坝，复旦大学迁入夏坝，大批外地高等学校

① 罗家伦《炸弹下长大的中央大学》，《教育杂志》第31卷第7号，1941年7月10日。
② 罗家伦《抗战时期中央大学的迁校》，《罗家伦先生文存》第8册，国史馆，1989年出版。

纷纷迁往重庆的沙坪坝、夏坝、白沙坝——在整个抗战八年期间，先后迁来重庆的外地高校，总数就达到 39 所，不仅大大地改变了中国西部的高等教育面貌，更是扭转了重庆高等教育发展滞后的现状，从战前仅存的省立重庆大学、省立四川教育学院、私立西南美术专科学校这 3 所高校，进入迅速扩张的战时发展。随着 1940 年国立女子师范学院在白沙坝成立，整个八年抗战时期，重庆新建的高校多达 12 所。① 也就是说，抗战时期的重庆高等学校，在 8 年之内，从抗战爆发前的 3 所，剧增到抗战胜利时的 54 所。这不仅为战后重庆高等教育的正常发展奠定了坚实的基础，更是为战后中国高等教育的合理布局提供了丰富的资源。

这一高等教育战时发展，无疑是有助于现代中国的战时建设，同时也有利于现代青年的战时培养。面对这一中国高等教育体制的战时转轨，一个不可忽视的现实问题也就必然会凸显出来：战时中国大学应该怎样办？

有人就主张："在抗战期间，大学教育应以修业两年为一阶段，使各大学学生轮流上课，及轮流在前线或后方服务，满一年或两年后再返回院校完成毕业。各大学教授亦应分别规定留校任教及调在政府服务两部分。"② 这就是要求进行大学教育必须直接服务于抗战的战时转轨，从而促成论战。于是，有人就针锋相对地指出："一个大学生去当兵，其效果尚不及一个兵；反之，在科学上求出路，其效果有胜于十万兵的时候"，再加上"无作战经验，冒失的跑上前线，岂但送死而已，还妨碍整个军事"，其结论就是——"若学生都参战，教育本身动摇"。③ 学界人士之间发生的这场论战，实际上是由政界人士引发并平息的，因而成为中国高等教育进行战时体制的政略大调整的一个缩影。

这一论战的发生，其实是由国民政府教育部部长陈立夫引起的，1938 年 3 月上任伊始，就发表《告全国学生书》，称"今诸生所应力行之义务实为修学，此为诸生所宜身体力行之第一义"，"断不能任意废弃，致使国力根本动摇，将来国家有无人可用之危险"。④ 刚好一年以后，促成这一论战趋向平息的则是——1939 年 3 月 3 日，蒋介石在重庆举行的第三次全国教育会议上发

---

① 李定开《抗战时期重庆的教育》，重庆出版社 1995 年版，第 101—102，109—110，113 页。
② 李蒸《抗战期间大学教育之方式》，《教育杂志》第 28 卷第 9 号，1938 年 9 月 10 日。
③ 吴景宏《战时高等教育问题论战总检讨》，《教育杂志》第 30 卷第 1 号，1940 年 1 月 10 日。
④ 陈立夫《告全国学生书》，《教育通讯》创刊号，1938 年 3 月 28 日。

表的训词,他一再强调:"目前教育上一般辩论最热烈的问题,就是战时教育和正常教育的问题。亦就是说我们应该一概打破所有正规教育的制度呢?还是保持着正常的教育系统而参用非常时期的方法呢?关于这个问题,我个人的意思,认为解决之道很是简单,我这几年来常常说,'平时要当战时看,战时要当平时看'。我又说,'战时生活就是现代生活。现在时代无论个人或社会,如不是实行战时生活,就不能存在,就要被淘汰灭亡'。我们若是明瞭了这一个意义,就不会有所谓平时教育与战时教育的论争。因为我们过去不能把平时当作战时看,这两个错误实在是相因而生的。"①

这就表明,从 20 世纪初进入中国文化的现代大转型以来,一直面临着侵略战争的威胁,抗日战争的全面爆发,才将这一威胁具体而直接地展现出来。在这样的意义上,可以说平时和战时并没有区分的必要,两者始终处于战争的威胁之中,只不过,是从没有硝烟转向硝烟弥漫的战争状态而已,诚所谓"战时生活就是现代生活"。更为重要的是,无论是现代国家的建立,还是现代青年的培养,都需要随时保持一种敢于面对一切挑战的战斗姿态,才有可能走向现代生活中的个人自觉。当然,战时教育既然是平时教育在抗战时期的延续,也就需要进行相应的教育体制调整以适应中国高等教育的现实需要。

事实上,1938 年 4 月,国民党临时全国代表大会就通过了《战时各级教育实施方案纲要》,一方面要求"对现行学制大体应该维持现状",因此,不仅教学课程不能变,而且教学秩序也不能变,以保障教学效率的稳步提升;另一方面更是提出"对于自然科学,依据需要,迎头赶上,以应国防与生产急需","对于吾国文化固有精粹所寄之文史哲艺,以科学方法加以整理发扬,以立民族之自信",②最终促进学术水准的不断提高。这就表明中国高等教育体制的战时调整导向,就是在学制稳固的基础之上,不断充实学术含金量。

因此,有必要加强扶持大学研究院所与研究生培养的力度。1939 年,教育部从"抗战建国正在迈进之际,学术研究需要尤大"这一基本点出发,"对国立各大学原设有研究院所者,除令充实外,近并令人才设备较优之各校,增设研究所,由部酌给各校补助费用,统令于本年度开始招收新生。为奖励研究所学生起见,每学部并由部给予研究生生活费五名,每名每年四百元。各学部

---

① 《第二次中国教育年鉴》第 53 页。
② 《教育通讯》第 4 期,1938 年 4 月 16 日。

之其他研究生，并令各校自行筹给津贴"。于是乎，当年在中央大学等 8 个国立大学所招收的研究生之中，就有 160 人得到由教育部给予的"研究生生活费"。① 这就证实了中国高等教育在抗战时期仍然坚持不懈地努力，从而提升办学层次与研究水准。

国立中央大学迁入重庆沙坪坝之后，不仅办学实力继续提高，而且办学规模更是不断扩大。到抗战胜利之时，不仅保持了 7 个学院 44 个学系的固有院系设置，连续 8 年均招收新生，从 1941 年起，每年招收新生 1000 余人，在校学生最多时高达 4000 以上；而教师队伍更是颇为庞大——总计教授 364 人，副教授 63 人，讲师 85 人，助教 204 人，生师比达到 7 比 1。② 由此可见，真正是做到了以一流的师资来培养一流的学生。与此同时，为了中国高等教育在抗战时期能够持续发展，将部分省立大学与私立大学改为国立大学，1941 年 1 月，私立复旦大学改为国立复旦大学，此后全校由过去的 4 个学院 16 个学系增加到 5 个学院 18 个学系，以及银行、统计、茶叶、垦殖等 4 个专修科，扩大了办学规模及办学实力。③ 1942 年 2 月，省立重庆大学改为国立重庆大学，此后全校由过去 3 个学院 12 个学系增加到 6 个学院 20 个学系，同样也扩大了办学规模及办学实力。④ 上述大学的战时发展，无疑从一个侧面上显现出抗战时期的众多重庆高等学校，已经向着大学培养现代青年的战时摇篮发展。

更为重要的，抗战时期的重庆高等教育在整个中国高等教育中是否真正占据了极为重要的地位呢？1942 年，国民政府教育部将全国高等学校分为 17 个学业竞试区——重庆区、成都区、乐山区、昆明区、贵阳区、桂林区、辰溪区、长汀区、坪石区、城固区、龙泉区、泰和区、镇平区、兰州区、蓝田区、武功、恩施区。⑤ 在这里，所谓的"全国"是指与沦陷区相对的抗战区，包括大后方的西南地区与西北地区，以及前线的各个战区，而重庆被列为首位，并非是偶然的，不仅是因为大后方是以重庆为中心的，而且更是因为高等学校

---

① 《国立各大学扩充研究院所》，《教育杂志》第 29 卷第 12 号，1939 年 12 月 10 日。
② 郑体思、陆云苏《抗战时期的国立中央大学》，中国人民政治协商会议西南地区文史资料协作会议编《抗战时期西南的教育事业》，贵州文史书店 1994 年版。
③ 邓登云编著《中国高等教育史》第 260 页。
④ 伍子云《抗战烽火中的重庆大学》，中国人民政治协商会议西南地区文史资料协作会议编《抗战时期西南的教育事业》。
⑤ 李定开《抗战时期重庆的教育》第 100 页。

云集抗战时期的重庆。根据相关统计，到抗战胜利之时，包括国立、省市立、私立这三类高等学校在内，"全国"高等学校共计 141 所，[①] 较之战前的 108 所，增加了 30.5%；而重庆区则高达 54 所，较之战前的 3 所，增长了 18 倍。因此，抗战时期的重庆不仅成为大后方的高等教育中心，而且成为整个抗战区的高等教育核心，昭示着抗战时期中国高等教育发展的现代方向，从而为现代青年的战时培养提供了必不可少的大学摇篮。

[①] 《第二次中国教育年鉴》第 1406 页。

附录：主要参考资料

一、书籍资料

1. 〔美〕G. W. 施坚雅：《中国封建社会晚期城市研究》，吉林教育出版社，1991年版。
2. 〔美〕阿历克斯·英格尔斯等：《人的现代化》，四川人民出版社，1985年版。
3. 〔日〕竹内郁郎：《大众传播社会学》，复旦大学出版社，1989年版。
4. 〔匈〕阿诺德·豪泽尔：《艺术社会学》，学林出版社，1987年版。
5. 《第二次世界大战纪要——起源、进程与结局》，解放军出版社，1990年版。
6. 周开庆：《四川与对日抗战》，台湾商务印书馆，1972年版。
7. 王斌：《四川现代史》，西南师范大学出版社，1988年版。
8. 李松林等编：《中国国民党大事记》，解放军出版社，1988年版。
9. 刘健清等编：《中国国民党史》，江苏古籍出版社，1992年版。
10. 中央统战部：《中共中央抗日民族统一战线文件选编》，档案出版社，1986年版。
11. 肖一平等编：《中国共产党抗日战争时期大事记》，人民出版社，1988年版。
12. 傅润华、汤约生主编：《陪都工商年鉴》文信书局1945年版。
13. 重庆市政府编印：《重庆要览》1945年版。
14. 陶维全：《重庆大事记》，科学技术文献出版社重庆分社，1989年版。
15. 重庆市市中区文化艺术志编纂委员会：《重庆市市中区文化艺术志》，文化艺术出版社，1990年版。
16. 《重庆出版志》编纂委员会：《重庆出版纪实·第一辑》，重庆出版社，1988年版。
17. 复旦大学新闻系教研室：《简明中国新闻史》，福建人民出版社，1986年版。
18. 周勇：《重庆·一个内陆城市的崛起》，重庆出版社，1989年版。
19. 隗瀛涛：《近代重庆城市史》，四川大学出版社，1991年版。
20. 张弓、牟之先主编：《国民政府重庆陪都史》，西南师范大学出版社，1993年版。
21. 文天行：《国统区抗战文学运动史稿》，四川教育出版社，1988年版。

二、报刊资料

《商务日报》、《新蜀报》、《国民公报》、《新民报》、《时事新报》、《大公报》、《新华日报》、《中央日报》、《扫荡报》、《国民政府公报》、《重庆市政府公报》、《群众》周刊、《中央》周刊。

《抗战文艺》、《文艺阵地》、《文艺月刊》、《时与潮文艺》、《春云》、《戏剧春秋》、《戏剧岗位》、《戏剧新闻》、《戏剧月刊》、《抗战电影》、《中国电影》、《文艺先锋》、《中苏文化》、《文化先锋》、《重庆报史资料》、《重庆出版志》、《重庆文化史料》。

（注：以上报刊引用内容的时间范围均在1937年至1945年间。）